你知道这个汉字是什么意思吗？

张鼎◎编著

中国工人出版社

目录

笔画索引

二画

三画

四画

五画

六画

七画

八画

九画

十画

十一画

十二画

十三画

十四画

十五画

十六画

十七画

十八画

十九画

二十画

二十一画

二十二画

二十三画

二十四画

bǐ 匕

匕——bǐ，饭匙、汤匙；亦作匕首。
七——huà，古“化”字，当变化讲。
七——qī，基数第七位。

“匕”字，读作“bǐ”。

“匕”字笔画相当简单，却很容易写错。“匕”字的写法，要注意，斜斜的一撇不能穿过“乚”笔，否则将成另一个字。

“匕”字在古代是指一般日常用的盛饭饭匙，或是舀汤用的汤匙。此外“匕”字亦是一种短剑，因其剑首形状很像“匕”，所以我们称之为“匕首”。提到此，我们来说说有关匕首的一则故事。

在战国时燕国太子丹，派遣刺客荆轲，意图谋杀秦王。荆轲把匕首蘸了毒液，然后藏在呈献给秦王的地图中；当秦王看着地图缓缓展开时，匕首渐渐显露，荆轲立即抓起匕首，猛向秦王刺去。这就是成语“图穷匕现”的由来，意思是指人的形迹败露。

此外再强调几个字，“匕”的斜撇皆不能穿过，如“北”“比”“匙”等字的“匕”部。

若是斜撇穿过“乚”笔，就成“七”字，读作“huà”。“七”就是“化”，如“变化”“教化”等词，如今“七”字已经不再使用，被“化”字所取代。

另一个是“七”字，读音是“qī”，数名，基数的第七位，在书写时要特别注意，莫把“匕”“七”“七”三个字混淆了。

dà 大

大——dà，凡指小的反面皆称“大”；亦作敬词。
dài，“大夫”指医生。
tài，古时与“太”“泰”二字相通。

“大”字是最平常不过的字，为何还要提出讨论呢？正因为“大”字的读音多，解释也多，时常会被一般人误用、念错，所以就此提出，并加以整理分析。

一、当“大”字读作“dà”时：

共有以下几种解释：指小的反面，如“大海”“大洋”“大地”“大国”等；又可表示颜色深，如“大紫”“大红”；也可作对他人的敬称，如“大作”“大人”；也表示夸张，如“自大”；或表示概括性的言辞，如“大凡”“大抵”；还可表示很、甚之意，如“大热天”“大造化”；又可用来尊称伟大人物，如“大哉孔子”。此外，“大”也是姓氏之一，如唐朝有位名医叫“大明”。总之，有关“大”的解释，实在多得不胜枚举。

二、当“大”字读作“dài”时：

作“大夫”讲时，指医生。原本“大夫”读作“dà fū”，乃是古时的官名，如秦、汉以来的“御史大夫”即是；唐末五代以后，以官名称呼逐渐形成社会风气，因北方人尊称医生为“大夫”，为了区别于官名，将称医生为“大夫”的“大”读成“dài”，而不读“dà”。

三、当“大”字读作“tài”时：

古时与“太”“泰”二字相通，如《易经》里所用的“大极”“大和”就不可读作“dà”，而应读“tài”，其有“泰”之意；这亦是“大”字较为特殊的用法。

yǔ 与

与——yǔ、yù、yú，共三种读音，三种用法皆不同。
誉——yù，指好的声名。

“与”读作“yǔ”的时候有很多用法，在这儿只稍作举例：指同类的意思，如“民胞物与”。若作给予的意思用，如“给与”“付与”。还可以当作等待来说，如“时不我与”指错失良机。而“容与”则是形容人自得自乐的意思。

又当“同”来解释，如“与民同乐”。“选贤与能”的“与”字有两种说法，一种说法是选举、推举的意思，一种说法是把“与”当连接词使用。

“与”还当作“和”“及”的意思，如“我与你”“狗与猫”。“与与”则是威仪和适的样子；“与世长辞”是死亡之意；“与世浮沉”是随着世俗上下，同流合污之意；“与虎谋皮”是比喻利害互相抵触，无从商量。

“与”读作“yù”是参加、发生牵连之意，如“参与”“与闻国事”等。

“与”读作“yú”时比较少用，是表示一种感叹或疑问的助词，通“欤”字。值得一提的是，“与”用在“参与”时，绝不可读成“yú”，一定是四声的“yù”。

“誉”代表好的名声，如“荣誉”“名誉”“赞誉”“称誉”“声誉”“信誉”等。注意其字的组成是上“与”下“言”，而“与”的写法也不要误写成“舆”，或“兴”的样子。

fēng

丰

丰——fēng，指草长得很茂盛之貌。
豐——fēng，指众多、丰盛之意。
酆——fēng，姓氏、地名。

“丰”本义是指草长得很茂盛的样子，后来多用来形容人的姿容美好，例如《诗经·国风·丰》篇中的“子之丰兮”乃是比喻人的丰采很好。苏轼的诗中也有一句“谢家夫人淡丰容”。其他还有很多诗词之应用，都不外是形容人的姿态美好，如“绝代丰神”“丰姿秀丽”“丰采”“丰姿”“丰仪”“丰韵”，而这些其实都可以通用成“风”字，如“风韵”“风采”“风姿”等。

“丰”又代表丰满的意思。值得一提的是，“丰”与它的繁体字“豐”原本是两个不同的字。

“豐”古时是形容众多、丰盛的意思，现代汉语中“豐”已简化为“丰”，如“丰富”“丰收”“丰功伟业”“丰草”“丰盛”“丰满”“丰裕”“丰饶”等。“丰年”是指农田收成充足之年，类似“丰收”。“丰盈”形容肌肉丰满，也比喻有钱或岁收丰盛之意。“丰衣足食”指衣食日常所需都很充足、丰盛之太平世界。丰也是姓氏之一。

“酆”在古时指姓氏或地名，如“酆都”是四川省丰都县的旧称；另外，汉语词汇“酆琅”比喻声音宏大。

gài

丐

丐——gài，指请求、给予，也指叫花子。
丏——miǎn，是不见或是隔离之意。

“丐”“丏”二字经常被人混淆，仅仅一笔之差，却是完全不同的两个字。

“丐”字，读作“gài”，属“一”部。

“丐”是请求、乞讨之意，如“丐序于予”，是说请求为我作序。此外，讨饭之人叫作“乞丐”。

“丐”也可作给予之意，如“沾丐后世”，也就是把恩惠给予后世之意。“丐”字的原体乃是“匃”字，渐渐地被改成今日的“丐”字。

一般人最容易把“丐”字与“丏”字混淆，尤其在书写时，更容易因笔画不明而读错音。

“丏”字的读音是“miǎn”，同属“一”部。

“丏”字，是指遮蔽不见，也就是指形貌隔绝之意；此外又可指古代用以避箭的短墙。

除此解释外，“丏”字的运用极少，但它却常用在一些字的偏旁，如面的异体字“麪”的右边、“沔”（miǎn）的右边，都是个“丏”字。

当我们写“丏”字时，可别写成了“丐”字，如著名文学家“夏丏尊”，就有人写成“夏丐尊”，那真会闹笑话的。

bǐ

比

比——bǐ，指两样事物相互较量。
连接、靠着之意。
“皋比”，为虎皮，指古时教师讲学的座位而言。

“比”字属“比”部，读作“bǐ”，属“匕”部。

“比”一般是指两样事物互相较量，如“比照”“比赛”“比较”；至于“比重”乃是指物理学名词，指一物质的重量与在摄氏四度时同体积纯水的重量之比；另“比例”则是数学名词，乃指两数之比等于其他两数相比之式。此外如“比附”“比喻”“比拟”“比对”都是极常用的词语。

值得一提的是，“比翼”这词语，本是鸟名，今用作配偶的颂词；又如“比目鱼”，乃是身体扁平而阔、两眼在同一面的一种鱼。

“比”亦是《诗经》的体裁“风、雅、颂、赋、比、兴”六义之一。至于“比干”乃是商朝纣王的叔父，因谏纣被杀而剖心，为商代的贤臣。

“比”还可当作靠近、连接讲，如常用的“天涯若比邻”；另又可当最近讲，如“比年”；至于“比比皆是”的“比比”是指每每、常常之意。

古时“皋（gāo）比（pi）”，也就是虎皮，用来指教师讲学的座位，或武将的座席，但现今极少应用。

qiè

切

切——qiē，本义是用刀割断之意。
　　　qiè，引申作贴近、密合、急迫等意。
窃——qiè，贼或偷的意思。
砌——qì，一块一块堆起来之意。
沏——qī，指用开水冲。

“切”的意思就是用刀割断，例如“切菜”“切开”“切断”，而“切磋”则指学问上的互相讨论。通常用在指刀子割断之意时读作“qiē”，除此之外，大都是读作“qiè”，可表示贴近的意思，如“亲切”“密切”；也解作密合或刚刚好，如“切合”“切身”。

“切”还可作急迫之意，如“迫切”；表示嘱咐的意思，如“切记”；中医按脉、把脉时叫作“切脉”。“一切”是统括之意，“确切”是指适当而言，“切口”则是帮会中验证身份的密语。“切切”则表示再三告诫。“切”的用法很多，需要注意的是写法，左边不是“土”而是“七”！

“窃”的意思多指贼或偷，引申为“私下”“暗中”的意思。如“窃贼”是贼，而“窃笑”则指私下、暗中笑的意思。“窃视”指偷看，而“窃思”指自己私下想着。“窃位素餐”指占据高位，无功而受禄。

“砌”是指一块块地堆起来，如“堆砌”“砌墙”。而“堆砌”的引申及比喻很多，凡作为“累积”的用法都可以。

“沏”本指水流的状况，后来用作开水冲泡之意，前者如“激势相沏”，后者如“沏茶”。

nèi

内

内 ——nèi，是入或里面等意思。
肉 ——ròu，骨骼外附着的柔韧物质。

“内”读作“nèi”，就是里面的意思。例如“内地”指不是边疆、不靠海之地；“内在美”指一个人形体之内所涵养的气质；“内行”则指对于某事的经验老到；“内政”即国家内部的政务；“内容”即指内部的情形。

“内”也用在指称家中的成员，例如“内人”是对别人称自己的妻子，相对的，“外子”是对外人称自己的丈夫。“内”还可代表亲近的意思，如《易经》中的“内君子而外小人”，“内”便是亲近的意思。除此，“内讧（hòng）”是指内部自相争夺；“内幕”是指外界所不知的内部真实情形；“内应”是在内部接应，引进外力；“内忧”是指内部的祸乱。

“肉（ròu）”本义是动物骨骼外的柔韧物质，引申到植物果实的可吃部分，前者如“猪肉”“牛肉”，后者如“果肉”；更引申为人类相对于精神的外在形体，叫“肉体”；“行尸走肉”指一个人徒具形骸，而没有自主、精神之意。

“肉”还可比喻使人难以接受的感觉，如“肉麻”。“肉搏”是说战场上以血肉相拼、相搏斗。“肉欲”则指肉体性欲。

“内”是指身体、事物等的里面、内涵，而“肉”则指外在、形体的。

shí
什

什——shí，本义是十人相连、依存之意。
　　shén，什么。
甚——shèn，过分、过度之意。
　　shén，同“什”（shén）。
仕——shì，做官、官吏等之意。

“什”读作“shí”时，本义是以十个人相连，彼此信赖依存之意，后来军队上的编制有所谓“五人曰伍，十人曰什”的说法。另外，古代地方上的基层组织也叫“什”，即十家为什。而《诗经》的别名以十篇为一卷，也叫作“篇什”，后来甚至把《诗经》也简称为“什”了。

“什”也是姓氏之一。另外，“什”也与“十”通用，如“什一”即表示税率或东西的“十分之一”。而“什百”则指“十倍、百倍”之意。“什”也指数量多或品目纷杂，如“什物”指日常应用的器物；“什锦”则指各种物品搭配而成，如“什锦水果”“什锦果汁”“什锦火锅”。

“什”读作“shén”时，多用于“什么”，是疑问词，也可表示不确定的事物，还可表示惊讶或不满等意义。

“甚”读作“shèn”时，是过分、过度之意，如“欺人太甚”；也可表示超过之意，如“日甚一日”；作副词时，表示很、非常，如“甚佳”。此外，“甚”也是姓氏之一。

“甚”读作“shén”时，同“什（shén）”。但需特别注意的是，“甚”读作“shèn”时，也是某些地方方言中的疑问词，表示“什么”的意思。

“仕”是做官的意思，如“仕宦”“仕进”或“学而优则仕”。又比喻官宦人家的女子或美女，“仕女”即是，而“仕女图”则为美人图。

piàn
片

片——piàn，指一块木头从中劈开，在右边的叫作“片”，后来就指薄而平的东西为“片”。

爿——pán，指一块木头从中劈开，左边是“爿”，通常作部首用。

“片”字，读作“piàn”，属“片”部。

片的原义，是指把一块木头劈成两半，右边的那半叫作“片”。后来便把凡是扁平而薄的东西都叫作“片”，如“叶片”“卡片”“铁片”“名信片”等；有时也可作短时间讲，如“片刻”。

“片”，也可作量词，用来指某个范围中平面的东西，如“我躺在那片青草地上，望着几片白云天上飘”。有时“片”也用来指小的、少数的，如常用的“只字片语”“片甲不留”等。

“片”字也有几个专用名词，如地质学名词“片岩”，是指一种片状的结晶岩；又如“片假名”，则是取汉字的偏旁而成的一种日文表音符号；再如位于云南腾冲西北，有一个“片马”镇，是一处重要的战略要地。

“爿”字，形状恰与“片”字左右相反。“爿”读作“pán”，乃属“爿”部。

“爿”通常只作部首用，但它的原义是指一块木头劈成两半，左边的那半就称作“爿”。

有时“爿”字也作量词，如“一爿商店”或是“半爿瓦片”等，即“一家商店”“一截瓦片”之意。

fēn

分

分——fēn，是判别、离散等之意而言。

fèn，表示一定界线、地位。

份——fèn，是指一整体分为若干单位的每一单位。

忿——fèn，怨恨、生气之意。

“分”本来是量词，表示重量时是指“两”的“百分之一”；币制上则是“元”的“百分之一”；就土地的面积而言，“亩”的十分之一称为“分”；时间上，一小时的六十分之一叫“一分钟”；圆周上，“分”则是三百六十度之“度”的“六十分之一”。

“分”也是离开、离散的意思，如“分裂”“分开”“分居”“分手”“分心”等。又作辨别、判别之意，如“分析”“分辨”“区分”。又指各部分而言，如“分子”“分化”“分类”等。其他尚有很多种用法及解释，在此且不多作举例，而需要注意的是，不要和“fèn”的用法搞混。

“分”读作“fèn”的时候，表示一定界线，如“恪守本分”，指职位名义叫“名分”，各个单位对整体来说叫“成分”“部分”。

“份”是指整体分为若干单位的每一单位，如“等份”“月份”“年份”。指“部分”时可以和“分（fèn)”相通，但在现代汉语使用中，以“部分”为标准词形，规范的写法为“部分”；在指“天分”“名分”等时也注意不要写成“份”，那是不对的，应多加区别清楚。

“忿（fèn)”则是指怨恨、生气之意，如“忿恨”“忿怒”“忿言”“忿忿不平”等。

wú

毋

毋——wú，不要、不可、莫之意。
毌——guàn，贯串、穿破，亦是姓氏之一。
母——mǔ，对妈妈或女性长辈的称呼。

“毋”字，读作“wú”，部首属“毋”部。

“毋”字用作否定词，与不、不要、不可等意思相同。如口语中常用的“毋庸置疑”，是说用不着怀疑；再如“毋贻后患”，这句是说不要把祸害留到未来。

在《论语·子罕》篇里有这么一段“子绝四：毋意、毋必、毋固、毋我”，意思是说：不要任意猜疑，不要期望于必然，不要坚持固执，不要心存私心，这是孔子教人要戒除的四种心理状态。

同时“毋”亦有莫的意思，含有告诫之意。如大家所熟悉的“毋忘在莒”，即含有告诫劝勉之意。此外疑问未决的发问词，叫“毋乃”，表示莫非、岂非、只怕之意。

“毋”字书写时一不小心，就成了“毌”字。

“毌”字，读作“guàn”，部首也属“毋”部。

“毌”古时指串的意思，后来已逐渐被“贯”字所取代，即“贯穿”之意。

“毌”也是指古地名，如“毌丘”（今山东曹县）；又是复姓，如三国时魏国人“毌丘俭”。

谈到与“毋（wú）”“毌（guàn）”二字极相似的“母”字，是大家熟悉的字眼，在此“毋”须详述。此章重点在于请读者慎于分辨“毋”“毌”“母”三字之别。

kān

刊

刊——kān，是削或刻、修正的意思。
刑——xíng，惩罚罪犯的方法或器具、名称。

“刊（kān）”字大部分用作刻的意思。尤其最常用在印刷物的解释，例如“刊行”是指刻板印刷后发行书籍的意思。“刊物”为印刷品的总称或代称。“刊石”是古代把文字刻在石头上的称法，如“刊石以表总”。而古代出书都是刻在木、铅等板子上，再以油墨印制，所以“刊本”即指刊印成书或书籍的刊印版本。

“刊”字也用作删改、修改之意，如“刊正”“刊误”便是改正、订正的意思。

现代汉语中“刊”字的用法也不少，例如“刊登”是指登载新闻或广告的意思。

特别要注意的是“刊”字的左边写法，是“干”而不是“千”。

“刑（xíng）”本义是惩罚罪犯的意思。“刑名”即刑罚的名称。“刑法”是指国家规定的一些刑罚的法律。“刑具”是把刑罚加之于人身上的器具。“刑庭”是法院内审判诉讼的法庭。“刑场”是处决人犯死刑的场所。“刑牲而盟”是杀牲后以其血来订立盟誓、盟约的方法。

由“刊”和“刑”两个字都有刀部，可以看出古代造字时，大凡有用到刀的事物便从刀部，如“刊”字的原始意义是以刀刻东西，“刑”也是有关于用刀来执行处罚。有时候看到一个字便能先有一个意义的概念产生，是很好的学习方式。

zhèng

正

正——zhèng，是不偏、恰巧、正常的意思。

zhēng，指农历一月，称为“正月”。

证——zhèng，凭据、取信于人的物件。

“正”是指合乎事理而言叫“正常”，不合乎事理的便叫作“反常”，凡是形容事物的不偏不倚、合乎事理的都可以冠上正字，如“正道”“正事”“正人君子”“正理”“正面”“正大”“正式”“正名”“正言”“正派”等。佛家称修行得道者为“正果”。

“正”也有表示修改的意思，如“改正”“修正”。又代表主要的、主体的意思，如“正厅”“正史”“正统”。旧时尊称别人的嫡妻叫“令正”；正也是姓氏之一；“正义”是“正当”“真正”的道理。

在数学上，“正数”指大于零的数；相对的，小于零的数则称为“负数”。“正”又表示处决罪犯，叫“正法”；形容恰好时，可以说“正好”“正是”。“正本”指从根本上治理，也指文件的原本。“正”的用法很多，甚至赞叹人事物美好时，也可以说“正！”“好正”。

“正”读作“zhēng”时，用以表示一年中的第一个月，所以农历一月也叫作“正月”。又指射箭的标的，叫作“正鹄”。当然，作此解时不可读作“zhèng”，否则便搞不清二者的差别了。

“证”，是指凭证、凭据的意思，如“证券”“证物”“证实”“证书”等。用凭据来表明叫作“证明”。注意“证”不可以和“正”混淆误用。

pá

扒

扒——pá，指手或爪子去挖掘而言。
　　bā，指攀爬、扯掉。
爬——pá，手足伏地而并行的意思。
杷——pá，一种农具或植物的名称。
耙——pá，一种农具名称。
趴——pā，身体向下伏着不动。

“扒”的意思是用手或爪子去挖掘，例如“在田内扒出番薯”“那只狗在扒着骨头”“用工具扒土种花”。“扒饭”则指用筷子快速地把食物自碗中送往口里。

“扒”也常用于表示小偷，即专门窃取人家口袋或皮包财物的“扒手”“扒窃”。

若是指攀住、扯掉的动作，则读作“bā”，如“扒住栏杆”“扒人家衣服”。“扒（bā）拉”则是指拨动、拨开的意思，如“扒拉算盘”“扒拉开众人”。

“爬”是指手足伏地并行的样子，如“爬行”“连滚带爬”。还有一种用法，指梳理纷乱的事物，叫作“爬梳”。有一种动物属类称为“爬行动物”。

“杷”本义指收拢谷麦用的农具，本字同“耙”，读作“pá”。现在多指一种知名的植物“枇杷（pa）”。

“耙”是一种破土块的农具，即翻松土地的工具，长柄下面呈几根铁齿状，如“猪八戒的大耙子”。

“趴”是指身体向下伏着不动的样子，如“趴在地上”“趴着不动”等，千万不要和“扒”或“爬”混淆。

zhá

札

札——zhá，指书信。
扎——zhā、zā、zhá，有三种念法及用法。

“札”的本义是指用刀子把竹子削尖后刺入身体、物体，后来代表公文的名称，古代公文即叫作“札文”或“札子”，在唐宋时代是对上奏请之用，清朝却相反，成为下行文的告示，例如由上往下发文调派官员叫作“札调”；“札委”则是委任之意。

常见所谓“札记”是指读书笔记，凡是摘录要点、大意、心得的笔记，都可以称为“札记”，例如清朝史学家赵翼着有《二十二史札记》。

“札”也指很薄的木简，也代表书信之意，例如“信札”。“札札”则用来形容织布的声音。

“扎”读作“zhā”的时候是指刺绣，例如“扎花儿”。又带有“刺”的动作意思，或“钻”的意思，如“扎进去”“扎个洞”。代表用力抗拒时，要读作“zhá”，“挣扎”便是一例。读作“zā”则是有捆、束的意思，如“扎住”。

pǒ 叵

叵——pǒ，当不可讲，如“叵测”，属“口”部。
巨——jù，当大、多讲，如“巨大”，属“工”部。
句——jù、gōu、gòu，读音不同而解释各异。

叵，读作“pǒ”，切记不可写成“巨”。

“叵”字，乃是“不”与“可”两字的合音，也就是不可的意思。例如古时说“叵信”，就是说“不可信”；我们常说这个人“居心叵测”，就是说这个人心存险诈，难以预测。

“叵”字一般都用作副词解，如“叵奈”，即是“无奈”。“叵”字在古时也作表示程度的“颇”字用或表示原因的“故”字用；另外，古籍中还将“叵”作名词用，是指酒器，例如“金叵罗”即是酒杯。

谈到与“叵”字相似的“巨”字，读作“jù”。此字当形容词用时，表示大、多，如“巨万”即表示钱很多；如“巨大”，则是指很大。另外，古称大拇指为“巨擘（bò）”，则是用来比喻某方面的领袖人物。

最后谈到“句”字，句有三种读法：一种读作“jù”，说话或文章表达出完整之意，可以停顿时便叫作“句”。另一种读作“gōu”，乃是“勾”的本字，当弯曲讲，如“一句新月”；亦可解释成涂去，如“句消”；至于“句结”则是互相联结，暗通声息。还有一种读作“gòu”，也是“勾（gòu)”的本字，意思是处理，如“句当”，但此处通常用以指不正当的行为而言。

wù

戊

戊——wù，古时记等第、序次的名称。
戉——yuè，“钺”的异体字，大斧的别称。
戌——xū，古时记序次的一个名称。
戍——shù，防守的意思。
戎——róng，兵器、军事等。

“戊”是古代记载等第、代号、层次或记载年别、时间所用的一个符号，属于天干的第五位，即“甲、乙、丙、丁、戊、己、庚、辛、壬、癸”的“戊”；而先秦时，用在指晚上的时刻“戊时”或“戊夜”，相当于清晨三点到五点。另外，“戊”也是一种姓氏。

“戉”是“钺”的异体字，是指古代的一种兵器，似今日常见的斧头形状，但比较大。

“戌”是古代记载时间、序次的符号名称，属于地支的第十一位。即“子、丑、寅、卯、辰、巳、午、未、申、酉、戌、亥”的“戌”。“戌时”所表示的时刻在一天之中约为晚上七点到九点。古代记载年别即以天干十位、地支十二位来配合，例如“甲子年”是甲与子的配合，“戊戌年”也是这样类推。

“戍”是指防守的意思，例如“卫戍”“戍守”“戍边”“戍兵”等。

“戎”不但是兵器的一种，后来还泛指一切军事或兵器，例如“戎衣”指战衣，“戎行”指军队，“戎马”指军事或兵马；“戎狄”则指我国古代西北方的非华夏部落。“从戎”则是从军的意思。戎也为姓氏之一。

这五个字很容易混淆，需要特别留意。

yà
轧

轧——yà，挤、碾、压的意思。
gá，结交。
zhá，多用于压钢坯。
轨——guǐ，车子左右两轮间的距离。
轫——rèn，止住轮盘旋转的木头。

“轧”就是碾（niǎn）或压过去之意，古代有“轧刑”，是用车子压过犯人骨节的一种刑处。另外，“轧”又代表人与人之间的排挤、排斥之意，叫作“倾轧”“互轧”等。用在器物上的时候，如“轧棉花”是碾压棉籽、棉絮之工作；“轧米”是碾米，“轧马路”比喻在街道上闲逛。“轧轧”形容机器转动的声音，也代表车子走动的声音，还比喻船桨的摇动声、飞机声等。

“轧”读作“gá”时是结交之意，“轧朋友”指结交朋友之意。“轧空”是交易所中，行情看好的交割时，空头不足的没补进，而多头的故意抬高价格，以倾轧（yà）空头，叫作“轧空”。“轧头寸”是用支票向人抵押调借现金，以求周转之意。需要注意的是，“轧”读作“yà”与“gá”时的用法不同，不可弄混。

“轨”原本是指车子左右两轮间的距离，如今的铁路“轨宽”或“轨距”各国不同。车子或物体经过的一定路线叫“轨道”；“轨度”是指法度；“轨迹”指车迹，又比喻前人或事物发展的道路。

“轫”是指止住车轮或轮盘行动、旋转的木头，“发轫”便是开始发动车轮或轮盘，比喻事情之发端、开始。

kǎ

卡

卡——kǎ，是必经的要地或引外来语用来指纸片或热量的单位等。

qiǎ，用手掐人脖子，引申有抓住要害的意思。

卞——biàn，姓氏名，或者性情急躁的意思。

“卡”读作“kǎ”比较多。本字的构成是“上”与“下”两个字合起来，所以古时是指必经的要地，或者指关隘、驻兵的场所，设局收取税捐的地方也称作“卡”，例如古时屯兵的要塞叫“兵卡”，征税的地方则叫“关卡”。

另外，有从英文翻译而来的用法，例如“卡片”是指小纸片，还有年节互赠的“圣诞卡”“贺卡”等。“卡车”指运货的大型汽车。“卡通”原指带有讽刺性的漫画，后来把它连续起来、拍成电影再放映，这也叫“卡通”或“卡通片”。另外，在物理学上用来代表热量的单位“卡路里”，通常简称为“卡”。其他用在译名的地方也很多，例如“奥斯卡”。

“卡”读作“qiǎ”时，多指不能上也不能下的横梗在中间，例如“鱼刺卡在喉咙”“卡在中间”等。“卡子”则是一种夹东西的器具。

读作“qiǎ”的时候，也多用在“卡脖子”，原义是用手掐住别人的脖子，后引申为抓住要害。

“卞”比较常见是指姓氏，有时候也可以在古文中看到“卞急”这一词语，是指一个人性情非常急躁，例如《左传·定公三年》：“庄公卞急而好洁。”

tāo

叨

叨——tāo，多用在自谦之词。
dāo，乃是话多之意，如“叨叨”。
叼——diāo，作衔着讲。
叻——lè，指地名“叻埠”而言，是新加坡的旧称。

“叨”字，属“口”部。读作“tāo”时，多指受他人的好处，如常用在口语中的“叨扰”，是说感谢他人的招待；另受人好处的感谢语也可叫作“叨光”，即“沾光”；此外向他人请教学习，叫作“叨教”。

同时“叨（tāo)”在古时也可作为应酬时的自谦之词，如“叨在知己”，意思是说有愧于对方将自己视为知交；若用在参加宴会时的自谦之词，常用“叨陪末座”，是表示自己很荣幸能够沾光出席。

“叨”字读作“dāo”时，是指话多的样子，如“叨叨”“唠叨”都是话多之意。

谈到仅与“叨”字一点之差的“叼”，读作“diāo”，同属“口”部。

“叼”的原义是指衔在嘴边，如“叼根香烟”，此外没有其他用法。

“叻”字，读作“lè”。是较少见的字，仅用在地名上，如“叻埠”“石叻”，即我国侨民对新加坡的旧称。

fù

付

付 ——fù，把事物交给别人。
忖 ——cǔn，表示仔细地想。
拊 ——fǔ，当拍、摸的意思。
跗 ——fū，脚背。

"付（fù）"是把事情或东西交给别人的意思，常用的有："托付"即寄托交付；"付讫"就是付清、全部付完的意思。

也有用在书籍方面，把书本送去印刷叫"付印"或"付梓"。若用在"对待"方面，如"应付"即如何对待、处理的意思，"对付"也是这个意思。

"付之一炬"是指在火中完全烧毁。比喻事情落空、白忙一场，叫作"付诸东流"。

"忖（cǔn）"的用法比较少，主要用在仔细思考、仔细考虑上，例如"你自己忖量看看吧""我忖度一下"，都是指思虑测度的含义。

"拊（fǔ）"主要用在接触上的比喻，有时候和"抚"字通用，也有"拍"的意思，如"拊掌"是拍手的意思。"拊循"是抚摸，"拊心"是击胸，表示非常悲痛的意思。

"跗（fū）"是指脚背的部位，"跗骨"是指下腿骨与跖骨之间的骨骼，由七块小骨骼组成。

这四个字的区别很简单，"付"是人字旁，多半含有人的行动，如交付、寄托；"忖"是心部，所以用于表示心的思量为主；而"拊"则带手部，强调手的动作，如拍、打、抚、击；最后"跗"带足部，便是指脚的部位。

shuǎi

甩

甩 ——shuǎi，作抛弃、摇摆之意。
摔 ——shuāi，指丢弃东西。
甪 ——lù，指人名，亦是兽名、地名。

“甩”字的注音是“shuǎi”，属“用”部。

“甩”的意思是抛弃，就好比说把用不着的东西“甩掉”；又可当作摇摆讲，如“看那牛尾巴，走动时甩来甩去的”。此外又当振动讲，如“他一甩袖就不见踪迹”。最后可当作理会之意，如口语中常用的，“我根本就不甩他那一套”。

此外，“甩”字还有别的用法，如“甩水”在某些地区方言中是鱼尾的别称。

同样有抛弃、扔掉之意的“摔”字，读音是“shuāi”，乃属“手”部。

“摔”字是较常用的，但有时会与“甩”字混用，在此提出分析并作比较。

当用作“甩开”讲时，两字是可以互通的，如“他摔手就走”也可写成“他甩手就走”。除此之外，“摔”与“甩”最好不要互用。

“摔”字当失去平衡而倒下讲时，如“摔倒”；再如“摔跤”（或作“摔角”）一词，则是指“角（jué）力”，是一种二人互摔的比赛，这时，当然不可写成“甩跤”。

至于与“甩”字相似的除了“用”外，还有个“甪”字，读作“lù”，属“用”部。

“甪”古时是一种兽名，但通常用来指地名或人名，如“甪里”指复姓，或作地名讲；“甪直镇”指地名，在江苏省苏州市吴中区。

jù

句

句——jù，能表示一个完整意思的话语叫作句。
勾——gōu，删除文字；牵引之意。
勺——sháo，有柄，可取汁液的器具。
匀——yún，分配得极为平均。

“句”字，读作“jù”，属“口”部。“句”乃是指集合几个词或短语，组成一个完整意思的话语，如“语句”。“句号”则是用以标明一句完整文辞的标点符号。

至于“句读（dòu）”，乃是指文辞中休止或是停顿的地方，因为古时没有标点符号，所以在读书时，语气未完之处就加个点，称作“读”；若语气完结，则加个圈，称作“句”。“句读（dòu）”也就用来表示文辞中的休止与停顿。

“勾”字，读作“gōu”，属“勹”部。

“勾”与“句”字在古文中是相同的二字，但却有不同的读音，经演变后才有形义上的区别。

“勾”有删除之意，如“一笔勾销”；而“勾结”则是指和别人暗中结合。此外，“勾”也是姓氏，如家喻户晓的越王勾践，也可写成“句践”，但此处“句”需读作“gōu”。

“勺”字，读作“sháo”，同属“勹”部。

“勺”，是指有长柄可用来取汁液的器具；也是容量单位，十勺为一合（gě），即一升的百分之一。

“匀”字，读作“yún”，同属“勹”部。“匀”当形容词用，是指平均的意思；当动词用，指抽出一部分给别人或作别用。

chǔ

处

处——chǔ，料理、办理之意。

chù，指某一具体的地方。

虔——qián，姓氏之一，或比喻诚敬的意思。

“处（chǔ）”是指办理、料理事情的意思，如“处理”“处事”“处置”。比喻违法、惩治的叫作“处分”。医生对病人开的药方则叫作“处方”。

“处（chǔ）”指居住状态的意思很多，如“穴居野处”“独处”“处境”等。又代表存在、置身之意，如“设身处地”“处不好而吵架”“处世原则”“换一处境想想”等。又是判决的意思，如“处死”“处决”。

“处（chǔ）”还指未出嫁且保持贞洁的女子，叫“处女”或“处子”；而事物的第一次也用这意思，如“处女作”“处女地”“处女航”。比喻有学问及才干，却隐居不做官的人叫作“处士”。“处心积虑”是比喻存心很久、计划很久的意思。

另外，“处（chù）”是代表一个具体的地方，如“住处”“通讯处”“办事处”；也可指不具体的地方，例如“到处”“处处”“费神之处”。也比喻事物的某种境界或情况，如“好处”“益处”“长处”“短处”等。需注意的是，“chǔ”与“chù”之差别虽然不是很大，但仍不可弄错。

“虔”字读作“qián”，是姓氏之一，绝不可读作“qiān”。一般也比喻诚敬的心，如“虔诚”“虔心”。“虔婆”乃骂人贼婆，指擅长甜言悦人以图利之人。“虔刘”是指杀戮的意思。

níng
宁

宁——níng，安定；nìng，宁愿。
甯——nìng，是姓氏专用的字；níng，同“宁”。
拧——níng，nìng 或 nǐng，绞动或旋转的意思。
柠——níng，植物名称。
狞——níng，凶恶、可怕的意思。

“宁（níng）”是安定的意思，如“万国咸宁”比喻天下太平的样子。“社会安宁”是指社会既安定又宁静、有秩序。“安宁”另外可比喻为安逸的意思。

“宁人”指平息民心；“宁神”指安定心神；它还有省视之意，女子出嫁后再回家省视父母，叫作“归宁”。

“宁”读作“nìng”最常用作“愿”“岂”“仍”之解，如“宁愿”“宁死不屈”。“宁为鸡口”是说宁可地位小，但能自主自由；“宁缺勿滥”是宁愿缺少，而不要滥取；“宁为玉碎，不为瓦全”是比喻愿为保全节操而死，也不愿屈辱地苟且偷生。

“甯”与“宁”同样都是姓氏之一，“甯”读作“níng”时，与“宁”同；作姓氏时，“宁”和“甯”都读作“nìng”。

“拧”读作“níng”时是指握住或扭住转动的意思，如“拧手帕”“拧毛巾”“拧耳朵”“拧干”。读作“nǐng”时是指用力旋转的意思，如“拧螺丝”。读作“nìng”时，是指犟，不服劝说，如“脾气拧”。

“柠”是一种植物名，生产在热带的灌木，果实香且酸，即“柠檬”，其所含的柠檬酸、柠檬素或果皮提炼的精油，可作清洁、医疗、食品抗氧化剂等多种用途。

“狞（níng）”指凶恶可怕的样子，如“狞笑”“狰狞”。

jié

讦

讦——jié，攻击或揭发人的隐私。
讣——fù，报丧的文字。
訏——xū，夸口；形容大的意思。
诘——jié，责问之意。
jí，曲折，诘屈聱牙。

“讦”是攻击或揭发对方的隐私，换句话说是指揭人家短处或不欲人知的事，通常称为“攻讦”或“恶讦”。

“讦直”是说为人刚直过甚，而当面指责别人的过失之意。“讦讼”则是指因为互相攻讦而引起的争讼。

需要注意的是“讦”的右边是“干”而不是“于”。读音是“jié”而非“gān”。

“讣”读作“fù”，是为报丧的文字。“讣告”“讣音”或“讣闻”，都是指报丧的消息或文帖。

“訏”读作“xū”，与“讦”写法区别在于：“干”在右方是讦，“于”在右方是訏。“訏”代表说大话、夸大、虚浮不实之意，也形容大的样子，如“訏谟定命”语出《诗经·大雅》，意思是以远大的谋略来安定国家命运；“川泽訏訏”是形容川泽的广大。

“诘”读作“jié”时，是责问的意思，称为“诘问”或“诘责”，又有谴责之意，如“诘难”；也解作明日的意思，如“诘旦”或“诘晨”则指明天早晨之意。“诘”还有另外一个读音“jí”，如“诘屈”或“诘屈聱牙”是形容事情屈曲不平易，或指文句拗口难读之意。

jí

吉

吉——jí，顺利的，如“吉利”“吉祥”。

喆——zhé，古“哲”字，与之相通。

“吉”字，读作“jí”。

“吉”字，写的时候要特别注意，上半部一定要写成“士”字，而不是“土”字，这种错误经常发生，务必特别留意。

“吉”字的本义是当善、利、福讲。成语中的“吉人天相”，就是说从善之人自然会得到老天的保佑。民间常用的农历初一，通常称为“吉日”，因为吉也是农历初一。相传古时有种神鸟，名叫“吉光”，据说用它的皮做成毛裘，用火烧不焦，放水里几天也不下沉。正因为“吉光”是如此的珍贵，所以我们称艺术珍品尚存残余的部分为“吉光片羽”。

“吉”字在日常生活中运用极广。如我国省名“吉林省”；县名“永吉”“延吉”等，这些命名莫不是想借“吉”字来讨点吉利。所以在过年过节，尤其是春节期间，人们最爱用的便是“吉祥”二字。

顺便一提的是，古人写“吉羊”二字，便是“吉祥”。因“祥”字的古字就是“羊”，所以许多人就画羊来代表吉祥之征。

将两个“吉”并列成“喆”字，读音变成“zhé”，多用于人名。另外“喆”也是“哲”的异形字，而不可当成“双吉”讲，古时写圣哲的“哲”字便是“喆”。

jī

圾

圾——jī，凡是固体的废弃物，不能由沟渠排出去的叫“垃圾”。

趿——tā，用脚去拨取东西之意。

及——jí，达到、比得上的意思。

汲——jí，到井里或河中取水的意思。

“圾”通常读作“jī”，即“垃圾”，古文的意思是固体废弃物，不能自沟渠中自然排出的，但在今日这么说并不恰当，因为把非固体的废弃物尽往沟中倒，这不是环境污染的一种吗？“垃圾”也指物品混杂在一起又脏又乱的意思。后来因为这些废弃物都沾有尘土，故写成“垃圾”。此外“垃圾”也可比喻人、事、物之没有利用价值而言。

“趿”读作“tā”，原本指用脚去拨取东西，如“趿鞋”是拨取并穿上鞋子；“趿（tā）拉着鞋”是指穿鞋子不穿好后跟，踩着鞋后帮走路。

“及（jí）”是指达到之意，如“及格”即达到标准之意。也作比得上的意思，“我不及你”便是“我比不上你”。还可表示立刻、马上的意思，例如“及时改正”。还可以当“和”用，如“书、笔及其他”。“及门”是指学生。“及笄（jī）”是古时指女子年满十五岁。“及第”是考试及格。

“汲（jí）”是到井边、河岸取水之意，叫“汲水”。引申为提拔人才，如“汲引”。又形容急迫的样子，例如“汲汲于富贵”。“汲古得绠”比喻研究古学而得到门径。“汲深绠短”比喻心有余而力不足。

yí 圯

圯——yí，作名词用，是桥的意思。
圮——pǐ，作动词用，毁坏之意。
杞——qǐ，作名词用，古时国名。

“圯”字，读作“yí”。

“圯”字的解释非常简单，就是指桥。在江苏省下邳县南边有座桥，就叫作“圯桥”，相传是张良遇到黄石公的地方。一般常说的“圯上老人”即是指黄石公。

关于“圯上老人”是有典故的。秦时，有一天，韩国人张良经过下邳的一座桥，忽见一位老人不小心把鞋落到桥下。张良于是想办法把鞋捡了回来，并帮老人穿上，老人为答谢张良便送书卷给他，并夸赞他将来能协助帝王，做一番大事业。临别时老人再三吩咐张良道：“十三年后若有缘，你会在济北谷城山碰到我，那时路边的一块大黄石就是我。”

二人分手后，张良专心研读老人送的《太公兵法》，十三年后辅佐汉高祖平定天下。有一天，张良经过济北谷城山，果真有块黄石在路旁，故而又称老人为“黄石公”。

“圮”字，读作“pǐ”。“圮”当动词用，是破坏、损裂之意，如“倾圮”“圮废”等。书写时要特别注意，右边是个“己”字，不可误写成“巳”字。

“杞”字，读作“qǐ”。“杞”是树木名，称作“杞柳”，属落叶灌木，产于河北、山东一带。又是周朝国名，即今河南杞县，相传那儿有一个人天天忧虑天会塌下，所以今人比喻不必要的忧虑叫作“杞人忧天”。

cháng

场

场——cháng，又或 chǎng，指空旷之地。
埸——yì，指田界、国界。
域——yù，也指国界，又当限制或范围而言。
厂——chǎng，工人工作或聚集的房舍、地方。

场有两种读音，“cháng”和“chǎng”。

“场（chǎng）”指平整且空旷的地方，例如常说“广场”“操场”；另外指作战的地方，如“战场”“沙场”。“场”用在指祭祀之地叫作“道场”；有特定目的而使用的地方，除了泛称“场地”，可冠上其使用项目，如“棒球场”“考场”等。

“场（cháng）”作名词时指平坦的空地，多用来碾轧谷物、晒粮食，如“打场”“起场”；作量词时用于事情的经过，如“一场大雨”；方言中也表示集市的意思，如“赶场”。

“埸”读作“yì”，指田里的分界，引申为国界、边界，如“疆埸”“边埸”。须注意，不可将“埸”与“场”的繁体字“場”弄混。

“域（yù）”也是指疆界，但是引申为特定境界、范围或限制时更常用到。“国域”指国界之内，便含有范围之意；“区域”则泛指某界限内的面积或空间，如“疆域”指国家的国境；“异域”是指一个特殊、怪异之区域，或者使人大感不同的地方。

“厂（chǎng）”即“工厂”，指工人做工之场所，“厂址”指工厂的所在地址，“厂方”则泛指生产者方面。需要注意的是，“工厂”不可写成“工场”，而特指边界的“疆埸”也不要写成“疆场”。

shù 戍

戍——shù，守卫边界。
戊——wù，天干中的第五位。
戉——yuè，乃是古时兵器之一。
戌——xū，是地支的第十一位。

此章介绍的四个字是一般人最容易搞混的，它们的字形极为相似，一不小心就可能会弄错。

首先介绍“戊”字，读作“wù”。戊是十天干中的第五位，位居丁之后，己之前；另在古时先秦的时制中可表时间，相当于清晨三点到五点，称作“戊时”。

历史上有名的“戊戌政变”，即是发生在清光绪二十四年，岁次戊戌年。

谈到第二个字“戉”，读作“yuè”，是“钺”的异形字，指古兵器之一种，状如大斧。另外，“钺”亦是星宿名，如“天钺星”。

“戌”字，读作“xū”。戌是十二地支中的第十一位，位居酉后亥前。当时辰解读时，“戌时”是指晚上七点到九点。戌字的解释不多，大概仅有此解，但写“戌”时必须小心，一不小心便会写成“戍”。

“戍”字，读作“shù”。戍是守卫边界之意，如“戍边”；至于“戍卒”则是指防守的兵士；此外“戍鼓”是指战鼓声；“戍所”是指遭贬官员的去所；“戍楼”顾名思义，是守军所建的瞭望台。

以上四字部首皆属“戈”部，变化之点皆在左下方，请读者务必区别清楚。

bì

毕

毕——bì，终究、绝、灭或完全等之意。
必——bì，一定、断然的意思。
筚——bì，荆竹之类所编成之篱笆。
荜——bì，一种草的名字。

“毕（bì）”，原始的意思是指一种有网有柄，用来捕捉野鸡或兔子的用具。也是姓氏之一。

“毕”最常用的意思是当作绝、灭而言，如“毕命”是指结束生命。后来凡是指终了、结果、完结的意思均可使用，如“毕业”指学业的一个阶段结束，“毕业典礼”便是学业阶段结束时的一个仪式。“今日事，今日毕”则指一天的事应在一天内完全结束，不要拖拉。“毕生”则指终其一生。也引申为全部或到底的意思，如“群贤毕至”“毕竟”“毕然”等。“毕恭毕敬”是形容非常恭敬的样子。

“必（bì）”是一定、断然的意思，如“信赏必罚”“必定”“必然”“必须”。“必需品”则指不可缺乏的物品，“必修科目”也意同。

“筚（bì）”是用荆、竹之类或树枝编成的篱笆或遮拦物而言。“筚路蓝缕”是比喻人创造事业的艰难，本义是指先民开垦时的艰辛，也可写作“荜路蓝缕”；“筚门圭窬（yú）”是比喻穷人的居室而言，也可以写成“筚门圭窦”。

“荜（bì）”则专指一种草名，其籽可以做菜，“荜门”则指用荆条编成的门。古时，文言文中荜也同“筚”。但要注意，“蓬荜生辉”不可写成“蓬筚生辉”。

chén
尘

尘——chén，本来指鹿群走过时，所引起的灰土飞扬的样子。
麈——zhǔ，一种可以拂去尘土的东西。
麋——mí，动物名。
麝——shè，也是动物名。

“尘（chén）”的繁体字为“塵”，本义是鹿群走过所引起的灰土四处飞扬的样子，即一般所称的“尘埃”“尘土”或“灰尘”；它还代表污浊的意思，如“尘世”，是形容社会、凡俗的污浊。“尘凡”或“尘寰”也是指人间的意思。

“尘嚣”是比喻喧扰的世界；“尘务”是俗世的事务，反正“尘”字几乎都用在代表人世间的俗务，代表世界上大多数的人是喧扰忙乱的，而却又短暂之间归于幻灭之意。“尘饭涂羹”是比喻以假当真，不足取的意思。

“麈（zhǔ）”本是一种动物的名字，有人说就是“麋”，是一种大型鹿；也有人说是“四不像”，又叫“驼鹿”。

“麈”的尾巴可以用来当拂去尘土、驱逐蚊蝇的工具，叫作“麈尾”，即“拂尘”。后又引申为指挥听众的意思，尊称别人的教诲便叫作“麈教”或“麈训”。“麈谈”为清谈之意。

“麋（mí）”是一种比鹿还大且似鹿的动物，雄的角如树枝一般又大又多。“麋沸”则比喻为扰乱之意；“麋黎”是形容老的意思。需要注意的是，不要和“麈”字搞混了。

“麝”是一种比鹿还小的鹿类，没有角，雄麝的脐部麝腺会分泌一种“麝香”，可以制成香料，也能作为药用。注意其读音是“shè”不是“mí”。

xià

吓

吓——xià 或 hè，以言语或威力使人害怕之意。
赫——hè，动怒的意思。
喝——hē 或 hè，吃流质的东西。
赦——shè，宽免的意思。

“吓”不管读作“xià”或“hè”，都是以言语或威力使人惧怕之意，如“恐吓”“吓人”。“吓诈”指恐吓诈骗之意，“吓杀人”是指突然受惊之意，引申为非常惧怕之意。

有一种太湖洞庭山碧萝峰所产的茶，叫作“吓煞人香”，也叫“碧萝春茶”，是以其茶香使人惊讶而闻名的。凡是带有“威力”使人感受情绪时，“吓”多读作“hè”，又如“吓阻”。

另一较常用的音“xià”，则指自己害怕之意为多，如“吓我一跳”“吓着了”。“吓（xià）唬人”则与“恐吓（hè）”同义。

“赫连”是一个复姓姓氏。“赫”读音为“hè”，通常是指动怒的样子，如“赫然震怒”或“赫咤”。还可以指火色红透的样子，如“赫赫”，也比喻威势凶猛之意。或者就显明、光亮之意而言，则可以叫作“显赫”或是“赫赫有名”。

“喝”读作“hē”或“hè”，在这里主要介绍“喝（hè）”的用法。“喝采”或“喝彩”是指大声叫好；表示惊叹词时也常用“喝”，如“喝！你看！”。

“赦（shè）”是宽免的意思。如“赦免”“赦宥（yòu）”“赦过”“赦罪”等。须注意的是，“赦”的右方是“攵”而不是“艮”，不然便成为“赧（nǎn）”字了！

chī

吃

吃——chī，将东西放在口中咀嚼而后吞食。
屹——yì，形容高耸独立貌，如“屹立”。
矻——kū，勤劳辛苦的样子。

“吃”字，读作“痴”，注音“chī”，属“口”部。

“吃”是大家非常熟悉的字，通常都知道是把食物放在嘴里咀嚼而后吞食；渐渐地，“吃”的意思不再仅指真正的咀嚼，而有更抽象的表示，如“吃亏”，是指遭到某种说不出口的损失；“吃醋”则是嫉妒他人胜过自己；“吃香”是指到处受到礼遇；“吃苦”则是用来表示所处的环境非常艰困；更有“吃水”一词，是以船舶的入水深浅来计算船的载重量。

“吃”还有一种常用的用法：“口吃”，指人说话不流利，是一种习惯性的语言缺陷，俗称结巴。

“屹”字，读作“yì”，属“山”部。

“屹”的原义是用来形容独立高耸的样子，如“屹立”即是坚定地独自站着不动，也用来形容意志非常坚定。

“矻”字，读作“kū”，属“石”部。

“矻（kū）”字较为少用，是指勤劳辛苦的样子，如“终日矻矻”（语出《汉书》），形容整天勤劳辛苦的样子。

hui

回

回——huí，章节、次数等之意。
迴——huí，“回”的繁体字，回转过来、躲避之意。
迥——jiǒng，深远的意思。

“回（huí）”字最初是以回旋状的线条来表示水中漩涡转动的样子。值得一提的是“回”字的写法，由甲骨文演变出来是“囘”，不是一个大口包一个小口，后来才逐渐演变成两个口。

“回”为章节的意思，如“章回”。代表次数的计算时，如“一回”“几回”等。指“返转”之意时，如“回来”“回转”“返回”“回首”“回身”。又比喻为曲折的样子，如“回廊”。古时唐朝北方有一民族叫“回纥（hé）”；我国五大民族之一的“回族”散居在西北半壁。

“回复”是答复的意思；“回音”是回信之意；“回禄”是传说中的火神名，多比喻火灾；“回顾”“回忆”都是指回想过去的意思。

“迴（huí）”可当旋转、返回、回避解，是“回”的繁体字。例如《玉篇·辵部》记载：“迴，转也。”唐·李贺《长平箭头歌》：“迴风送客吹阴水。”也可以表示迂回或曲折，例如唐·杜甫《野老》诗：“野老篱前江岸迴，柴门不正逐江开。”现代汉语中已不再使用此字。

“迥（jiǒng）”是深远的意思，如“幽迥”“山高路迥”；还可比喻差异很大的意思，如“迥然不同”“风格迥异”。

pìn

牝

牝——pìn，指雌性的动物。
牡——mǔ，指雄性的动物。
杜——dù，乔木名。
牲——shēng，指古代祭祀用的牲畜。

“牝”字，读作“pìn”。

一般通称雌性的动物叫“牝”，如“牝牛”即是母牛的意思；“牝鸡”即是母鸡。谈到“牝鸡”，值得一提的是，有一个“牝鸡司晨”的成语，旧时比喻女人当权，因古代社会女性多遭歧视，所以一旦女人当权就会被讥讽成“牝鸡司晨”。

与“牝”字意义相反的是“牡”字。

“牡”读作“mǔ”，是指雄性的动物，如“牡犬”即是公狗。

此外“牡”字常被用作植物名，如“牡丹”，属毛莨（gèn）科，落叶灌木，高二三尺，羽状复叶，春末时开花，花瓣相当大，有红、白、黄、绿等色，看起来美观大方，有富贵花之称。

唐代更是举国疯牡丹，因此有不少歌颂牡丹的诗词，例如刘禹锡《赏牡丹》：“庭前芍药妖无格，池上芙蕖净少情。唯有牡丹真国色，花开时节动京城。”便是在形容当时牡丹花开后的盛况。

另“牡蛎”，是一种软体动物，肉柔味鲜，营养丰富，也叫蚝或海蛎子。

提到“杜”字，读作“dù”。为植物名，如“杜树”属乔木；又是鸟名，如“杜鹃”（“杜鹃花”也是一种花名）。当动词时作防止讲，如成语中“防微杜渐”。

“牲”字，读作“shēng”，指古代祭祀用的牛、羊、猪，俗称“三牲”。另也泛指牛、马、驴等家畜。

chuán

传

传——chuán，当继承、公布、召见等意思。
溥——pǔ，姓氏，或“普”的意思。

“传”的用法及解释很多，读作“chuán”时，多用于表示继承，例如“传统”是代代相传，积沿而成的习俗及规律。“传衣钵”是指和尚把袈裟、钵盂传给弟子，后来比喻为学术、技术、艺能上得自老师真传的意思。

“薪传”是指师生德业相承相继，相传不绝。如“传人”“传授”“传道”等都是以继承的意思为用。

“传”也当公布、递转的意思用，如“传布”“传播”，后者更引用至现今更广泛的含意，凡是讯息的互相传递、知解都可以叫“传播”。又如“宣传”，则是指希望影响他人意志、感情、行动的作用，通常“传播”或“传播事业”也都含有“宣传”的目的。

“传”也用在召见、传唤，如“传见”“传审”；另外，“传说”或“传言”则指自己没有亲眼看见，而是听到别人传过来的话而言。“传真”指用电波传送文字或图片，也比喻可以把原本的形貌摹写得无异之意。

“传”的另一个读音是“zhuàn”，指记述某人或某人事迹的文字，如“自传”“传记”；另外，解释经义的文字或书籍也称作“传”，如朱熹的《诗集传》；《公羊传》主在阐扬“微言大义”，《左传》则是偏重历史的记述。

“溥（pǔ)”字注意其上是“甫”而不是“叀”，通常用作姓氏，如清朝最后一个皇帝“溥仪”；也可用来表示广大的意思，如“溥天之下”。

之所以把“传”和“溥”放在一起介绍，是因为“溥”若不小心写成“傅”就变成“传”的繁体字了，读者要千万小心。

huá 华

华 ——huá，光彩的、漂亮的等意思。
huà，作姓氏和地名用。

晔 ——yè，光明、繁盛的样子。

“华”读作“huá”的用法比较多。如“华夏”，是指黄河中下游流域而言，因为据《左传》：“中国有礼仪之大，故称夏；有服章之美，谓之华。”所以“华夏”代表中国，简称“华”，如中国人便叫“华人”，中国话叫“华语”，中国人的后裔有外国籍叫“华裔”，中国文字叫“华文”。

“华”是光彩的、漂亮的意思，如“光华”“华灯”“华玉”“华美”“华丽”等。又指时光而言，如“年华”“韶华”；“华年”是少年，“华首”是老年人。还可以指繁荣、旺盛之意，如“繁华”。“铅华”指女人化妆的脂粉；事物的精要叫“精华”；虚浮不实的叫“奢华”“华而不实”。

“华”在古时也与“花”通用，指植物的花朵，如“灼灼其华”“华如桃李”等。“华胜”指古代妇女所戴的一种花形首饰。

“华”读作“huà”是用在地名及姓氏之时。如“华先生”或“华山”。“华封三祝”指长寿、富贵、多子孙。

“华”字的用法还有很多，不再多作介绍，要注意的是，其读音和意义应该分清楚，不要误用了。

“晔”读作“yè”，指光明、繁盛的样子，如“炳晔”；“晔晔”是比喻盛大的样子，注意不能念成“huà”或“huá”。

hui

会

会——huì、kuài，共有两种读音，各有不同意义。

烩——huì，一种烹饪法。

荟——huì，一种植物名称。

“会”就是集合的意思，或者是相见之意，当然也指很多人集合在一起，这时候，“会”读作“huì”，如“集会”“聚会”“会面”“会见”“相会”“会合”“会友”“会同”等。同时，由多人所集合组成的团体也叫作“会”，如“教育会”“工会”“商会”“渔会”“农会”等。今日的大城市或聚集的城市叫作“都会”。

“会”又指时机而言，如“机会”“适逢其会”。又当明白了解之意，如“领会”“体会”。“会当”是应当；“会意”“会悟”都是通晓之意。

“会”还指短暂的时间而言，如“一会儿”“待会儿”等。

“会”读作“kuài”的时候是指姓氏；今日指管理财务、出纳的人或事务，叫作“会计”。

“烩（huì）”是指将汤汁注入锅中，并以慢火烹煮材料至汤汁快收干时，加以勾芡即成，如“广东烩饭”“潮州烩饭”等。

“荟（huì）”是一种常绿植物，叶汁可制药，叫“芦荟”。又比喻丛聚的意思，叫“荟萃”。又可形容草木茂盛的样子，叫作“荟蔚”。

zhòng

众

众——zhòng，指多的意思。
潨——cóng 或 zǒng，指小河流汇入大河。
壮——zhuàng，精力或实力充沛之意。

“众（zhòng）”的组成需特别注意，是由三个“人”组成，因为其本义是指人很多的意思。

“众”字表示众多的意思最常用，如“众人”“众望”等。佛家所说“众生”是指包含一切动物，不光指人。所谓“众生相”则是人的生老病死现象，引申为人生百态的形形色色。“众议”是指大众的议论。“众芳”则指各式各样的花卉。

“众口铄金”指谣言之乱真。“众目睽睽”指在大家的注视下。“众矢之的”是指受大众攻击之意。“哗众取宠”指标新立异，作怪作乱以取名利。“众怒难犯”是指不要激起群众的愤怒。

“潨”字读作“cóng”或“zǒng”，属“氵”部，故与水有关，是指水由小到大，由少到多，指小河或小水流进或汇入大水、大河里。现代汉语已没有“潨”字的用法。

“壮（zhuàng）”是指精力、实力的充沛强盛之意，如“强壮”；一般说“壮丁”则指青年男子；“壮志”指伟大的志向；“壮图”指远大的计划；“壮丽”指又伟大又美丽雄壮；而比喻一个人志向未实现便中断，叫作“壮志未酬”。

“众”与“壮”同样有“多”或“大”的含意，但用法及比喻则大不相同，应该有所区别。

zhēng

争

争——zhēng，互不相让、竞取的意思。
征——zhēng，远行、讨伐、收取的意思。
挣——zhèng 或 zhēng，以本领换取金钱的意思。

“争（zhēng）”是双方互不相让，希望把目标物变为己有，凡是竞取的事都可以叫作“争”，例如，“君子无所争”是说君子没有什么好跟别人争的；“竞争”或“争取”“争功”“争光”“争先恐后”等都是指竞取某目的或欲望之达成的意思。

“争名夺利”是指人对名誉或权力的争夺；“争风”是因妒忌而互相争夺；“争气”是立志向上，不肯输给他人，也可比喻为负气不肯屈服。

“征（zhēng）”字用以表示远行，例如“长征”“征途”。若是指收取的意思，则如“征税”“征敛”。

“征”字最常用的是指战争中的征讨、平服，例如“征伐”或“征服”是说用兵讨伐。“征服”是用力制服、占有。“征战”是指战争。“征帆”则不是指战争船，而是指远行的船；古时“征人”则可同时指远行的旅人或远戍的军士。

“挣”读作“zhēng”时，本义是勉强用力脱去，例如“挣脱”“挣扎”。读作“zhèng”时，则有努力获取的意思，如“挣钱”，应有所区分。

qí

齐

齐——qí，可以作名词、形容词或姓氏用。

jì，指调味品，也指合金。

斋——zhāi，可以解释为素菜、祈祷等意思。

“齐（qí）”古时用作国名，如春秋战国时代的“齐国”，在山东省临淄县，本来是姜子牙（太公望）的封地，后来被田氏篡位，是战国七雄之一。

“齐”也是历史上的朝代名，在南北朝时萧道成建立南齐，高洋建立北齐。另外，“齐鲁”是山东省的代称，因为这两国在周代都位于山东省境内，同时，鲁国是孔子降生的地方，故而后世便以“齐鲁”代表文教。

“齐”也是姓氏之一，乃是炎帝姜姓的后代，姜太公封于齐，他的子孙便以“齐”为姓。

“齐”有完备之意，如“齐家”。以相等来解释，如“并驾齐驱”。作一致的意思，如“齐声朗诵”。“齐（qí）”字另有一音读作“zhāi”，与“斋”字通用。

“齐”也读作“jì”，古时指调味品，也指合金。

“斋”字作名词用时，书房可以叫“书斋”；吃素菜叫“吃斋”；若是指古人斋戒的房舍，叫作“斋舍”。

“斋”也可以作动词使用，例如僧、道之法师，筑坛而代人祈祷，叫作“斋醮”。用在戒绝嗜欲时，则叫作“斋戒”。

另外，佛家过午不食，由天明到正午叫作“斋时”。以食物布施给和尚，叫作“斋僧”。

有时候古书若出现“齐戒”时，即“齐”与“斋”通用，但读作“斋（zhāi）戒”而不是“齐（qí）戒”。

xīng

兴

兴——xīng 或 xìng，发起、推行、旺盛等意思。
举——jǔ，抬高、引荐、称道等意思。

“兴（xīng）”最原本的意思是举起，或作同心同力，所以引申成振作、起来、发动、旺盛的意思。例如，“兴盛”是旺盛，“兴亡”是兴盛与灭亡，“兴建”是开始建筑、建设，“兴师”指出兵。“兴替”是指盛衰，“兴办”是创办、举办，“兴学”是创设学校。

“夙兴夜寐”是指从早到晚或早起晚睡的发奋努力。“兴利除弊”是指兴起有利的，并革除有害的。

“兴”读作“xìng”的意思是指趣味、喜悦的情绪而言，例如“兴高采烈”“兴致勃勃”“兴会淋漓”。“兴头”指兴味正浓。

“举（jǔ）”指用两手使力，而使东西向上的动作而言，例如“举重”“举起”“举火”；也泛指人的行为和动作而言，如“举动”“举止”。

“多此一举”是指不必要的动作；“举一反三”是指能触类旁通；“举棋不定”是心无主见；“举鼎绝膑”是比喻力小而负重任；“举足轻重”是指能影响整个局面而言；“举直错枉”是好的录用而坏的舍弃。

“举”用在对人才的推荐、拔用时，如“推举”“选举”“保举”“举用”。“举家”或“举国”的举是指全体、概括的。“举办”“举行”则是指开始作为。“举发”是检举的意思。

hùi

讳

讳——huì，隐避的意思。
祎——yī，美好珍贵的样子。
袆——huī，古代服饰的一种。
伟——wěi，比喻奇特、壮美之意。

“讳”是代表隐蔽、躲避的意思。有时候则指因禁忌而加以隐蔽真相之意，如“讳疾忌医”是形容人有了过失而不喜欢人家规劝，就如同有了病却不敢去医治一样。把事情隐蔽而不敢宣布，因忌而避，叫作“忌讳”。

“讳”也是回避的意思，如死亡是人所避忌的事，故而人死后再称呼则“讳名不讳姓”，即不提名只提姓氏，另外，尊长的名字则称为“名讳”。“讳饰”是掩饰的意思。“讳莫如深”是保守祕密，不肯告诉人家之意。“讳言”是因忌讳而不肯说；“不讳”是代表死亡或指不回避，直言无隐。要注意的是，“讳”不可读成“wéi”，应该读成“huì”。

“祎”是指美好、珍贵之意，如《东京赋》中“汉帝之德，侯其祎而”。

“袆”读作“huī”，是古代王后祭祀时所穿的衣服，叫作“袆衣”。此外也指古代妇人身上所佩挂的蔽膝、香带。注意“祎”读作“yī”，而“袆”读作“huī”，不要弄混了。

“伟（wěi）”是奇特、壮美、盛大的意思，如“伟人”是丰功卓著的人，“伟业”“伟大”“伟绩”都是比喻盛大的功业之意。“伟岸”是壮大的样子。“伟器”指有才能、大志的人才。

lùn

论

论——lùn，互相研究以辨难、解惑。

lún，论语，古书名。

伦——lún，姓氏之一，亦指常理、次序。

抡——lún，为动词，选择。

lūn，挥动。

本篇讨论的是“论”字，虽然是很常见的字，但由于是重要的字，在此亦加强调；同时再触类到“伦”“抡”二字，顺作解释。

“论”的读音有两种：第一种是“lùn”。它的本义作“议”解，是指互相研究以兹辨难、解惑；如常在报章中见到的“公论”“舆论”“正论”等。

“论”也有陈述、说明的意思；有时也当视同讲，如口语常见的“以弃权论”即是视同弃权的意思。

此外“论”也是种文体，如“论说文”；至于研究生或教授常要发表的“论文”，则是指抒发己见、议论事物的文字篇章。

第二种读音是“lún”。当读作“lún”的时候，意义上与“伦”字相通，如《论语》一书。《论语》乃是儒家学术思想的精粹，是孔子应答弟子、时人，以及弟子相与问答之言，由孔门后学记录而成。

谈到“伦”，读作“lún”。“伦”是姓氏之一，但用在他处较多，如指常理，则指人与人之间的正常关系，如“伦常”“伦理”“五伦”等；又指条理、次序，“语无伦次”指说话没有条理；也作“类”解，如“群伦”指众多同类。

“抡”字，同样读作“lún”，是选择之意，如“抡才”即选才，“抡元”指获得第一名；读作“lūn”时有挥动之意，如“抡拳”。

chí

弛

弛——chí，引申为放松的意思。
驶——shǐ，马跑得很快的意思。
驰——chí，也是指马跑得很快的意思。

“弛”读作“chí”，本义是指将弓弦放松之意，因为弓如果每天保持绷紧的话，弹力便会减弱或丧失，所以需要把它放松一下，故而引申成为放松、怠缓或不紧的意思。

“松弛”本义指放松绳索，后来比喻为使原本紧张或拘束的东西或行为更宽舒、放松之意，例如“让他松弛一下精神”“把绳子松弛一下”。然而，若是放松到不去管制、毫无节制的地步，那便叫作“废弛”了！例如某些工作因不做、不管、不计划从事，便说此事“废弛”了，或叫“荒弛”。

“弛”还作解除之意，如“弛禁”。

“驶（shǐ）”本来是用作马跑得很快的意思，后来引申为很快速地移动或变动都可以作“驶”，如“韶华如驶”，比喻光阴过得很快的样子。

“驶”也当动词用，例如“驾驶”，指控制、行驶之意，如“驾驶汽车”等。

“驰（chí）”也是指马跑得很快之意，如“奔驰”；引申成为传播、远扬的意思，例如“驰名海外”或“远驰国内外”。还可以当向往的意思，如“神驰”。还可比喻时光消逝之迅速，如“驰年”。“驰骋”是骑马奔驰，或涉猎、纵横的意思。

hǎo

好

好——hǎo 或 hào 两种读法，有时候要看上下文的意思而定。

妖——yāo，怪异或形容女子以色媚人。

“好”的组成是一“女”、一“子”合在一起，代表两性之结合便是“好”，所以是指美的、善的意思为主，例如“友好”指有交情、情投意合的。形容东西完整，叫作“完好”。又用来形容优良的、善良的，如“好事”“好人”等。

凡是称美或赞赏都可以带有“好”字，此时读作“hǎo”，如“风景好”“运气好”“绝妙好词”“好消息”“花好月圆”“好感”“好造化”“好好先生”“好马不吃回头草”等。

“好（hǎo)”有时还代表侥幸、相似之意，如“还好”“好像”“好在”等。

另一个读音是“hào”，代表喜欢的意思，如“好学不倦”“好生之德”“好问”“好辩”“好色”“好名”“好大喜功”“好洁成癖”“好吃懒做”“好高骛远”等。

区别其用法的要诀在：读作“hǎo”时多是一种赞美或美好的含意，而读作“hào”时，便偏重在喜欢的含意；“好（hǎo）事”是好的，“好（hào）事”则未必是好的。

“妖”是指不正常的、怪异的，如“妖异”“妖言”“妖术”“妖怪”“妖魔”。另比喻女子以美色媚惑人也叫妖，如“妖艳”“妖精”。可以说美丽的女子不媚人叫“好女”，而善于媚诱人的便叫“妖女”了！

móu
牟

牟——móu，相等、获取的意思。
　　mù，地名、姓氏
侔——móu，相等、平均之意。
哞——móu，牛叫的声音。
眸——móu，指眼睛的瞳仁。
蛑——móu，蟹的一种。

“牟”的写法应注意它的下方是“牛”不是“午”，其他“侔”“哞”“眸”“蛑”均一样是“牛”而不是“午”。

“牟”本来指牛的叫声，如韩愈、柳宗元之诗文中有“呼牟”“牟然而鸣”均指牛的叫声，后来为避免混淆，故把牛叫声改成“哞（mōu）”字。“牟（móu）”现在常用来表示获取的意思，如“牟大利”是获取大利，“牟食之民”是获取食物的百姓。

“牟”古时也表示大的意思，如“牟而难知”。“牟”读作“mù”时，指地名，也是姓氏之一，如哲学大师牟宗三。

“侔（móu）”也是相等、平均之意，如“相侔”。

“哞（móu）”是指牛的叫声，拟声字。

“眸（móu）”是指人眼中的瞳仁，通常称作“黑眼珠”。后来又引申为眼睛的意思，如“回眸一笑百媚生”“凝眸”“明眸善睐（lài）”的“眸”都是指眼睛。

“蛑（móu）”是指蟹的一种，称作“蝤蛑”，俗称为“梭子蟹”。

需要特别注意的是，这几个字的意义与用法，应区分清楚。

tuó

驮

驮 ——tuó，指牲口所负重量而言。

duò，指牲口背上所负之物。

驼 ——tuó，指骆驼，属哺乳类动物。

“驮”字，读作“tuó”，属“马”部。

“驮”是指牲口所负重量而言。另有当“挨”之意，如“驮打”即挨打。

“驮”字又可读作“duò”。是指牲口背上所背的东西而言。如“把驮子卸下来，让牲口休息一下”。

“驮（duò)”，又可当作量词，如“一驮”，即是指一匹马所背负的东西分量。

“驮”字，有些人会写成“狱”；切记，“驮”右边是从“大”，而不是从“犬”。

“驮”字容易与“驼”字混淆，因为“驼”同样读作“tuó”。

“驼”也就是大家熟知的“骆驼”，它是一种哺乳类动物，属反刍偶蹄类。它能够长时间在沙漠中行走，且能驮（tuó）负重物行走数日而不饮不食，所以被称为“沙漠之舟”。

至于“驼背”一词，即是指脊椎骨如骆驼般向上隆起，大多数因坐姿不良而引起。记得“驼”字只有在指背负、背载的意思时，才与“驮”字相通。

最后，再次强调“驮”字的写法，右边是“大”，而非“犬”，也非“太”。

xiān

纤

纤——xiān，指细小之物。
qiàn，拉船用的绳子。
歼——jiān，指完全地被杀死。
忏——chàn，是悔过改正之意。

“纤”字，读作“xiān”，属“纟”部。

“纤”是细微的意思，也可作一切小东西的泛称，如“纤巧”“纤细”等。所以“纤纤”也就用来形容尖细的样子。

另作“纤维”讲，则是指组成生物体的细长丝状物质而言；不过有些人也把人造纺织原料叫作“纤维”，如“尼龙纤维”。

有种原生动物叫作“纤毛虫”，因为它体上长有细毛，可以自由伸缩，如“草履虫”即是一种纤毛虫。

“纤”字，还有一种读音“qiàn”，指拉船用的绳子。“纤（qiàn）夫”，是指以背纤拉船为生的人。

同样与“纤”字有些相似的是“歼”字。

“歼”字，读作“jiān”，属“歹”部。“歼”是指完全杀死之意，如“歼夷”是说杀尽摆平；另外，在兵法战术中有种叫作“歼灭战”，则是用强大的兵力迫使敌人完全屈服投降，如法国拿破仑即是最善用此法的名将。

“忏”字，读作“chàn”，属“忄”部。“忏”字通常用在自省改过之意，所以含有自省悔过的心意，就叫作“忏悔”。此外，“拜忏”一词，乃指佛教徒替人们诵经以求赎罪的意思，至于这种拜忏仪式，就称作“忏礼”。

que

却

却 ——què，推辞、后退等。
郄 ——qiè，地名、姓氏名，或指孔隙。
怯 ——qiè，畏惧之意。

“却（què)”是推辞、不接受的意思，如“推却”“却之不受”“却之不恭”。“谢却”则是婉谢、不接受的意思。又可以当退后之意说，例如“退却”“却步”则指畏缩而不前进。

“却”指倒是的意思时，如“那却不然”“却不知道”。又当返回的意思用，如“却说”。“却向”“却往”是正好、恰好的意思。若作“再”的意思，如“却道是”“却话说”。

“却”也当忘掉的意思，如“忘却”；“斫却”是砍掉了。它的用法很多，也常当语气助词用。一定要注意的是其写法，右方不可写成“阝”而是“卩”。

“郄（qiè)”用在地名和姓氏，古时又同“郤”字，用法较少。

“怯（qiè)”是畏惧的意思，如“怯场”，指人上台之后因害羞或恐惧、心慌时的一种表现。“胆怯”则指畏惧、害怕。又可以形容柔弱的样子，如“怯弱”；“怯懦”则指胆小没有勇气；“怯夫”指本性懦弱的人。

shū

抒

抒——shū，发泄、表达之意。
纾——shū，缓和、解除之意。
杼——zhù，织布的机器。
舒——shū，伸开、迟缓之意。

“抒（shū）”的本义是汲取，即把东西舀取出来之意。后来表示发泄、表达之意，所以发表自己情感的诗歌叫“抒情诗”，而文章则叫作“抒情文”，表达个人的内心感情便称为“抒发”或“抒怀”。

“抒难”是解除困难，所以“抒”又有解除之意。

“纾（shū）”是缓和、解除之意，如“纾忧”是解除忧愁，而“纾难”是解除困难，“纾祸”是使祸患缓和，这时候“纾”可以和“抒”相通，但是要注意的是，“毁家纾难(nàn)”则应该写“纾”，不要以为通用而写成“抒”，那是错误的。另外，也需注意“抒”“纾”“杼”“舒”的右方都是“予”而不是“矛”。

“毁家纾难”是当国家危难时，个人贡献一切家产投入救国自救的行动中。

“杼（zhù）”是古代织布机上带着纬线（横线）往来于经线（直线）间的器具，俗称“梭子”；这横的叫“杼”，直的则叫“轴”。

“舒（shū）”是伸开的意思，叫作“舒展”。比喻迟缓、从容不迫的，如“舒迟”“舒徐”“舒扬”“舒舒”；又代表快乐、顺意的意思，如“舒服”“舒畅”“舒怀”“舒适”等。

jì
芰

芰——jì，古书中指生长在水中的一种草本植物，即菱角。

伎——jì，指技艺而言。“伎伎”是鹿行走的样子。

忮——zhì，乃是嫉妒、贪取之意。

庋——guǐ，本作收藏器物的架子，今多作收藏讲。

“芰”字，读作“jì”，属“艹”部。

“芰”是一种草本植物，就是菱，生在水里，叶柄较长，叶子略呈三角形，有锯齿状；通常在夏季开花，花瓣四片呈白色，所结的果实就是“菱角”。

“芰”字除了作植物外，别无其他用法，但须注意的是不要误读成“zhī”。

“伎”字，同样读作“jì”，属“人”部。

“伎”，乃是指技艺，亦如歌伎。古书中将“伎伎”二字连用，则是用来形容鹿走路的样子。此外大多作技艺讲，如“伎俩止此”，是说伎俩只不过如此，比喻本事仅止于此。

“忮”字，读作“zhì”，属“心”部。

“忮”字通常解作嫉妒、嫉害、贪取之意。如“不忮不求，何用不臧”（语出《诗经》）是说一个人不嫉妒、不贪得，后来多用以形容人淡泊名利，不做非分之事的态度。

“庋”字，读作“guǐ”，属“广”部。

原是指用来放置器物的架子，后来“庋”字也可当收藏之意，如“庋藏”。

fēn 芬

芬——fēn，形容气味很香。
芩——qín，植物名称。
苓——líng，植物名称。

“芬”是形容气味很香的意思。“芬芳”除了代表香的意思外，也比喻为美好。“芬菲”比喻花草芳美；“芬郁”则专指香气浓盛的样子。

此外“芬”也是一种姓氏。

“芩”是一种多年生草本植物名，“黄芩”即是，它的根可以作药用。“芩草”则指一种草本植物，又名鱼腥草，叶子形状似竹子，蔓生，主要生长在沼泽地带。

“苓”也是几种植物的名称，一种属于菌类植物，可以当药草，叫作“茯苓”，寄生在松树的根部，为块球形状，风干后具有解热、安神功效，据说可以医治泌尿或咳痰之病。茯苓的外皮黑色且有皱纹，内部则是白色或暗红色。

另一种叫作“苓耳”或叫“卷耳”，是草本植物，高约一尺，春天开白色小花，叶子是长圆形，茎与叶子都有一些微毛，也可以当药草医治疾病。

“苓”字古时还有散落的意思，“苓落”指草木凋落，同“零落”。

“苓”字下面是“令”，读作“líng”；“芩”字下面是“今”，读作“qín”；而“芬”的下面是“分”，读作“fēn”，应细加区别。

láo
劳

劳——láo，是辛苦、烦扰的意思。
唠——láo，说话很多之意。lào，说，谈。
捞——lāo，指从水里取出东西之意。
痨——láo，指痨病，如肺结核病，叫“肺痨”。

“劳”的本义是剧烈的，表示勤苦做事、全力以赴的作为而言。如《诗经》中的“哀哀父母，生我劬（qú）劳”是指父母生我多么劳苦啊！《论语》的“有事弟子服其劳”则指劳心、劳力两种含意。

“劳力”是指用体力去做事，“劳心”是指用脑、用心思工作的事，“劳神”是烦扰、忧劳之意，又如“忧劳”“劳驾”“劳结”“劳苦”等，都是烦扰、忧愁之事的比喻。

“劳”也是姓氏之一，又代表今日工商社会之中下阶层，所谓“劳资双方”是指资本家、劳动者双方。“劳燕分飞”形容离别之意。“劳而无功”是空费心力之意。

“唠”读作“láo”，比喻话很多的意思，即“唠叨”或“唠唠叨叨”，也比喻说话纠缠不清之意。“唠”还有一个读音“lào”，是方言中表示说或谈话的意思，如“咱们唠唠吧”。

“捞”指从水中取出东西，如“捞鱼”“打捞”“捞宝”等。又比喻没什么目标，到处寻求，叫作“东捞（lāo）西摸”。浑水摸鱼趁乱占便宜或明目张胆地攫取，也可以叫“捞”。

“痨”指肺结核为多，通常称为“肺痨”或“痨病”，要注意的是，读音是“láo”不要读成“lào”了。

biāo
杓

杓——biāo，指天上的星宿名。
shǎo，与“勺”字相通，指舀取液体的器具。

“杓”字，读作“biāo”或“sháo”。

“杓”字当星宿名时应读作“biāo”，不可读作“sháo”。现在就来介绍“杓”这颗星。北斗星共有七颗，一般称为“北斗七星”，其形状排列像个勺子，第一颗到第四颗星称作“斗魁”，第五颗到第七颗（柄部）就称作“斗杓”。

“杓”字古时除了作星宿讲外，亦可作击解，如“为人杓者死”（语出《淮南子·兵略》），其中的“杓”字就是击的意思。

“杓”字读作“sháo”时，是指舀（yǎo）取液体的器具。所以“杓”字当器具时，可与“勺”字相通。

谈到“勺”字，乃是一种饮酒所用的器具，亦指容量单位。它的单位是一升的百分之一，所以我们常用“勺”字来形容少量、少许。如“今夫水，一勺之多”（语出《中庸》），句中的“勺”乃是少量之意。

最后作个整理：“杓”字，读音是“biāo”，是天上星宿名；也可读作“sháo”，这时的用法与“勺”字相通，指的是舀取液体的器具。

gēng

更

更——gēng 或 gèng，两种读音有不同用法。
庚——gēng，记次第的符号，或指年纪之意。
赓——gēng，接续或相酬之意。

“更”读作“gēng”时，是指改换、变革的意思，例如“更换”或“变更”；“岁且更新”则指一年已过，又更换新的一年；“更衣”是换衣服；古籍中有“更相回注”一词，是指水流出去，又流进来的意思；“更仆难数”是比喻事物繁杂且多；“自力更生”是凭自己的力量营生。“更”还可以当代替的意思，如“更替”“更换”“更迭”“更番”“更动”。

“更（gēng）”也是古代夜间计时的单位用语，大约自晚上七时至隔天早上五时，共分为五更，每一“更”为两小时。“少不更事”，指年纪轻而没有处事经验。

“更”读作“gèng”时，是再、又，或加重的意思，例如“更上一层楼”“更尽一杯酒”“更加努力”。

“庚（gēng）”是古代记载次第、阶层的符号，即天干中的第七位。本字较多用来指年纪，例如“贵庚”“年庚”。“庚帖”是指古代订婚时所用，记载着男女的出生年、月、日、时的小帖子。另外，“庚”也是姓氏之一。

“赓（gēng）”有接续的意思，例如“赓续”；古时用于指文人作诗互相酬和答谢时，叫作“赓酬”。

huán

还

还——huán，复返、退回、旋转等意思。
hái，再、更加、或者等意思。
寰——huán，全世界之意。
缳——huán，拿绳索或线打一个圈套系起来。

"还"读作"huán"时，是往而复返之意，例如"还乡"是重回故乡，"还家"是回家；"还原"是恢复本来的样子。"还"又可以代表退回的意思，如"退还"或"还东西"。又代表归偿之意，如"还债"；"还都"则指迁回首都。还形容旋转，如"随风还"。

"还"在古时当环绕讲时，与"环"字相通。古时候称回信又称"还翰"，或叫"还云"。"还俗"则指不再当和尚或尼姑，而做回俗家人。

"还"的古音是"xuán"，就是随即或旋转之意，如"还踵"就是转足之间，表示行动快或疾速之意，现代汉语已不再有此用法，以"旋"字代替了。

"还"又读作"hái"，意思是再、复、更加之意，如"今天比昨天还冷""是你还是他""还有这些"等。

"寰（huán）"是指天下或全世界之意，最常用到的是"寰宇"或"寰球"；而"寰内"则指国内而言，或指天下。"寰海"则是包括水陆的总称。

"缳（huán）"是指拿绳子或线打一个圈结，套在东西上系起来之意，例如自缢也叫"投缳自尽"。而"缳首"则指绞死之意，或叫绞刑。"缳橐（tuó）"是指包括、囊括之意。

值得留心注意的是"还"的读音，两种读音各有其意，应区别清楚。

bù

步

步 ——bù，行走或长度名。
陟 ——zhì，登或晋升的意思。
骘 ——zhì，指安排或定的意思。

“步（bù)”原本是指一个人走路时的形状，所以本义是“行”，后用来度量，“一步”便指一个人行走时两脚之间的距离，古时一步等于5尺。“步兵”是指步行打仗的士兵。“步哨”指警戒的步兵。“步履”表示步伐、行动。“步骤”指办事的次序。“步调”指脚步的节拍。

指地步、处境来说，如“举步维艰”；指追随或模仿的意思，如“亦步亦趋”；如“步韵”则指和人之诗歌而用原韵。“步其后尘”是追随，而“步步为营”是稳扎稳打的意思。总之，用法甚多，需注意的是，其下半部的写法不是“少”，而是右方比“少”少了一点。

“陟（zhì)”是指一步一步向上的意思，引申为登的意思。《诗经》中的“陟彼南山”便是一步步登上南山之意；“陟罚臧否”是说晋用升调或惩罚、奖善去恶的意思。“陟降”是升降，而“陟岵”是比喻思念父亲。“陟方”则另指帝王出巡，或帝王驾崩的意思。“陟”的用法多见于古文之中。

“骘（zhì)”本义是指雄马，后表示安排或定的意思，“阴骘”指暗中吉凶祸福已由上天定下了，后来引申为默默行善、积阴德的意思。“升骘”则是“升定”的意思。

需注意这三个字的写法，带有“步”的部分，不可多一点变成“步”。

bìe

别

别——biè，是不顺、不合的意思。
bié，分离，区分等。
毙——bì，死的意思。
蔽——bì，遮住、蒙着、障碍之意。
蹩——bié，坏的脚，或形容东西、事物的恶劣。

“别（biè）”的本义是把弓扭转，通常拿来作为受委屈或勉强忍受而言，例如“别了一肚子气”“别了半天”。“别”还可以当不顺、不合的意思讲，例如，“别扭”是意见不合，或不合不顺的意思；说一个人的个性很怪也叫“别扭”；尴尬、难为情也叫“别扭”，而两个人意见不合，则叫“闹别扭”。

“别”读作“bié”时，比较常用，意义也较多。作分离讲时，如“告别”；作另外讲时，如“别人”；作区分讲时，如“鉴别”；还表示差别、类别。此外，也是姓氏之一。

“毙（bì）”的用法不多，一般是指死亡、倒下之意，如“毙命”“枪毙”“倒毙”；也作倾覆、失败，如常说的“多行不义必自毙”，即指坏事做多了，必定会自取灭亡之意。

“蔽（bì）”的用法很多，常用的是当遮住、蒙着的意思，如“障蔽”或“掩蔽”。“蔽空”是掩遮住空中；“蔽野”是遮蔽着原野。

“蔽”若是当欺蒙、欺骗来说，则如“蒙蔽”。“蔽贤”是指阻碍贤才，使之不能上闻。“蔽塞”则是指一个人不开通，或者指事物被掩盖阻塞。“蔽月羞花”（也作“闭月羞花”）是比喻女子的容态美丽得令月色、花色也自叹不如，不能与之相比的意思。

“蹩（bié）”是指足跛或脚坏掉的意思，形容脚的不方便，叫作“蹩脚”。也形容差劲或品质不良的物品，或应用在形容一个人很落魄潦倒、不顺利，叫“蹩脚货”。

bié

别

别 ——bié，分辨或离开之意。
另 ——lìng，别的、其他的。
捌 ——bā，八的大写。
拐 ——guǎi，撑着身体以便走路的东西。

“别（bié）”的意思就是分解，把东西切割开，使之分离，引申成为离开或分辨的意思，例如“辨别”“区别”是分辨之意，而“离别”“别来无恙”“别时容易见时难”都是离开的意思。

若是当作“不要”来说，如“别去”“别来这儿”“别看太快”等。更可以用在指另外的意思，例如“别名”“别字”“别号”。“别致”是指特别精致；“别开生面”是比喻开创新花样。本字用法很多，要留意的是它的左方写法，是“另”而非“另”。

“另”字上面是“口”，下面是“力”，读作“lìng”，是指别的，如“另外”便是其他、以外的意思。“另起炉灶”是说事情不能继续而再想其他方法或做法；“另眼看待”是以异于一般的态度来待人接物，表示重视或者歧视。

“捌（bā）”是“八”的大写，即壹、贰、叁……到捌的“捌”字。

“拐”读作“guǎi”。是指撑着身体以便走路的东西，如“拐杖”。也可以当诱骗之意，如“拐骗”。又当转个弯讲，如“拐弯抹角”，有道路曲折之意，也比喻人说话或做事不够直爽。

shǔn

吮

吮——shǔn，指用口去吸取食物或饮料之意。
允——yǔn，是许可、恰到好处之意。
狁——yǔn，古时北方民族“匈奴”之古名。
殒——yǔn，死的意思。
陨——yǔn，从高处坠下之意。

“吮”为用口去吸取食物或饮料，如小孩子吃母奶、吸奶瓶时便叫作“吮乳”。引申为一切用嘴去吸取东西的动作都可以称为“吮”。如“吮墨”是指写文章时用口含吸一下毛笔，也可以比喻写文章前的沉思。“吮血”则是指吸血之意。

“吮疽（jū）”是用嘴去吸恶疮之毒，起源于古代大将吴起之故事，可见他爱恤士兵之心。另外，形容以卑贱的手段去取悦别人，叫作“吮痈（yōng）舐（shì）痔”。

“允”是守信的意思，另外含有许可、恰到好处、答应的意思，如“允当”是恰当、公平之意；“允许”是答应之意；“公允”是公平。它的用法很多，要注意的是“允（yǔn）”和吮“（shǔn）”的读音切不可弄混。

“狁（yǔn）”的用法很少，指我国古代北方民族之一，叫“猃（xiǎn）狁”，即后来汉朝的“匈奴”。

“殒（yǔn）”即指死去，或消逝之意，如“殒灭”“殒逝”“殒没”。

“陨（yǔn）”是从高处落下、坠下之意，“陨灭”也是指死亡，与“殒灭”相通，但是“陨石”则不能误写为“殒石”。

qí

岐

岐——qí，山名、姓氏名。
歧——qí，分岔、错杂之意。
跂——qí，脚上多出的趾头。
qǐ，同“企”。

“岐（qí）”是山的名字，如“岐山”在陕西省岐山县东北，是周太王立国之处，所以西周也称为“岐周”。还有另一座岐山在山西省孝义县。

“岐”亦是姓氏之一，相传岐伯是黄帝的臣子，精于医术，其与黄帝讨论医术的记述存于《黄帝内经》中，是我国中医医术之祖，与黄帝并称“岐黄”。另有“岐嶷（nì）”一词，是指小孩子聪明特异、才智出众。

“歧（qí）”字多用在指道路分岔或事物的错杂，例如“歧路”“歧异”。“歧出”多用于指文章内文字前后不符，“歧歧”是比喻鸟展翅飞行之样子。“歧见”是不同的意见。“歧途”是指人走错路。“歧视”是不正常、不公平地看待。“歧路彷徨”是比喻一个人疑惑不决。

“跂”读作“qí”时指脚上多生出一个脚趾，“跂行”也是指虫类爬行的样子；“跂行喙（huì）息”为虫和鸟类之泛称。“跂”字的另一个读音是“qǐ”，同“企”字，有提起脚跟之意，“跂望”指期待、盼望之意；“跂踵”是提起脚跟，表示渴望之意。需注意的是，“跂望”不可写成“歧望”或“岐望”。

sì

兕

兕——sì，古代指犀牛。
兜——dōu，帽子的一种。
兒——ér，小孩。

“兕”字，读作“sì”。

“兕”字是个很古怪的字，一般人可能会因少见而读错。“兕”，古代指犀牛，也有说是雌性的犀牛，头上有只角，青色的躯体，重量约千斤，有层坚厚的皮，皮上纹理非常细微，常被古人用来作铠甲。

此外古时用兕的角制成的酒器，叫作“兕觥（gōng）”，但一般很少见。

“兕”字，有些人会与“兜”搞混。

提到“兜”，写起来笔画也不太顺手，正如它的读法一样古怪。“兜”读作“dōu”。

“兜”是古代兵士戴在头上，用来防卫头部的一种头盔，俗称“兜鍪（móu）”，如今之钢盔。

此外，“肚兜”是指古时妇女和婴孩贴身穿着保护腹部的衣物；其他如“布兜”为盛装物品的口袋。

“兜”又可当动词，如“兜捕”是包围起来捕人；“兜售”是商人向人招揽出售货物；“兜揽”则指四处包揽承接；最常用的大概是“兜风”一词，指沿途观赏风景。

除“兕”“兜”外，另有一个与它们字形很像的“兒”字，读作“ér”。

“兒”是“儿”的繁体字，“儿”是较常用的，通常作小孩讲，如“儿子”“儿童”。除此还用在儿化音的词尾。

gū

估

估——gū，指评定物价、计算、忖度之意。
呱——gū 或 guā，为状声词。
　　guǎ，方言指闲谈。
咕——gū，指话很多的样子。
菇——gū，指菌类。

“估”就是评论物价，也就是对某种商品评定其价值之意，例如“估价”“高估”“低估”“评估”。但是并不一定只是指财物、价钱的评定，例如“估量”“估计”也代表计算或推算之意。

“估客”古时是指贩卖货物的人或商贩的意思。“估价单”是指估计货物价值、工费、材料等的清单。“估”另一个读音是“gù”，“估衣”或“估铺”是指贩卖旧衣的意思或店面，其他凡是贩卖旧东西的店铺也可以叫“估（gù）”，此时千万不可念成“gū”。

“呱”读作“guā”，它的另一个读音是“gū”，是形容小孩子的哭叫声，如“呱呱”。“呱呱坠地”中的“呱”不念“guā”，而念“gū”，形容小孩出生时的啼哭，比喻诞生。

“呱”读作“guǎ”时，是方言闲谈的意思，例如“拉（lā）呱儿（guǎr）”。

“咕（gū）”是形容话很多的意思，例如“咕噜”就是指言语烦絮不清，它也可以用来形容喝水的声音；或者用以形容饥肠辘辘时肚子发出的声音、鸽子的叫声等。另外“咕哝”是指小声说话。“咕咕唧唧（jī）”也是形容小声说话或是不停地拌嘴。“咕咚一声”则形容东西落下的声音。

“菇（gū）”指菌类，如“磨菇”或“花菇”“香菇”。

sì

伺

伺——sì，暗中侦察。

cì，服侍别人。

饲——sì，把食品给人或鸟兽吃。

赐——cì，恩惠或赏东西。

“伺”本义是候望，就是对人守候以察其意向之意，如“伺上意”是指窥测与迎合君王的心理，后来比喻为对上级长官的迎合或探察之义。

“伺”多用来指侦察的意思，最常讲的是“窥伺”，含有偷偷地侦看之意。“伺隙”是侦探某件事的可乘之机；而水星又叫“伺星”；“司晨鸟”也称为“伺晨鸟”。

“伺”读作“cì”的时候是侍候、服侍的意思，例如“伺候”。尤其要注意是“窥伺（sì）”，不可读成“窥伺（cì）”；而表示侍候、服侍之意的“伺（cì）候”，也不能读成“伺（sì）候”。

“饲（sì）”是指把东西、食品喂给别人或鸟兽吃，例如“饲养”“饲牛”“饲猪”等，喂给动物吃的食料则叫“饲料”。

“赐（cì）”的写法要稍加注意，右边是“易”而非“昜”。其本义是恩惠的意思，如“受赐”即受惠。指上级赏给下级东西，叫作“赏赐”，或叫“赐予”；“赐姓”是古代的一种殊荣，是君王因人之功劳而赐给姓氏，如郑成功便蒙明朝隆武帝赐予国姓朱，名成功。“赐教”则是请求对方给予指教。“赐复”是请求对方回信给自己之意。

gǔ

谷

谷——gǔ，代表饭食、俸禄之意。
轂——gū 或 gǔ，指车轮中心穿轴的部分。
壳——ké 或 qiào，物体外部坚硬的表皮。

“谷（gǔ)”是指可当作粮食的草本植物，又指还没脱去外壳的稻谷而言。把稻粒从稻穗上脱下来叫作“打谷”。“谷粮”则代表所有可以吃的粮；“谷”代表饭食类，又叫“五谷”，指稻、麦、粟、粱、稷五种。而“谷子”便是稻谷的通称。

“谷”又代表俸禄，还引申为“好的”或“好日子”，“谷旦”便是指吉利的日子。甚至古代王侯自称的谦辞就叫“不谷”。

要注意的是，“谷”是可食之粮，其繁体字是“穀”，而少一横的“榖”则指一种落叶乔木“榖树”，用其树皮制造的纸叫“榖皮纸”，需注意写法，不要弄混了！

“轂（gǔ)”是指车轮中心穿轴的部分，比喻为推荐职位，叫作“推轂”。而“轂击”则比喻为车行的拥挤。“轂击肩摩”比喻市况繁盛、往来者很多。要注意的是，“轂辘”的读音是“gū lu”。

“壳”读作“ké”或“qiào”。“壳（ké)”较常用，指物体外部坚硬的表皮部分，如“蛋壳”“稻壳”“外壳”等。“壳菜”指贝类，或“壳物”指介类。“地壳”读作“dì qiào”。

jué

角

角——jué 或 jiǎo，两个音的用法不同。
桷——jué，指方形的椽子。

“角”读作“jiǎo”的时候是指兽类头上所长出的硬质突出物，例如“牛角”是指牛的角，“鹿角”则指鹿的角，“犀角”指犀牛的角；另外，在几何学上，同一点往外延长两条射线，所夹的部分便叫作“角”，如“直角”“锐角”“钝角”。

古代一种乐器也叫作“角”，如同今之“号角”。古代一种角制的酒器或器皿也叫“角”。我国货币的辅助单位，十角为一元。角也用作姓氏。指较不被注意的地方或两面墙相接的凹处，如“角落”。指天上星宿的叫“角亢”“角宿”；指动物名字叫“角鹰”“角鸱”。用角装饰的东西如“角弓”“角枕”等。

“角”读作“jué”的时候，古代音乐的五音之一叫“角”，五音是宫、商、角、徵（zhǐ）、羽。演戏的演员叫“角色”“主角”“配角”。比喻争吵、竞争时，如“角力”“口角”“角胜”“角智”。指较量争胜的叫“角逐”。

“角”若作姓氏则读作“jué”，不可读作“jiǎo”。

“桷（jué）”是指方形的椽子，后来比喻方形的木条、木料也叫“桷”。

tóng
彤

彤 ——tóng，为赤红色。
枏 ——nán，一种常绿乔木。同“楠”字。
丹 ——dān，颜料名或红色的意思。

“彤”首先注意的是读音，是“tóng”不是“dān”，写法右边是“彡”不是“氵”。其本义指红色的，例如“彤管”是指红色笔管的笔，为古代女史用来记载宫内后妃、政令事情时所用的笔。

“彤弓”“彤矢”是指红色的弓、箭，乃是古时候君主用以赏赐有特殊功绩的诸侯，诸侯有这种弓箭便可以专责征伐或昭示其子孙。“彤墀（chí）”则指天子座前的台阶。“彤云”是红云，“彤霞”是红霞。“彤管扬芬”是古时常见的女丧挽词，称许妇人美德流传后世之意。所谓“器不彤镂”是指所用的器物不用红色刻镂，用来比喻俭朴。另外，彤也是姓氏之一。

“枏”是“楠”的异形字，是一种常绿乔木，高十多丈，木质坚实而芳香，是一种上等且名贵的木材，多用来作栋梁、器具、棺材等，也写成“柟”，但在现代汉语中，多用“楠”字。

“丹”是颜料名，最常见的是“丹砂”，另外形容红色也叫“丹”，与“彤”类似，如“丹心”是忠心一片之意。“丹青”则指绘画，后来引申为史籍之泛称。“丹红”与“彤”同义。“丹田”则指人脐下三寸的部位。“丹桂”是指一种深黄色的桂花，后来比喻人才的意思。“丹方”则指中药药材配成的良方，又叫“单方”。

唯一要注意的是，“彤”读作“tóng”，“丹”读作“dān”，而“枏”则读作“nán”，不要搞混了！

jiǔ
灸

灸——jiǔ，灼艾叶来治病，即针灸的灸。
炙——zhì，火上烧烤肉类。

“灸”，读作“jiǔ”。

“灸”通常都用作动词，是中医的一种治病方法。用法是把艾绒点燃，利用它的热气来刺激皮肤与血脉；若是病情较重，则须用针扎。至于所用的针，是经过特制的银针，将穴道的经脉按着，然后再扎进肉体内。以上两种治病的医疗方法，就称为“针灸”。

针灸的治病方法，源自我国古代，这种医术从黄帝轩辕氏便已出现。如后世所传《黄帝针灸经》一书便可证明，又如宋朝的《针灸图经》，明朝的《针灸问对》，以上这些书都是专门研究针灸的医书；由于针灸是我国一种特殊的传统医术，所以近来引起外国医学界普遍重视。

“灸”，也可当灼讲，如“灸面”，也就是“灼面”的意思。特别要注意的是，不要把“灸”字误读或误认为“炙”字。

“炙”，读作“zhì”，多作动词用。“炙”有两种常用的用法：一种是指火上烧烤肉类，如“炙肉”，更如用来形容广受人喜好而流行一时的成语“脍炙人口”，即是由烧烤之肉香喷喷之意引申而来。另一种用法是可当形容词用，喻火盛貌，如“炙热”。

huāng
肓

肓——huāng，人体部位名，位于心脏以下、横膈膜以上。

盲——máng，眼睛看不见东西。

“肓”字，读作“huāng”。

“肓”字最常与“盲”字搞混，真是差之毫厘，缪以千里。照古人的说法，人的心脏下方，有个小层脂肪，叫作“膏”；而“肓”则是指横膈膜上方到心脏下方的位置。因为这两个部位非常隐秘，是中医的药方、针灸无法到达的地方，所以如果不幸生了病，就无法医治，于是后人用“病入膏肓”来形容病势严重。

此外若对于一些积重难返的事情，或是指难以纠正的坏习惯，也可以称作“病入膏肓”，但可别因疏忽而写成了“病入膏盲”。

“盲（máng）”字，是较常用的字眼，但小心别与“肓”混用。“盲”是指眼睛看不见东西；当副词用时，可表示缺乏自我主见，像瞎眼般地尾随他人，如“盲从”。

关于“盲”字的用法，不只是说眼睛看不见，更能从此处引申，如指人不明事理，便是“盲心”“盲眼无珠”；另用来形容危险之极，可以称作“盲人瞎马”；此外比喻向无知的人询问求助，称为“求道于盲”；或比喻毫无帮助的举动为“盲人把烛”。

谈到身体的器官之一“盲肠”，是位于大肠的上段，上接小肠，下连结肠，为一囊状构造，囊底接着阑尾，无开口。

切记，“肓（huāng）”是从“肉”部，“盲”是从“目”部，请务必留意，别搞混了。

jiān

间

间——jiān 或 jiàn，两种读音各有不同的字义。
闲——xián，安静或空着没有事情做之意。
闵——mǐn，忧患、怜恤之意。

“间（jiān）”是指门闭合之后，月光可以射入的地方而言，后来引申为居于两者之间的都叫“间”，其古代写法是“闲”而非“间”，而习惯累积现在把这两个字分开用了，如“中间”“字里行间”“天地之间”；指地方或时候时，叫“空间”“时间”。

“间”若指房屋或处所也可以，如“一间房子”“一间办公室”“洗手间”“房间”等。

“间”读作“jiàn”时是指隔开的或夹杂的，如“间隔”“间断”“间色”“间隙”。还可代表分化的意思，如“离间”“反间”等，而潜到敌方从事分化、破坏工作的人叫“间谍”；“间道”则指小道。“间接”则是“直接”的反义词。

“闲（xián）”是指没有事情、时间空着的意思，如“闲暇”或“赋闲在家”“闲人”“闲民”等。“闲田”则指无人耕种的田地。“闲”还可以当安静的意思说，如“万事闲”“闲静”“安闲”“闲适”。“闲情逸致”指闲适安逸的情趣。“闲云野鹤”指悠闲自在的方外之人。

“闵（mǐn）”除了是姓氏外，也解作忧患或怜恤之意，通“悯”字，如“闵凶”“闵惜”“闵闵”。用作勉励之意，如“闵勉”。“闵绵”则是指微小的样子。

mì

汨

汨——mì，水名，如“汨水”“汨罗”。

汩——gǔ，动词，作埋没讲，如“汩没”。

提到“汨”“汩”二字，实在是太相像了，外国人若学到这两个字，可能会不知所措，而感到莫名其妙，这就是中国汉字的奥妙之处了。

“汨”字，读作“mì”。

“汨”乃水名，如“汨水”，源于江西省修水县，后经湖南湘阴时，与罗水相汇合，所以合称为“汨罗江”。

谈到“汨罗江”，不禁使人想到历史上的爱国诗人屈原，当时怀石投水、为国捐躯就是在这条江上。在每年端午时，划龙舟、吃粽子的习俗便是当年人们为纪念屈原，以及不想让鱼虾吃他的尸身而流传下来的习俗。

“汨”字除了当水名用，就没有其他解释了。

“汩”字，读作“gǔ”。

“汩”字右边是从“曰（yuē）”字，通常作埋没讲，此外也可解释为疾速或治水之意。

“汩”字当动词时，作消灭、埋没，如“汩没人性”；另外古时也当疾速讲，如“汩（yù）余若将不及兮”（语出《离骚》）一句中的“汩”字，是感叹岁月匆逝之意。此外，“汩汩”二字连用可形容波浪的声音，或比喻文思勃发。

总之，“汨”“汩”字形上太相似了，在书写时应特别注意“日（rì）”与“曰（yuē）”的差别。

fàn

泛

泛——fàn，大水漫溢或随波逐流、普通的意思。
汜——sì，水的支流或水名、地名。
氿——jiǔ，多出现于地名。
guǐ，水岸边的枯土。
沇——yǎn，水名，或形容水流动的样子。

“泛（fàn）”指大水漫溢、横流的样子，如“泛滥”；也有广博的意思，如“泛爱”或“泛博”。

“泛”也可作摇动的样子或随波逐流来说，如“泛舟”。“泛泛”则指浮游不定的样子。“空泛”则指肤浅、不深入的意思。

姓氏的“泛氏”本来是“凡氏”。

“汜（sì）”古时是指河水由主流分支流出后，过了一段距离又流回到主流的支流。主要用在水名或地名，如“汜水”除了是指一条水河之名，同时也指河南省汜水县。

“氿”读作“jiǔ”时，是指蓄淡水而积成湖泽的意思，比一般湖泊要来得小，在江苏省的宜兴县有“东氿”“西氿”。

“氿”读作“guǐ”时，也用来形容水自旁侧流出，如“氿泉”指自侧方涌出的泉水。“氿滥”则是水自旁侧泛滥的意思。

“沇（yǎn）”古时指水名，“沇水”，发源于中国河南省济源县，经几个县流入黄河。

“沇沇”的意思则是形容水的流动、流行状态，现代汉语中已不常用。

kài

忾

忾——kài，指满腔愤怒而言。
慨——kǎi，叹息之意；或是因不得志而情绪激动。
愒——kài，乃指贪。qì，同憩。
hè，吓唬。

“忾”字，读作“kài”，属“忄”部。

“忾”，是满腔愤怒的意思，若是一个人心中悲愤，因而怒气填胸，就可用“忾然”一词来形容。

“忾”字用在成语中，最常见的是“同仇敌忾”，这句话是指遭受敌人欺侮时，大家同心协力去对抗所痛恨的敌人。

提到“慨”字，读作“kǎi”，属“忄”部。“慷慨”是指意气激昂；也可作不吝啬讲，如“慷慨解囊”。

此外，“慨”有叹息、感伤之意，如“感慨”“慨叹”；至于“愤慨”“慨然”则是指因不得志而情绪激动的样子。

“慨（kǎi)”字与前面介绍的“忾（kài)”字，语意上多少有些相似，但含义却各有不同，读者应能体会并有所区别。

谈到“愒”字，同属“忄”部，但却是完全不同的另一种解释。

“愒”字有三种读音，“愒（kài)”，是指贪，如“玩（wán）日愒岁”即指怠惰偷安，虚度光阴；也读作“qì”，此时与“憩”相通，当休息讲。读作“hè”时，则是表示吓唬，如“恐愒”，多见于文言文中。

chàng
怅

怅——chàng，乃失意、失望的样子。
胀——zhàng，体积变大。
伥——chāng，是指被老虎吃掉后又供它使唤的鬼。

“怅”字，读作“chàng”，属“忄”部。

“怅”字是当失意、失望的样子讲，如“怅望”乃是指寂寞失意时的怀想。“怅恨”是指失意后的怨恨。“怅然”则是说失意不欢的心绪。

“怅”字最常与“惆”字连用在一起，即“惆怅”，如白居易的诗句：“惆怅春归留不得，紫藤花下渐黄昏。”即是用来形容哀伤失望之情。

“怅”字的读音需注意，因为有些人常把它读作“胀（zhàng）”字。

提到“胀”字，读音是“zhàng”，属“月”部。

“胀”是常见字眼，通常是说体积由小变大，如常见的“热胀冷缩”；此外肚子过于饱满，叫作“腹胀”。

谈到从“亻”字旁的“伥”，读音是“chāng”，属“亻”部。

“伥”字，相传是替老虎做向导的鬼魂。传说因为遭老虎咬死后的人，其鬼魂即会受到老虎的指使，当老虎出外猎物时，“伥”必会走在前面为老虎开路，若遇到陷阱、机关，即立刻反映给老虎；老虎本是害人之物，“伥”反而帮助它，所以就指“助纣为虐”的人叫作“为（wèi）虎作伥”，这即是“为虎作伥”典故的来由。

chuàng
怆

怆——chuàng，悲伤的意思。
创——chuàng，开始做某事之意。
chuāng，创伤。
仓——cāng，藏粮食的房子。

“怆”是悲伤的意思，泛指一个人内心所蕴藏的悲戚之感，如“怆伤”。

“怆悢（liàng）”是指悲伤到达极点的样子。“怆恻”是指凄切而哀伤之意。“怆怆”也是悲痛之意。最有名的是陈子昂的《登幽州台歌》：“前不见古人，后不见来者，念天地之悠悠，独怆然而涕下。”其他如“悲怆”“感怆”“凄怆”都是指悲伤。特别注意的是，不要念成“cāng”或“chàng”。

“创（chuàng）”的用法很多，本义是事情的开始，或旁指一切事物的开始，称为“创始”“创业”“创造”或“草创”。“创见”指从前没有发现，而现在发现的。“创作”是创造的作品。“创办”“创制”“创举”“创设”都含有新的、开始的、最初的意思。

“创”当作伤口、脓疮之意时，读作“chuāng”，如“创伤”是指受伤的样子。“创巨痛深”是指受害很大、悲痛很深之意。

“仓（cāng）”本来指藏粮食的房子而言，叫作“仓库”，后来泛称可以储藏物品的房屋都叫“仓库”。有的粮仓则叫“仓廪”。另外又形容人急迫、匆忙的样子，如“仓卒”“仓猝”“仓皇”“仓皇失措”等。

“仓”与“创”比较常用，通常不会读错，但要小心的是，“怆”既非“cāng”也非“chàng”而是“chuàng”。

jiū
究

究——jiū，当探究、研究讲；亦可当究竟讲。
宄——guǐ，乃是盗贼的通称。
冗——rǒng，多余而无用之意。
穹——qióng，苍穹。

究，读作“jiū”。

凡事考求就叫作“考究”；而“研究”是指探索学问的原理；当“究竟”用时，意指到底、终竟。要注意“究”字与下列几个字有些相似，必须弄清楚。

“宄”字，读作“guǐ”。

“宄”字的解释相当单纯，只作盗贼的通称解，如“奸宄”。至于“奸”与“宄”有何区别，有一种说法是，凡盗贼由内而起的叫作“奸”，盗贼由外而起的便叫作“宄”。

我们再看看与“宄”字相似的“冗”字。“冗”读作“rǒng”，多作形容词用，如忙碌，叫作“烦冗”或“冗忙”；一般将文章长而不适用的部分叫作“冗长”，即有烦杂之意；或者解作愚劣，称为“愚冗”。

认清了“究”“宄”“冗”三个字，再介绍一个“穹”字，读作“qióng”，是指苍穹，借指天空。“穹丘”是地质学的名词，指地层朝四周倾斜，如馒头形，其露头浅近圆形的叫“穹丘”。至于“穹隆”，则是中央隆起而四周下垂的圆形。

ē 阿

阿——ē、ā、a，三种读音。
婀——ē，形容柔弱美丽之意。
痾——kē，“疴”的异形字，指病重之意。

“阿”读作“ē”的时候是指大的土山，《诗经》中有一句“在彼中阿”是说在那大土山之中，“崇阿”则形容一座座高大的土山。另外又指山势转折、弯曲处或水边岸来说，如“山阿”是山凹，“水之阿”指水边涯。

“阿”形容曲意附和、循私谄媚叫作“阿谀”“阿媚”“阿附”等。

其他还有如佛教所称的“阿弥陀佛”。

读作“á”是代表惊讶语气，同“啊”。

读作“ā”时，多用在对人的称呼，如“阿姨”“阿爸”“阿婆”等，闽南语惯用的“阿家（gū）翁”指翁姑的称呼，泛指家长；翻译名称也大多读作“ā”，如“阿拉伯”“阿根廷”“阿波罗”等；“阿鼻地狱”，是指佛教观中最苦的地狱之一。“阿（à）哥”则是清朝皇子之称呼。

需要注意的是，“阿谀”“阿其所好”不可读作“ā”或“a”，而是“ē”。

“婀”读作“ē”，是形容女子柔弱美丽之意，称为“婀娜（nuó）”。

“痾”是“疴”的异形字，读作“kē”（旧时读“ē”），指疾病，久治不愈的疾病可叫作“沉痾”或“沉疴”。

yù

妪

妪——yù，年老妇人。
媪——ǎo，同样亦指年老妇人。
姥——lǎo，同样指年老妇人。
嬭——nǎi，与“奶”同。
嬷——mó，称母亲，或对奶奶的尊称。
孃——niáng，指母亲。

“妪”字，读作“yù”。

“妪”字，常会有人读成“qū”或“ōu”，这都是不对的，正确的读音是“yù”。“妪”是指年老妇人而言，但古人也用以指妇女或指母亲。至于“妪”字还另有解释，如“妪伏”，是说鸟孵卵；“妪煦”则是指天地博爱生养万物，后比喻温情抚育，即“妪煦庶物”。

“姥”字，本义也是年老妇人，读作“lǎo”。北方人称“姥姥”，指的是外祖母。当叫“姥姥”时，第二个“姥”字应读作轻声，如“姥（lǎo）姥（lao）”。

此外“姥”字也读作“mǔ”，如浙江省新昌县的“天姥山”，就应读成“天姥（mǔ）山”。

“嬭”字，读作“nǎi”。是与“奶”字互通的，如“奶奶”即是指祖母的俗称，也作“嬭嬭”。

“媪”字，读作“ǎo”。也是指老妇人而言，如“老媪”。请注意不要读成“yù”或“wēn”，写法也要留意，右上角是“日”而非“囚”。以上几字都有年老妇人之意，但会因习惯而有所差别。

“嬷”字，读作“mó”，是母亲之意，也是对奶奶的尊称，或对老妇的通称，如“嬷嬷”。

“孃”字，读作“niáng”，指母亲，与“娘”互为异形字。

lún

纶

纶 ——lún，又读作“guān”，是青色丝绳。
轮 ——lún，车、船上转动的圆形物。
沦 ——lún，名词解为小波纹；动词解为陷落。

此篇重点介绍“纶”字，至于“轮”“沦”是同音异字，顺作比较。

“纶”字，有两种读音。

“纶”读作“lún”时，原义是指青色的丝绳，古时候的人以十根青丝为一纶，而十纶为一綹。

一般人钓鱼时常用的鱼线，便是用这种丝绳做的，因柔软、坚固，所以广为使用。因此有些人也称垂钓为“垂纶”。

“纶”字也有井然有序、毫不凌乱的意思，所以对于政事的组合规划就叫作“经纶”；成语中的“满腹经纶”，即是形容人才识丰富，具有处理大事的才能，但切记不可写成“满腹经论”。

“纶”字又可读作“guān”。是一种服饰，被称作“纶巾”，乃是用青色丝带做成的头巾，相传是三国时诸葛亮所创，又名“诸葛巾”。在苏轼词《念奴娇》中，“羽扇纶巾”的“纶巾”即是指诸葛巾。

“轮”字，同样读作“lún”，是很平常的字，在此只稍作介绍。当名词用时，指船或车上转动的圆形物；当形容词时，有高大之意，如“美轮美奂”，用以形容建筑物的高大华美。

“沦”字，也读作“lún”。古时作名词，是水面上小波纹的意思，如“沦漪（yī）”；也可作动词，是为陷落，如“沦亡”。

wán

玩

玩 ——wán，指游戏、耍弄或观赏，指可观赏的器物而言。

玞 ——fū，一种像玉的石块。

“玩”读作“wán”，大都作动词使用，例如“玩月”是指赏月而言，故是指观赏的意思。“玩具”则指专供儿童游戏、玩耍时的东西，这便是名词的用法了。一般所谓“玩弄”“玩赏”便是动词的用法；“玩弄”本来是指拿着某样东西在手上把玩的意思，后来便引申成对他人加以愚弄、利用的行为。“玩赏”则可泛指一些观赏的事情。

“玩儿”则通用一般所谓的“玩耍”或“游戏”。“玩偶”则指有如人形的玩具，但后来引申成傀儡的意思。“玩意儿”则可泛指所有的玩具或游戏的事情、东西。

“玩”作名词时还可表示供欣赏、玩赏的古代器物，如“古玩”。“玩物丧志”，指人因一直玩赏无益的器物，而消磨了志气、荒废正事，是不好的。若是指人不拘礼法、游戏人间的态度则是“玩世不恭”；“玩味”乃指个中的趣味慢慢体会。

“玞（fū）”的用法很少，通常用以指一种像玉的石块，叫“珷玞”。

tuò
拓

拓——tuò，扩展、开垦之意；又作推开讲。
tà，就是一种印碑文的方法。
跖——zhí，指脚掌，也是古大盗名。
妬——dù，“妒”的异形字。

“拓”字，读作“tuò”，属“手”部。

拓，是扩展、开垦之意，如“开拓”即是开展。所以发展事业，就叫作“拓展事业”；“拓荒”，是指开垦荒地，以便民众种植、居住之用。

“拓”字，亦有用手把东西推开之意，另有承托、撑住之意。此外，形容一个人的性格豪放，不受拘束，就叫作“落拓”。

拓，读作“tà”时，是指用纸把碑刻等的字印下来，所以说摹印的碑帖册子叫作“拓本”。

另外与“拓”字相似的还有“跖”与“妬”。

“跖”字，读作“zhí”，属“足”部，是指接近脚趾的脚面部分；“跖骨”是脚掌的小型长骨。

另有个“妬”字，读作“dù”，属“女”部，是“妒”的异形字，现代汉语中皆用“妒”，而不用“妬”，两字同义。

“妒”即是“嫉妒”，是说看到别人胜过自己，而心存怀恨与猜忌。古时常指喜欢嫉妒的女人，就叫作“妒妇”。

最后，请注意“拓”“跖”“妬”的写法区别，不要混淆。

pēng
抨

抨——pēng，是弹的意思。
砰——pēng，形容大的声音。
怦——pēng，形容心跳声或忠诚的意思。
坪——píng，指平地而言。
枰——píng，指棋盘而言。

“抨（pēng）”原本是弹的意思，也是指弓箭射出去之意，例如“长弩莫抨”（引自唐·李贺《猛虎行》）便是指拉弓。

不过，现今最常用的是引申为用言语或文字，去批评、攻击或弹劾别人的过失，叫作“抨击”。

本篇五个字都带“平”字，但各有用法，读音也不尽相同，“抨”带“手”部，是弹的意思；而“砰（pēng）”带“石”部，多用在形容声音很大的意思，例如石头撞击声、枪炮击发声，以至于敲门声、甩东西的声响等，都可以叫“砰”。

“砰砰”又可以指鼓声、水石相激声；古书中“砰訇（hōng）”是形容雷声、很大的声响。“砰然”也是形容声响很大，也比喻水势倾泻声。

“怦（pēng）”带“心”部，用来形容心跳声，或者形容忠诚的样子；“怦怦”也可形容心跳声，比喻心动的样子或是形容人很忠谨正直的样子；“怦然心动”则指对于某事物产生了兴趣。

“坪（píng）”是指平地的意思，如“草坪”“停机坪”，也是指面积的单位（用于我国台湾地区），1 坪约等于 3.3 平方米。

“枰（píng）”是指棋盘，即“棋枰”。

zhǔ

拄

拄——zhǔ，支撑的意思。
炷——zhù，指灯心、点燃之意。
柱——zhù，是支撑房屋的木头。
注——zhù，灌进去之意。

“拄（zhǔ）”是支撑的意思，指借着木棍等东西来支持身体，如“拄杖”或“拄拐”。

古书中有“拄颐”一词是指用手支撑着下巴，比喻人在愁苦时，凝神沉思。要注意的是，拄字是“手”部，若改成“木”“火”“水”等部，意思便随之不同。

“炷（zhù）”是灯心的意思。又当作点燃、焚烧之意，例如“炷灯”是点灯，“炷香”是焚香之意，“炷”也用作计量点着的香的单位，如“一炷香”。

“柱（zhù）”是建筑房屋时直立在地面，承接横梁的大木头，也有石块为“柱”的；柱也代表支撑、支持之意，但与“拄”不同，“柱石”比喻肩负国家重任的人物而言，可以说“你是国家之柱石”而不可说“拄石”。

“台柱”是指团体中的主要角色；“柱下史”即古代“御史”之别称，也代指老子。“柱”也用来形容一切像柱子一般的东西，如“水柱”“花柱”等。

“注（zhù）”是指把水灌进去之意，如“灌注”“注入”等。又代表解释之意，如“注释”“注解”“注疏”。也代表留意、小心之意，如“注意”“注视”“注重”等。“注目”是指人的视线集中在一个焦点上。“注明”是指用文字详细说明白。

fú

拂

拂——fú，本义是抹拭的意思。
佛——fó，宗教名称，也是姓氏之一。
fú，仿佛。

“拂”就是“抹拭”的意思，但是不一定是指抹拭掉尘埃而言，凡是拭除尘埃或驱除蚊蝇的工具，都叫“拂”；“拂拭”是除去尘埃的意思。“拂”也具有轻轻掠过之意，如“春风拂面”。

“拂”当违逆、背叛之意时，如“拂逆”；“拂意”则指不如意而言。又用来指振起、抖动之意，如“拂袖”是指振衣、抖衣，“拂袖而去”则指发怒而离去的样子。“拂晓”是天将亮的时候。“拂拂”是风轻吹的样子，也用来形容胡子飘动的样子。

“拂”古时也读作“bì”，与“弼”字相通，是辅佐的意思，如“拂士”是指辅佐、辅弼的贤士。

“佛”是宗教名。“佛教”，创始人为释迦牟尼；“佛法”则指佛教所说的道理。“佛事”是诵经拜佛的法事；“佛门弟子”是指信奉佛教的人们；“佛家思想”是指佛教佛理的思想意义。“佛经”是佛教徒信奉的经典。

“佛”另一个读音是“fú”，古文中同“弼”，也和“拂（bì）”相通，最常用是“佛士”，即“弼士”，也通“拂士”。“佛（fú）”还可用作“仿佛”；“佛戾”在古文中表示违背、违反的意思。

zhuō

拙

拙——zhuō，不灵巧。
咄——duō，呵斥、惊叹声。
柮——duò，指木头或没有枝丫的树木。

"拙"字，读作"zhuō"。

"拙"字的解释，通常表示不灵巧或是自谦之意。当不灵巧讲时，如"笨拙""弄巧成拙"。当自谦之词时，则如"拙著""拙笔""拙见"。

提到"咄"字，读作"duō"。请注意它的读音，不要错读成了"出"或"拙"音。

"咄"字是呵斥的意思，"咄咄"是指惊诧或感叹。在此特别讲解成语"书空咄咄"与"咄咄怪事"的典故。晋朝人殷浩被罢黜流放，深受刺激，终日以手指在空中书写"咄咄怪事"四个字。后来遂以"书空咄咄"比喻人失意、激愤、落寞的状态；而"咄咄怪事"则是形容突然发生，令人惊奇或不可思议的事情。

另外"咄咄逼人"一词，是用来表示气势凌人，使人感到害怕。

"咄"字应该注意的是读音部分，读作"duō"音，较为特殊，所以在有"咄"字的成语中，不要读错，如"咄嗟可办"一句，是用来形容短时间可办到，"咄嗟"要读作"duō jiē"。

"柮"读作"duò"，是指木头，如"榾柮"指的是树上的疙瘩；"柮"古时也用于指没有枝丫的树木，如"柮木""构柮"指的就是只有树干没有枝丫的树。

àο 拗

拗——ào、ǎo、niù，三种读音各表示不同的意义。
坳——ào，低洼的地方。
熬——áo，勉强忍耐之意。
āo，把食物放在水里煮。
傲——ào，骄慢之意。

“拗”字共有三个读音，读作“ào”时，有不顺从、反抗之意，如“拗体诗”是指诗的声律、平仄都不依常规而言，“你和我拗些什么？”指你和我闹什么、不顺服些什么；读作“ǎo”时，是作动词，折的意思，如“拗断”；读作“niù”时，用以形容一个人的脾气或性格固执、倔强，称为“执拗”，或说“这孩子的脾气真拗”等。

“拗”与“坳”字也可以写成异体字“抝”与“岰”，右边是“幼”或者是“幻”都可以，不过现代汉语通常使用的是“拗”与“坳”。

“坳（ào）”是指山间平地或低洼的地方，如“山坳”。

“熬（áo）”本义指煎炸的意思，如“熬油”。后来引申为勉强忍耐的意思，如“熬苦”“熬夜”等；“熬刑”则指忍受刑罚之意；“熬不过”是指太痛苦，而忍受不下去之意。

“熬”还有将食物放进水中焖煮的意思，如“熬菜”便是煮菜，此时，应读作“āo”。

“傲（ào）”是代表一个人很骄慢之意，如“傲岸”是说其性格高傲与人不合；“傲骨”则形容不流俗、不同污的高傲性格。其他如“骄傲”“傲慢”“傲然”“傲视”都是有骄慢的意思。

qié

茄

茄——qié，植物名，如“番茄”。
jiā，如“雪茄”。
笳——jiā，乃乐器名，如“胡笳”。

“茄”字，读作“qié”。

茄，是一种植物名，属茄科植物，一年生草本，高二三尺，叶片呈椭圆形，花朵呈紫色，果实呈圆或长圆筒状，通常以紫色为多，但也有青色、白色，可供食用，俗称“茄子”。

另一种茄科植物，同样是一年生草本，果实呈扁圆形，色呈青黄，待成熟后变为红色，含有极丰富的维生素C。因为原产地是在南美洲，所以称之为“番茄”，这是大家所熟知的蔬果。

此外古时有种挂在腰带上的荷包，人们称之为“茄袋”，流传至民国初年已渐渐消失，如今年轻一辈已无人得知。

另有一种鹿茸，也被称作“茄子茸”。

“茄”字又可读作“jiā”，是指荷花的茎。另外一般人熟知的某种外国制烟卷，根据读音而译成“雪茄（jiā)”，这时可不能念成“雪茄（qié)”。

“笳”字，读作“jiā”。

笳，是古时乐器名，因最早出于边塞之地，所以也就称作“胡笳”。它原是芦叶卷成的，但传下来的都是木管，其中有三个孔，两端皆有角，末端翘起张口，长约二尺四寸。古琴名曲中有所谓的“胡笳十八拍”，充满了去国怀乡之思。

méi

莓

莓——méi，植物名，即为“莓”。
霉——méi，因潮湿而长出来的白色毛状物。
梅——méi，植物名、花名、姓氏。

本篇介绍的三个字，同样都读作“méi”且写法上亦有相似之处，在此提出区分：

“莓（méi）”，是植物的一种，共有三片叶，青绿色的叶面，叶背却呈淡白色而略有细毛；夏初果实成熟，红如樱桃，即一般熟知的“草莓”。

“霉”字，同样读作“méi”，属“雨”部。

“霉”是指物品因潮湿而长出的一种白色毛状物，即为“霉菌”，如“发霉”。此外称“霉天”是指梅雨天而言，乃是因五六月间雨水多，东西容易发霉，所以就称为“霉天”，这种天气出现在江南一带。至于又称为“梅雨天”，是因那时正值黄梅成熟之时。

“梅（méi）”较为常见，是一种落叶乔木，果实球形，青色，熟后呈黄色，可食，味酸；“梅”也是姓氏之一。

ruì

枘

枘——ruì，指方形的短木头，可用来连接或固定。
衲——nà，缝补之意。
讷——nè，说话迟顿貌。
纳——nà，可作缴交、接受、引入解释。

以“内”为主体的字有许多，本篇仅提出四个字来做字义与字形的分析：

“枘”字，读作“ruì”。

“枘”字当名词用，是指削过的木头插入器物孔里的部分，也就是“枘凿”，俗称“榫（sǔn）头”，后引申为彼此意见不合。

“枘”字，书写时一疏忽可能会写成“柄”字，这应该特别留意，至于“柄”字是较常用的，在此不多赘述，值得一提的是“衲”字。

“衲”字，读作“nà”。因是从“衣”部，所以当缝补讲；用不同颜色的布块缀成的衣服叫“百衲衣”，为一般和尚所穿着。此外当名词用时是僧侣之意，如“老衲”则是和尚的自称。

“讷”字，读作“nè”，是指说话迟钝的样子，如“木讷”“讷口”等。此外，“讷直”是指言语迟钝而品行正直。

“纳”字，读作“nà。当动词讲，可作缴交、献上解，如“纳税”“缴纳”；或作接受解，如“笑纳”；又或是娶妾之意，如“纳妾”。

“纳”也是一种缝纫的方法，是在衣物上用密麻的针线缝纫，使之结实，用这种方法缝制出来的鞋，极为坚固耐穿。

shù

述

述——shù，遵循别人的言论，或说明、记叙等意思。
沭——shù，水名或地名。
怵——chù，是害怕、胆怯的意思。
钵——shù，长针，或引导之意。
漱——shù，用水洗口而言。

“述”的本义是遵循，所以凡是继承别人的事业，或说明他人的学说，都叫作“述”。孔子说他自己“述而不作”即说明他是继承文王、武王、周公的旧规而成其志业，绝不违背先圣先贤之意。这里的“述”又指编纂他人的言论并加以阐明之意。

“述”多用指说明、陈说，如“口述”“记述”“叙述”“陈述”“述事”“述异”等，而向上级报告任职所做的绩效、职务，叫作“述职”。“述”同时也是姓氏之一。

“沭”是水名或地名，山东省沂水县源出的一条河叫“沭水”，江苏省则有一个县，名为“沭阳县”。

“怵”读作“chù”，是害怕或胆怯之意，如“怵目惊心”，可和“触目惊心”相通，但不可读成“shù”。“怵惕”指心里惊动的样子；古文中“怵迫”比喻内心被诱惑而软化的样子。

“钵”本义是指长针，引申为引导之意，如“穿针引线”之意叫作“钵引”。

“漱”读作“shù”，指用水洗口而言，如“漱口”；“漱石枕流”（或作“漱流枕石”）比喻隐居而清高之意。古时也用来表示水花泼溅的意思，如《水经·江水注》：“悬泉瀑布，飞漱其间。”

cì

刺

刺——cì，以尖锐的东西去戳东西等用法。
cī，形容撕裂声、摩擦声等。

剌——là，指暴戾的样子。
lá，同“拉(lá)”。

刹——chà，佛寺或时间很短而言。
shā，止住，停止。

“刺”读作“cì”，是指以尖锐的东西去戳其他东西，例如“刺入”“刺字”。“刺杀”则是指杀掉、谋杀之意。

植物的茎上长出尖而能伤人的突出表皮，叫作“芒刺”，比喻令人极度不舒服可以叫“背若芒刺”。细的鱼骨头也叫作“刺”，即“鱼刺”。以刻薄的言语去讥评别人，叫作“讽刺”。很不顺眼的意思可以说“刺眼”；形容不中听的声音或言语叫“刺耳”。“刺骨”则指令人恨到极点或比喻很冷，冷到极点之意。

“刺”在古代还代表名片，如“名刺”；行刺的人通常称作“刺客”；而多话的比喻是“刺刺不休”，不是“剌剌不休”，这个应特别注意。使人产生身体的特殊感觉及反应的作用，叫作“刺激”。

“刺”读作“cī”时，是形容撕裂声、摩擦声的拟声词，如“刺啦”。

“刺”与“剌”要特别区分，一个是“朿”，一个是“束”。“剌”读作“lá”时，同“拉（lá)”，意指用刀子把东西切断或划开，如“剌破”“剌划”；“剌”读作“là”时，作乖戾解，如“乖剌”是凶横不讲理；“大剌剌”则是说大模大样。

“刹”读作“chà”。指佛寺则叫“古刹”；指时间之短暂叫“一刹那”，为梵语的音译；读作“shā”时有停止之意，如“刹车”。

fèn

奋

奋——fèn，指积极、愉悦的意思。
愤——fèn，指不平、发怒的意思。
坟——fén，人死后埋葬的土堆。

“奋（fèn）”本指鸟类振翅起飞而言，又叫“奋飞”。比喻为人的努力、兴起之意，如“奋发”。“奋袂（mèi）”是举起袖子而站起来之意。“奋臂大呼”是举起臂膀高声喊叫。“奋勇”是振起勇气之意。

“奋斗”是指用力、尽力地战斗，不要屈服于环境因素，如孙中山先生临终一再地说：“和平！奋斗！救中国！”又如“奋发图强”“奋发有为”均是鼓励人的意思。

“愤（fèn）”是指心怀怒气、意有未平之意，如“愤怒”就是生气，“愤愤”或“愤愤不平”是指心中不平的样子。也表示怨恨的意思，“愤世嫉俗”就是对世俗表示痛恨不满之意。也表示心里郁闷的意思，如“愤懑”。

“愤恨”是大怒，“公愤”则指大众的不满或怨怼。“愤慨”是指愤怒而慨叹之意。

“坟（fén）”是指人死后埋葬入穴中，再堆上土盖起来的土堆，即为“坟墓”；“坟场”则指坟墓聚集之处。“三坟”则指古书名，指记载伏羲、神农、黄帝等先圣先人之古书。

需注意的是“奋”与“愤”的应用，“奋”是积极且愉快的，而“愤”则指不平的、被激起的。

xīn

昕

昕——xīn，是太阳快出来的时候，即日出前。
旰——gàn，傍晚时分。
旴——xū，指太阳刚出来的样子。
升——shēng，指太阳冉冉上升。

“昕”字，读作“xīn”。

“昕”古文中常用来指早晨太阳将出来的时候，所以引申为“黎明”“破晓”或“早晨”之意，如“昕夕”就是指早晚而言；此外“昕”字亦可转为“光明”之意，因太阳将出之际，天空必定明朗。

“旰”字，读作“gàn”。

“旰”字，字形上虽与“昕”字有几分像，其意义却正好相反；“旰”字是指黄昏时太阳落下的时刻，因此引申为“傍晚”或“黄昏”。如“旰食”，是指过了吃饭时间才吃，也就是说因忙碌而忘食，用来比喻一个人做事勤劳、无暇吃饭；而“日旰”一词，则是说太阳已下山。

“旴”字，读作“xū”。

“旴”是指早晨太阳刚出来的时候；也指水名、地名，如江西的“旴江”。

“旴”字与“旰”字，形体酷似，只是“旴”字右边从“于”而“旰”字右边从“干”，仅此差别，意义却相去甚远，应特别留意其写法和用法。

“升”字，读作“shēng”。当太阳上升讲，所以称上进的意思都叫“升”，如“步步高升”。

jǔ

咀

咀——jǔ，用牙齿咬碎食物，以舌辨味。
zuǐ，地名。

诅——zǔ，祈神降祸于人。

沮——jǔ，阻止、败坏。
jù，指低洼之地。

"咀"字，读作"jǔ"。

"咀"字是用牙齿咬碎食物，然后用口舌来辨别食物的味道，称为"咀嚼（jué)"。

人们对一篇优美的文章，能在看完之后，重新回过头来玩味与理解其中更深的意味，也可以说"咀嚼"，这是引申而来的意义。

"咀"字，读作"zuǐ"时常用于地名，如"尖沙咀"。

"诅"字，读作"zǔ"。

"诅"的本义是说祈神降祸于人，一般常说"诅咒"就是这个意思。

然而"诅咒"并非一定是祈神降祸，若是对于坏人、恶人，希望他们早日得到报应，也可以说"诅咒"，这是对行恶之人而言。

谈到"水"字边的"沮"，读作"jǔ"，与"咀"同音，请勿读成"zǔ"。

"沮"字是阻止、败坏之意；如"沮遏"是指阻止、压制；"沮丧"则是灰心失意。

"沮"还可读作"jù"，如文天祥《正气歌》中的"哀哉沮洳（rù）场"之句中，"沮"字则指低洼之意；又如"沮泽"乃是水草所聚生之地。

yán
岩

岩 ——yán，指山中的石块，如“岩石”。
檐 ——yán，屋顶前后伸出的边沿。

“岩”“巖”二字原是相通的，但渐渐地“岩”“巖”二字在某些意义上已稍有区别。

“岩（yán）”字，是指山中的石块；也用于指所有的矿物体。如“岩浆”，是地壳内部未成形而尚在熔解状态的岩石；“岩盐”即是从岩石中提炼出来的盐。

“岩”字，还用来指称高峻的山崖，或是广深的山洞。所以“巉岩”指的是高峻山崖；而“岩穴”则是指山洞。

谈到“檐”，是较为人知的；同样读作“yán”，属“木”部。

“檐”，是指屋顶前后伸出的边沿，即“屋檐”。此外，古时如“檐牙”乃指屋檐翘起如牙状的饰物；“檐马”是屋檐下挂的风铃；“檐溜”则是指屋檐流下的水滴。

xiù

岫

岫——xiù，指山洞。
妯——zhóu，兄弟的妻子互称为“妯娌”。
岬——jiǎ，突入海中的地角。
袖——xiù，衣裳穿在胳臂上的部分。
柚——yòu，yóu，有两个读音，用法亦不同。

“岫”的本义是山有穴，或岩洞，即俗称的“山洞”。如陶渊明的诗“云无心以出岫，鸟倦飞而知还”；另外也可比喻为山峦，如“岫影”指远山之影像。常用的“云岫”是指有山有云的景色。“远岫”则指远山之意。“岫复”古文中指一重重的岩穴而言。

要注意的是，“岫”的读音是“xiù”，不是“yòu”。

“妯”读作“zhóu”。兄弟的妻子之间互称为“妯娌”。

“岬”读作“jiǎ”，“岬角”是指地角或山峦延伸入海中的部分。

“袖”是衣裳穿在胳臂上的部分，叫作“袖子”。“袖刃”是把利刃暗藏在袖子里。“袖箭”则是藏在袖子里暗中射出的小箭，后来比喻为中伤别人之意。“领袖”是首领的意思。“袖珍型”指小型的、迷你的物品。“袖手旁观”比喻置身事外，不作声；相似词有“冷眼旁观”“隔岸观火”等。

“柚”，读作“yòu”，是指一种常绿乔木，高一丈多，花白色，果实可以吃，果皮厚。读作“yóu”时，通常指“柚（yóu）木”，是一种落叶大乔木，其木材多用于造船或建筑。

tà

沓

沓——tà，多言而杂乱。
　　　dá，量词，一叠。
杳——yǎo，昏暗、悠远。
查——chá，察之意。
　　　zhā，姓氏。

“沓”字，读作“tà”。

“沓”的本义是指多话的样子，所以古时人们常用“沓沓”来形容多言不休。

此外“沓”字又当重复零乱的样子，如“杂沓”“纷至沓来”；另“重沓”即是重叠。有时“沓”也当合讲，如“出入日月，天与地沓”一句。“沓”也是姓氏之一。

“沓”读作“dá”时，用于指重叠起来的纸张或其他类似的东西，如“一沓纸”“一沓钞票”。

“沓”是从“水”部，另有个从“木”部的字是“杳”。

“杳”字，读作“yǎo”。

“杳”，本义指太阳落到树下，所以有阴暗、幽黑、模糊之意，如“杳冥”即是昏暗不真切；模糊不清则叫“杳茫”。“杳”字也可引申为深远而无踪迹之意，如“杳如黄鹤”是说一去无踪影；“杳无音信”则是说一点消息都没有。需注意，“杳（yǎo）”字，可别读作“查（chá）”。

“查”是较为通俗的字，读作“chá”。

“查”当动词用的地方很多，意指考察、检查，如“查封”“查抄”“查办”“查照”“查账”，这些都是很寻常的词语，在此不多作解释。

“查”也是姓氏之一，当姓氏时应读作“zhā”。

biǎn

贬

贬——biǎn，指降低、减低的意思。

泛——fàn，指浮在水上；或作不切实际、不专一的意思。

眨——zhǎ，眼睛一开一闭的样子。

砭——biān，古时候一种医术。

窆——biǎn，把棺材埋葬的意思。

“贬（biǎn）”字都是作动词用，例如抑低、压低可以说“贬低”；故意压低使之有所损害叫“贬损”；批评别人的过失则可说是“贬责”；官位被降低，可叫作“贬谪”或“贬官”；货币的价值、购买力因其他因素而降低本来的价值，叫作“贬值”或“贬价”。

“泛（fàn）”的字义是浮在水面上，即小船在水上行动，如“泛舟”。其他的用法，例如比喻为不是专指一件事叫“泛指”；广泛的评论或总论叫“泛论”；浮浅平凡的交情叫“泛泛之交”，如《汉书》：“泛泛滇滇从高游”。

“泛”字也可以和“汎”字相通，“汎”也读“fàn”，“泛舟”也可写成“汎舟”。

“眨”字的字义是指眼睛一开一闭或频频一睁一闭的意思，例如“眨眨眼”“她的眼睛眨个不停”。或者可以比喻为时间很短暂，如“一眨眼之间”。要注意的是，不要读成“泛（fàn）”或“贬（biǎn）”。

“砭（biān）”是古代一种用石针刺肌肤治病的医术，或用艾火熏烧人身的穴位，叫作“砭灸”。“砭”也引申作救治、刺、刺痛，如“针砭”“寒风砭骨”。

“窆（biǎn）”是墓穴，也指将棺材葬入土中的意思，例如将下葬的时间发给亲友的讣告，叫作“告窆”。

jiā
佳

佳——jiā，美好之意，如“佳作”。
嘉——jiā，同样是指美好之意，但另有赞美、爱慕，甚至吉庆之意。

本章介绍的“佳”“嘉”二字，在用法上有时是相通的。

“佳”读作“jiā”，属“人”部。

“佳”字，指美好，如常用来形容美女为“佳人”；寒暖适中，天气晴朗的好日子称为“佳日”，如陶潜诗中的“春秋多佳日，登高赋新诗”。此外，比喻好文章为“佳作”，一年中的好时节可说是“佳节”，而流传一时的美事就称作“佳话”。

同样作美好之意的“嘉”字，常与“佳”字混为一谈，所以在此作分析、比较。

“嘉（jiā）”字除了美好之意，另有赞美、爱慕之意，如“嘉许”“嘉宾”等。“嘉惠”乃是称颂别人施以恩惠之意；“嘉禾”则是指大的稻米。

在此提出“佳”“嘉”二字可通用的词，如“佳宾”可写成“嘉宾”。

但有时是不能通用的，如用在地名、年号时皆不可通用；再如“佳人”不能写作“嘉人”，而“佳话”与“嘉话”二者个中含义略有不同，若能在本义上与习惯上多加体会，便能作清楚的区别。

总之，“佳”“嘉”二字都含有美好之意，但用法上各有不同，不可随意用之。

sǒng

怂

怂——sǒng，鼓动、诱使的意思。
耸——sǒng，惊惧、畏惧、奖励之意。
悚——sǒng，恐惧、害怕的意思。
竦——sǒng，跳的本义，比喻害怕或恭敬的。

“怂（sǒng）”的本义是惊惶不安的意思，但是，用到这个字通常是指鼓动、诱劝的意思，例如“怂恿”，就是以话语来诱劝他人去从事某些事情，但大多指做坏事情而言。

“耸（sǒng）”的用法比“怂”还要多，用作惊惧、畏惧的意思时，如“耸惧”；“危言耸听”则是指以新奇、怪异、偏激、不好的言论去说动他人，使人听了觉得惊惧。

“耸”的本义是指人一生出来耳朵便听不见的意思，或者指故意装作听不见。

“耸”也作“高起”的样子，例如“耸立”或“耸然”，大多指山的态势而言。若指人的样子，则是把肩膀有意、无意地向上抬一抬，叫作“耸肩”。以奖励的意思来讲，例如“耸善抑恶”，是指奖励好的、抑止坏的。

“悚（sǒng）”字带有恐惧的意味，例如“惶悚”“毛骨悚然”，表示极度的惊慌、恐惧、害怕。

“竦（sǒng）”作动词时，可解作伸长脖子，提起脚跟站着，如“竦而望归”；又指恭敬、肃敬的样子，如“竦然起敬”；也可解作矗立，如“竦桀”则指高耸特立；作害怕、恐惧解的话，则与“悚”字通用。

cǎi

采

采——cǎi，摘、选取或是神色之意。
　　　cài，指古时大夫所领受的食邑。

釆——biàn，乃"辨"之原体，有判辨、明察之意。

提到"采""釆"二字，又是两个相当难辨的字，在书写时若一疏忽，或是笔法的习惯，有时根本没法分辨"采""釆"，但原则上可用笔画来区分，"采"字一共八画；而"釆"字一共七画。

"采"字，读作"cǎi"，属"爫"部。

"采"是"彩"的本字，但今人都以"彩"来代替"采"，习惯已成，也不再追述，毕竟二字是相通的。

"采采"是指盛多的样子。"采"亦有赞美之意，如"喝采"即是。"采"亦指有颜色的丝织品，这时便与"彩"字相通。

此外"采"也是姓氏之一，如汉朝有度辽将军名叫"采皓"。

"采"又可读作"cài"，这时是指古时大夫所领受的食邑而言，是为"采地"或作"采邑"。

谈到"釆"字，读作"biàn"，属"釆"部。

"釆"乃是部首名。"釆"是"辨"字的原体，所以含有判辨、明察之意。

"釆"字是罕用的文字，除了用作部首外，几乎很少被运用在文章上。

最后再次提醒，写"彩"时左边是"采"；而写"释"等字时，左边则是"釆（biàn）"。

xiá

狎

狎——xiá，是亲近、玩弄的意思。
押——yā，用物品抵借钱；或看守、监管、拘禁等的意思。
伸——shēn，使弯的变直，或短的变长之意。

"狎（xiá）"用在玩弄或戏弄的时候，例如"狎玩"或"狎弄"，用在亲近的时候，例如"狎近"。古时指陪伴权贵玩乐，亲昵而不拘礼节的人，或嫖妓之人，叫"狎客"。

"狎"通常指不正常的，例如"狎邪之人"即指很不正当的人、邪恶小人。

"押（yā）"的用法比较多，"抵押"或"质押"是指以物品去抵借现金。"押金"或"押租"指租人房屋时所缴交的保证金。

商场上所谓"押汇"指售货人以运货提单或保险单作为担保，以收货人为付款人的汇票，卖给本地银行而可提前取得货款之业务。

"押"又可当作"拘押""扣押"或"收押"的用法，指拘禁、保管等意思。"押韵"则指作诗时句尾的韵部相同的字。

"伸（shēn）"的用法也很多，例如"伸长""伸张""伸开""伸直""伸缩"都是指由弯的变成直的，或由短的变成长的。又有"伸冤"引申为把冤枉的事求得一个水落石出的结果。"伸头探脑"则指一个人偷看、不正当的窥视而言。

gǒu

狗

狗——gǒu，犬科动物。
犬——quǎn，指大的狗。
畎——quǎn，田沟、田地。
苟——gǒu，草率或如果的意思。

“狗（gǒu）”，最古老的意思是指犬类中较小型，刚出生而未生毫毛的叫“狗”，与“犬”是同一种动物，是人类家畜中最早的动物之一，但是今日绝大多数的用法把“犬”也称作“狗”，根本没有分别了。

“狗”是哺乳类动物，听觉、嗅觉、视觉都很敏锐，古时人们主要用它们看守门户，也用在打猎的辅助上，甚至有专门养来吃的，古时皇宫便有设置专门管理养狗的官职，如“狗监”等。

“狗”若用来比喻人的言行则专用在骂人、损人上，如“狗仗人势”比喻倚仗人势、横行无忌；古书中“狗彘（zhì）不食”比喻人品卑劣无耻；“狗头军师”比喻献奸计的人。

“犬（quǎn）”原本是指较大的狗类，现泛指狗，古时常被借用来作为自谦的用语，如“犬马之劳”；“犬子”则谦称自己的儿子。

“畎”，也读作“quǎn”，是指田沟的意思，如“畎亩”。还可以用作泛称田地，或指山谷有水沟的地方。

“苟（gǒu）”是形容草率的意思，例如“苟且”；还可以比喻人不守规矩、不正当的意思，如“苟合”“苟安”“苟同”“苟活”“苟全”。也可解作如果、假使，如“苟或有之”。

biàn

变

变——biàn，更改、更换；或应付、灾患的意思。
挛——luán，手足不能伸直的一种病。
恋——liàn，两人互相爱慕，或舍不得的意思。
孪——luán，一胎生两个小孩。

“变（biàn）”若是指事物的状态有所改变的样子，例如所谓的“变化”“变更”“变革”“变动”“变迁”或“变形”。

若是指本质上的更换叫“变质”。指音调之不和谐叫“变调”。改变节操或法则、原则叫“变节”。专指不平常的状况叫作“变态”。“变本加厉”意思是改变原来的样子，而却更加厉害。变化多端，不可测度叫“变幻莫测”。把东西卖了，可以说“变卖”。

“挛（luán）”字用义较少，指一种手足不能控制自如、不能伸直的疾病，如“挛腕”或“痉（jìng）挛”。又可比喻成互相牵制引动的，代表不能自由自在，如“牵挛”。

“恋（lián）”的用法比较多一些，本义是互相爱慕的，例如“恋爱”“依恋”“恋人”。后来比喻为一种舍不得、放不下的状况，例如“恋栈”乃比喻一个人贪恋着职位或薪水等；“恋旧”是怀念旧友或故地、故乡的意思；“恋恋不舍”则泛指一切依依不舍的样子。

“孪（luán）”字专指一胎生出两个甚至两个以上的小孩子，俗称“双生子”，通常称为“孪生子”。

以上四个字以“挛”“孪”二字较易混淆，读法又一样而且不好读，尤其应特别注意。

páng
庞

庞——páng，形容大的或杂乱的；也作姓氏；亦指面貌。

龚——gōng，本义是给，有时和供、恭、共相通。也作姓氏。

"庞"字，读作"páng"，用来形容杂乱的意思，例如"庞杂"，带有又多又乱的意思。比喻为大或高大的，例如"庞然大物"，或者"庞大之至"。

用在形容老年人须眉皓白的面貌时，叫"庞眉皓发"；通常指称脸面也叫"脸庞"。还有一个用处比较少见，形容天地混沌，而且元气尚未分的样子，叫作"庞鸿"。

"龚"字，读作"gōng"。

"龚"姓据说是共工氏的后代。历史上姓龚的人物也不少，例如龚遂、龚自珍等人。

"龚"字本义是给，指两手奉上去，而使人满足的意思，所以又和供、恭字相通，如"今予惟龚""象龚滔天"，前者的"龚"有恭行、奉行之意，后者的"龚"则为恭敬之意。

《孔子家语》里所称"龚工氏"，就是一般所称的"共工氏"，是指古代神话中的洪水之神。总之，应该特别注意的是，"龚先生"或"龚小姐"要念"gōng"，切不可以念三声"gǒng"，那是很不礼貌的行为。

顺便一提的一个字"詟"，读作"zhé"，意思是害怕的，例如"詟服"是指因畏惧威势而屈服，通常则写成"慑服"。

yǎn
兖

兖——yǎn，古时九州之一。
衮——gǔn，古时天子礼服。

“兖”字，读作“yǎn”。

“兖”字是很少见的，它的本字是“沇”。

“兖”是我国古时九州之一，称作“兖州”，大约在山东、河北一带，也指山东省旧府治滋阳县。

有些人会把“兖”写成“衮”，正因为两字极为相似，所以本章也略作分析。

“衮”字，读作“gǔn”。

“衮”乃是古时天子的礼服，俗称的“卷龙衣”即是“衮衣”。此外形容连续不断的样子就叫作“衮衮”。

另外“衮衮”亦有繁多的样子，如文章中常出现的“衮衮诸公”即有此意；这时就不能写成“滚滚诸公”了。“衮衮诸公”通常是用来指众多有权势的达官贵人。

“兖（yǎn）”“衮（gǔn）”，二字字形上极似，在字典中的部首分别是“儿”部、“衣”部，请不要混淆。

quàn

券

券——quàn，指契物而言。
卷——juàn、juǎn，有两种读音及用法。

“券（quàn)”原是指由双方各执一半以为信物的文书，以前是竹木所做成的，必须合在一起才能互相承认其效用，即一般说的契约；“券书”是指借用金钱等财物所立的书契，“合契”是说查验之后相合才成立，以防止逃避债务；因此，“券”又代表可以作为取信、取物之凭证，如“契券”。

现代用到“券”字的地方很多，一般称之为“契约”，除此之外，凡是具有价值，可以买卖的、抵押转让的也叫“券”，如“入场券”“优待券”“彩券”“有价证券”“债券”等。商业公司发行用来周转资金的“证券”也叫“券”，例如“证券投资”“证券制度”“证券交易所”等，有人便称现今是“证券资本的时代”。

“卷”与“券”必须分清楚，一个下方是“㔾”，一个下方是“刀”，而且读音、用法都不同，千万别弄错。

“卷”读作“juàn”时，是指书册之意，以前的书本是“卷轴”，故“卷”也是书的代称，如“手不释卷”“读万卷书，行万里路”“开卷有益”；画也算“卷”，书画叫作“手卷”“长卷”等。公文也叫作“卷宗”“案卷”；考试测验的纸叫“考试卷”。

“卷”读作“juǎn”时是形容弯曲的样子，“卷发”“卷曲”等。也当作计算成卷物品的单位，如“一卷底片”。

dān

单

单——dān、shàn、chán，三个读音各有不同的意思及用法。

殚——dān，尽力的意思。

箪——dān，圆形竹器，古代用来盛饭的器皿。

“单”本来是指记载事物用的纸片，例如“菜单”“节目单”“账单”“提货单”“单据”等。“单”最常用来指单一的而言，例如“单枪匹马”“单方面”“单轨火车”“单名”等。“单式”是指单独的体式；又指“奇数”而言，例如“单数”“单日”。

若是指没有相对的一方也叫作“单”，如“单身”“落单”。“单位”不但指计算物体数量的标准，又指工作上的一个部门而言；“单子”或“单传”是指只有一个后起的继承者而言。“单调”一方面指音乐上音调的连续不变，又形容一些呆板、缺乏趣味性的事物而言；“单薄”指衣服不够厚，又代表实力不足的意思。总之，“单”的用法很多，多指个别的、独一的事物而言。这些都是读作“dān”，而不能读成“shàn”或“chán”。

“单”读作“shàn”是指姓氏，还有一个复姓的姓氏叫作“单父”。指地名时也读作“shàn”，山东省单县即是一例。读作“chán”的时候，指汉朝时匈奴对其君长的称呼，叫作“单（chán）于”。

“殚（dān）”是代表尽力的意思，如“殚力”“殚精竭虑”。“殚见洽闻”比喻见闻广博；“殚亡”是完全失去之意。

“箪（dān）”是一种圆形竹器，古代用来盛饭的器皿，如“箪食（sì）瓢饮”。“箪食（sì）壶浆”是指人民准备饮食犒劳军队而言。

xiè

泄

泄——xiè，漏的意思。
曳——yè，拖拉、牵引之意。
拽——zhuài、zhuāi、yè，三个读音各有不同的意思及用法。
跩——zhuǎi，比喻人得意忘形之貌。
绁——xiè，指缰绳。

“泄（xiè）”的意思是漏或排放，如“外泄”。又当作发散之意，如“发泄”；也作透露、走漏，如“泄密”“泄底”“天机不可泄露”。还可以当作河流入海之意，如“长江在江苏省宣泄入海”，此外，“宣泄”还可表示舒散、吐露之意，如“宣泄心中的愤懑（mèn）”。

“曳”读作“yè”，是拖或拉的意思，如“弃甲曳兵”是比喻打败仗丢了盔甲而拖着兵器退走之意。“曳杖”是拖着拐杖。又当作牵引之意，如“曳引机”“曳引车”都是指牵引动力的机器或车子；“摇曳”则比喻摆动、飘动的样子，如“摇曳生姿”“树影摇曳”。

“拽”读作“zhuài”的时候是拉的意思，如“把门拽上”即拉上门之意；读作“zhuāi”时则是投掷的意思；“拽”读作“yè”时，同“曳”字。

“跩（zhuǎi）”本指身体一摇一摆走路的样子，比喻人得意忘形的样子，如“你看你跩得跟什么一样！”

“绁（xiè）”指缰绳，“缧（léi）绁”是古时拘系犯人的绳索，也代表监狱，如“身陷缧绁”即指因犯罪入狱。

bó

泊

泊——bó，船舶靠岸或栖止的意思。

pō，指静止的水域。

洎——jì，是“及”或“到”的意思。

泪——lèi，眼泪，泪水。

“泊”字，读作“bó”，指船舶靠岸的意思时，例如“停泊”“泊舟”或“泊岸”。同时若是引申为栖止的话，“漂泊”指人或船四处游移，没有一定的地方可以栖止。

“泊（bó)”也可以当恬静讲，或静默无为的意思，例如“淡泊”，“淡泊名利”便是对名利看得很轻。“泊车”，是指停放车辆。

“泊”字读作“pō”时，最常看到的用法是名词的应用，是指静止的水域。例如罗布泊，曾是我国新疆南部塔里木盆地的一个大湖，也是知名的内陆湖。又例如《水浒传》中一百多个英雄好汉所聚居的地方——梁山泊，便是一处沼泽水域。

“洎（jì)”最常用是当作及、到，例如“自古洎今”就是从古到今。“洎至今世”是等到今世。古代曾把这个字用作肉汁或者在锅子里加水的意思，不过今日已经很少用了！

“泪（lèi)”字，是眼泪、泪水的意思。“泪涟涟”形容泪水不断的样子。

汉字的妙用便在很多地方可以发现，例如“泊”“洎”“泪”等字，有“水”部便有水的意思在里面，“泊”是湖泊、沼泽之原义，“洎”古时候是指肉汁或加水入锅内，而“泪”是眼泪，都含有水的意思，是不是很有趣？

líng

泠

泠——líng，轻妙、清亮。
伶——líng，戏剧演员。
拎——līn，用手悬持东西。
冷——lěng，热的反面。

“泠”字，读作“líng”。

泠，是水名，即泠水，在安徽、陕西、广东三省都有泠水。

除了水名之外，泠也解作轻妙，如“泠然”是轻妙之意；而“泠泠”则是指声音清亮；“泠风”就是柔和的微风。

“泠”字有些人会写成“冷”，这是不通的，书写时可别把“泠风”写成了“冷风”。“冷”是较常见的，所以在此不再多说。

“伶”字，同样读作“líng”。

“伶”，当名词用时，是指戏剧演员，如“伶人”。若当形容词用，如“伶仃”是形容孤独。

此外如“伶俜”是指飘零孤单的样子。“伶俐”则是指非常聪明、灵巧的样子。

“拎”字，读作“līn”，可能有人会读作“líng”，应注意不要读错。通常作动词用，指用手悬持东西，如“拎着菜篮”“拎着书”等。

“泠”“伶”“拎”“冷”可能常会读错、写错，应特别辨识以正读。

ní

泥

泥——ní，指水与土所混合之物。

nì，比喻固执不变通的，或是柔语相求的样子。

呢——ní，喻为很纤细的毛织物。

ne，疑问时的语助词。

妮——nī，比喻小女孩或小丫头。

“泥（ní）”本义是水和土所混合的东西，如“泥巴”“泥土”，后来引申为一种细碎又带水液的东西都叫泥，例如“印泥”是盖印用的；“枣泥”“芋泥”等是做点心的素材名词。

形容人喝醉了，四肢无力全身软弱，就叫“烂醉如泥”。此外，“泥”也是姓氏之一。

“泥”读作“nì”时，是比喻一个人固执、不知变通，如“拘泥”“泥古不化”。“泥（nì）子”，也作“腻子”，是一种粉刷用的泥状物。

“呢”是一种非常纤细的毛织品，即今日所谓“呢绒”；还可以表示低细、小且婉转的声音，如“呢喃”可指燕子之叫声或指人的轻声细语。

“呢”最常用是读作“ne”，在一句话的结尾，表示疑问或否定的口气，例如“他怎么不来了呢？”或者“才不是这个样子呢！”

“妮（nī）”通常指对小女孩或者小丫头的一种昵称，如“小妮子”便是。

fèi

沸

沸——fèi，指水热度极高或向上涌动的样子。
狒——fèi，动物名，是猿猴的血亲。
疿——fèi，“痱”字的异形字，一种皮肤病。
废——fèi，停止或除去之意。

“沸（fèi）”是指水的沸腾，凡是液体加热到一定的温度，内部产生气泡便上下翻腾，如“沸水”“沸点”，通常水的沸点是摄氏一百度。“沸滚”则是俗称水到达沸点的时候。

“沸（fèi）”还形容人声喧闹吵杂的样子，如“人声鼎沸”；“沸腾”是水滚动的意思，也指波浪涌起的样子，如“百川沸腾”是指河水翻腾；“天下沸腾”则指人民失去控制，已面临大乱了。

“狒（fèi）”，通常称“狒狒”，是指猿猴类的一种，体高三尺左右，唇长而且尖，四肢的长度大约相等，毛色灰褐，性情较凶暴，以果实、树根、昆虫为食，多产在非洲中部。

“疿（fèi）”是“痱”的异形字，通常称为“痱子”，即夏天皮肤受了暑热后，长出一些令人难受的小红点。

“废（fèi）”，本义是停止，如“废止”。又引申为除去的意思，如“废除”；用在指五官身体之伤残，叫“残废”。又可形容没有用的，如“废话”“废人”“废纸”。“废弛”则指懈怠、败坏之意。其他还有很多用法，是现代汉语中常被用到的字。

hù

怙

怙——hù，凭借、依赖的意思。
恃——shì，依赖的意思。
沽——gū，买或卖的意思。
侍——shì，晚辈陪在长辈的旁边。

"怙（hù）"是凭借、依靠的意思，例如"怙险"是凭借着地势的险要。"怙恶不悛（quān）"是依仗着恶势力作恶而不知悔改。"怙乱"是借别人的祸乱而图利自己的意思。"怙终"是自己有过失而不知悔改。"怙宠"是依恃权势而因宠生骄之意。

"怙"古书中又是父亲的代称，"失怙"是指父亲已经去世，而失去了依赖。"怙恃"则代表父母亲，又代表依赖、凭恃的意思。

"恃（shì）"与"怙"意思相近，母亲逝世叫"失恃"，与"失怙"指父亲去世相似。"恃"也是依靠的意思，例如"有恃无恐"比喻有了依靠而无所畏惧，又可以比喻人的嚣张。《诗经》中的"无父何怙，无母何恃"便表明了"怙"与"恃"的意思。

"沽（gū）"是水名，在山东省与河北省各有一条沽河。"沽"又代表买的意思，如"沽酒"，但同时又代表卖的意思，"沽酒"也可以指卖酒；"廉沽"是指廉价出售；"沽售"是贩卖的意思。"沽"也是求取之意，"沽名钓誉"是指利用手段刻意造作，获取别人赞扬，以取得名誉。

"侍（shì）"是指晚辈陪在长辈的旁边之意，如"侍奉""服侍""侍陪"；也指伺候、跟随的人或奴婢，如"侍女""侍从"等。

wǎn
宛

宛——wǎn，曲折的、小的、仿佛的；也指姓氏、地名。
婉——wǎn，和顺的、美好的。
琬——wǎn，上面圆形的玉石。
莞——guǎn，地名。或读作“wǎn”“guān”意思都不一样。

“宛”本来指弯曲不伸的样子，它也代表小的样子或仿佛可见的，例如“宛彼鸣鸠”“宛在水中”。

“宛”作姓氏和地名时仍读作“wǎn”，只有指汉朝西域的“大宛国”时读作“yuān”，不可读大“宛（wǎn）”国。地名如河北省宛平县，应读作“wǎn”而不是“yuān”。

“宛转”的意思颇多，可表示辗转或形容委曲随和，或比喻娇柔多情的美人，也可以指和蔼的态度，或指鸟类的鸣叫声音、少女的低吟也均可作“婉转”。

“婉（wǎn）”是和顺、美好的意思，如“婉言”是和顺的说话。“婉约”是指委婉含蓄的样子。“婉谢”是婉言、委婉的谢绝。“婉劝”是很圆转的劝导。

“婉转”只指委婉曲折，不似“宛转”那般多用途。

“琬（wǎn）”原木是指玉石上面圆形的圭，圭则是祭祀或朝聘时持用的美玉。琬的用法比较少。

“莞”读作“guǎn”是指广东省的一个县叫“东莞县”；读作“guān”的时候是指一种多年生的草本植物，可以织成席，茎细且圆；读作“wǎn”的时候则是微笑的样子，如“莞尔”。

qí
祇

祇——qí，是为地神。
衹——zhǐ，“只（zhǐ）”的繁体字。
祗——zhī，当恭敬。
低——dī，动词，俯下。
柢——dǐ，当名词用，树木的根。

“祇”字，读作“qí”。

“祇”是地神，一般通称为“土地公”；此外“神祇”是泛指所有神。“祇”字又当大讲，如“祇悔”就是大悔的意思。

“祇”的另一读音是“zhǐ”。此时当作恰好、正好或简直。同时“祇”又与“只”通，在当作但、仅讲时，就应该读作“zhǐ”。

“祇”是从“示”部，另一个从“衣”部的是“衹”字，“衹”字读作“zhǐ”时，是“只”的繁体字。

另外还有一个与“祇”“衹”很相似的“祗”字，读作“zhī”，为恭敬的意思，例如在一般信函中常用的“祗请学安”，或是请柬中的“祗候光临”；其他如“祗畏”是敬畏，“祗仰”乃敬仰等，都是从同一字义上衍生的。

“低”字，读作“dī”。当动词用，是俯下的意思；当形容词用，则是不高之意，如“低音”。

“柢”字，读作“dǐ”，指树木的根，如“根柢”。

“祇”“衹”“祗”“柢”都是极为相像的字，字与字都有些相同点，请读者细辨始为用。

qū

屈

屈——qū，姓氏之一。此外当弯、俯、含冤等。
曲——qū，也是姓氏。另有不直之意。
　　qǔ，曲调，歌曲。
区——qū，地域，动词则是分别。
岖——qū，山路高低不平。

“屈”字，读作“qū”。

“屈”是姓氏之一，如大家所熟悉的“屈原”，是战国时的爱国诗人。此外“屈”另有弯、俯、含冤等意。

当“弯”讲时，如“屈膝”，即下跪的意思；“屈指”是弯起手指算计事物；“屈折”则是指光线射入密度相异的物体，而改变行进方向的折射现象。

当含冤讲时，最常用的就是“委屈”，是说一个人衔冤不得伸，怀有抱负又不能展现。“屈”，亦可作退伏的状态，如常说的“大丈夫能屈能伸”；另“屈驾”一词，则是恭请别人来临的尊语。

“曲”字，读作“qū”，也可读作“qǔ”。

“曲（qū）”是不直的意思，如“曲折”则是指道路弯曲或事情隐秘。“曲”“屈”二字颇有相似之地，虽同当弯、不直讲，但用法上却不能互通。此外“曲”，读作“qǔ”时，是当曲调、歌曲讲。

“区”字，也读作“qū”，乃指地域，如“地区”“区域”。当动词讲时是分别之意，如“区别”。此外我们说微薄的，可用“区区”二字来形容。

“岖”，也读作“qū”。当形容词用，形容山路高低不平，叫“崎岖”。

mí

弥

弥 ——mí，姓氏之一，或指满的、远的意思。
弭 ——mǐ，停止或平息、消灭之意。
祢 ——mí，父亲的祠堂，或姓氏之一。

“弥（mí）”的本义是“弛弓”，即把弓弦解下来，在不用的时候舒弛一下，以免失去弹性。后来引申为很多解释，最常用是指满的意思，“满山遍野”亦作“弥山遍野”。一般所说“弥月”是指婴儿出生满一个月。送人婴儿弥月礼物的题词则叫“弥敬”。

“弥漫”是遍布、布满了的意思，如“弥漫六合”是充满着整个空间；“弥天大罪”是形容很大的罪过。还用来指填补、补足之意，如“弥补”“弥缝”。而“弥封”则指考试卷上的封条，以防止舞弊。若是指远的意思，如“弥望”。表示更加如何之意，如“弥坚”。

“弭（mǐ）”本义是弓的末梢，比喻停止之意，如“弭兵”“弭乱”“弭患”“弭祸”。“弭”也是姓氏之一。

“祢”读作“mí”。是对于父亲的称呼，生时称“父”，死后称“考”，而入祠之后则称“祢”。也为姓氏之一，如汉代的“祢衡”。

需注意，“弥漫”不能写成“弭漫”，而“弭兵”也不可以写成“弥兵”。

tǎng 帑

帑——tǎng，指的是国库存藏的钱财。
孥——nú，妻子和子女的合称。
拏——ná，同“拿”。

“帑”字，读作“tǎng”。

“帑”，常见于文言文中，通常用作名词解，例如存钱财的国库，就被称为“府帑”；“公帑”，则是指国库中的钱财。“节省公帑”意思就是指公务人员在执行公务时，要本着节约的原则，爱惜国家财物；相反的，即是“浪费公帑”了。

在古时候，“帑”字是读作“nú”的，意同“孥（nú）”字，指儿子、子孙，如《诗经·小雅·常棣》：“宜尔室家，乐尔妻帑。”也解作妻与子的合称。后来“孥”字较通行，遂指儿女，或妻子和儿女的合称，例如韩愈《祭十二郎文》中“请归取其孥”，就是请求回家带领妻子、儿女前来之意。

“孥”也指古时候因犯罪而供官方役使的人，后来便泛指奴仆，通“奴”字。

另外有一个外形上与“帑”“孥”相似的字，应特别注意，它就是“拏”字。“拏”字是“拿”字的异形字，读作“ná”。

现在再将此章介绍的三个字形相似的字区别清楚：“帑”，指国库；“拏”，在现代汉语中已很少使用，是“拿”的异形字；“孥”是妻子、儿女的合称。希望大家不要搞错了。

cān

参

参——cān、cēn、shēn，三个读音与用法均不同。
惨——cǎn，指悲痛的意思。

“参”读作“cān”时，是加入、干预的意思，如“参加”“参与”“参议”。又代表拜见、拜望之意，如“参见”“参谒”“参拜”等；另外，当作某机关的谋划者叫“参谋”“参议”等。佛家僧、众聚在一起坐禅说法、研究经书叫作“参禅”。“参观”则是指考察模拟、欣赏等意，又如“参考”“参照”也是。又代表加入、从事之意而言，如“参战”“参事”“参政”等。

“参”读作“cēn”时，是指杂乱不齐的样子，常说“参差（cī）不齐”就是绝不可以读作“cān”或“shēn”。

“参”读作“shēn”时，常听到的是“人参”，属五加科多年生草本植物，产在我国东北以及韩国、北美等地。另外，代表星名是指“参星”，参星和商星在西、东，距离遥远且一出一没两不相见，因此“参商”比喻人之久别难逢。

“惨（cǎn）”是悲伤、悲痛、令人可怜的意思，如“悲惨”“惨叫”“惨死”“惨烈”“惨剧”“惨败”等。又比喻狠毒之意，如“惨无人道”。“惨淡”是黯淡无光或辛苦的样子。

dú

毒

毒——dú，危害健康的东西，也作伤害讲。
毐——ǎi，用于人名。

“毒”字，读作“dú”，属“毋”部。

“毒”字作名词用时，是指对生物体内有危害性质的东西，如“中毒”。作动词用时是指用毒物害人，如“毒杀”；另可作痛恨，如“怨毒”。作形容词用时，是指危害生命的，如“毒药”。

在《诗经·大雅·桑柔》中：“民之贪乱，宁为荼毒。”是指君王无道，以致老百姓希望天下大乱，承受更大的痛苦。此外恶疮也叫作“毒”。

“毒”字另有役使、养育之意。如“以此毒天下而民从之”（语出《易经》），其中“毒”字便是役使之意。又如“亭之毒之，养之覆之”（语出《老子》），句中之“毒”便是养育的意思。

“毒”也可作酷烈讲，如形容太阳酷烈，就叫作“太阳毒得很”。

“毒”与“毐”两字的字形极为相似，容易混淆，要特别注意。“毐”字读作“ǎi”，同样属“毋”部。但不同的是，“毐”字的上面是个“士”，下面是个“毋（wú）”字。

“毐”（ǎi）字的用法不多，一般是人名，如“嫪（lào）毐”，与秦始皇之母私通，所以也用来形容无品德修养的人。

bì 贲

贲——bì，指华美的装饰。
bēn，姓氏之一；指勇士；生理学名词。
偾——fèn，是覆败之意。
愤——fèn，发怒的意思。

“贲”字，读作“bì”，属“贝”部。

“贲”，是华美的装饰，如“贲饰”即是化妆。又可当作光彩或是光华，这时是用来尊称他人来临时的恭敬之辞，如“贲临”即是指有身份地位的人物大驾光临。

“贲”字读作“bēn”时，是姓氏之一，如“贲（bēn）休”是后汉董宪的部下。另外在汉高祖时，淮南王英布的部下有位中大夫名叫“贲赫”。

另“贲”字在古时也指勇士，指战国人“孟贲”而言，此人据说在水里不怕蛟龙，在陆地不怕猛虎，怒气吐声而惊动天地。

除此，“贲门”是指胃与食道相接之处的器官。

“偾”字，读作“fèn”，是指毁坏，败坏的意思。如“偾事”，就是把事情搞坏。此外，“偾”也是姓氏之一。

“愤”字，读作“fèn”，是常见字。指发怒、激动不满意的意思。如“气愤”“愤恨”等。

tǐng
挺

挺——tǐng，向前或向上牵引之意。
铤——tǐng，指尚未制成器物的生铜、生铁。
梃——tǐng，指树木的枝干。
tìng，梃猪用的铁棍。
艇——tǐng，指狭小而长的船。
廷——tíng，君主时代的中央行政机关。

在讲解这些字之前先介绍这些字的写法，其右边是“廷”，不可以误写成“延”，差别很大！当然，部首方面也都不同，不要弄错了。

“挺（tǐng）”是拔的意思，或指向前、向上牵引之意，如“挺身而出”“挺剑而起”，是比喻向前、向上而出之意；“挺立”是直立；“挺身”是勇往直前；“挺拔”比喻特立的样子，也可以指山峰之高耸。其他如“挺秀”“挺直”“挺进”都是。“挺”也是努力支撑之意，如“病了还硬挺着”“战败了还是挺着不下”。又代表很、非常之意，如“挺好”“挺美的”。也是计算数量之词，如“一挺机枪”。

“梃（tǐng）”指树木的枝干而言，也是计数植物之单位，如“千梃巨竹”；也代表棍棒之意，如“梃杖而死”。“梃”读作“tìng”时，是指杀猪后的一项处理程序和工具。

“铤（tǐng）”指尚未制成器物的生铜、生铁。也比喻走得快的样子，如“铤而走险”是比喻人穷途末路而被迫做非法的事。

“艇（tǐng）”是指狭长而小的船只，后来形容一切像艇之类的东西，如“救生艇”“潜水艇”；计算船只、船舰也以“艇”为单位。

“廷（tíng）”是指君主时代中央政府之行政处所，叫“朝廷”。“廷争”是直言极谏，据理力争之意。

kuò

括

括——kuò，引申为约束的意思。
恬——tián，安然、清静之意。
栝——kuò，纠正曲木的器具。
guā，一种植物。
聒——guō，耳朵后面的部位。

“括”读作“kuò”，本义是捆绑、收拢，引申为结束之意，“括羽”是指箭的末端饰以羽毛。常用的是包含、总含的意思，如“囊括四海”是尽有天下的意思。而“囊括”一是包罗之意，二是比喻少说话。

“括”含有约束之意，古时“束发”也叫作“括发”；引申为搜求之意，如“搜括”。含“有”的意思叫作“包括”“总括”等。数学上所用的符号叫“括弧”或“括号”。

“恬”读作“tián”，是安静的意思，叫作“恬静”。“恬淡”是比喻一个人平淡无欲的样子。“恬愉”与“恬逸”都是指安逸的意思。“恬不为怪”指对于不合理的事，安然而不以为怪。

“栝（kuò）”是古代矫正、纠正曲木的器具，叫作“檃（yǐn）栝”，也作“隐栝”。另有一种植物叫作“栝（guā）楼”，是多年生攀缘性草木，它的籽和皮可以作药，根则可以制成粉，叫“天花粉”，需注意，此处“栝”应读作“guā”。

“聒”读作“guō”，耳朵后面的部分，“聒耳”则是指声音吵闹且扰乱听觉之意。又如“聒噪不安”是指声音喧哗吵闹之意，与“聒耳”类似。

shí

拾

拾——shí，指俯身去取东西之意。
持——chí，扶助、握拿的意思。

“拾（shí)”是俯下身体去取东西的意思，“路不拾遗”或“道不拾遗”是指人民因礼义的教化，而人人都能非礼不取。其他如“拾金不昧”是说拾得别人失落的钱，不占为己有的意思。

“拾掇（duo)”是收拾、整理东西之意；又可以代表惩治处罚的意思，如“让我来收拾他”或“非拾掇一下他不可”。另外，“拾（shè）级而上”是指一步一步地从阶梯由下往上走之意。“易如拾芥”是形容很容易取得。“拾零”是将零星的材料收拾而成的文字。“拾穗”是收割稻麦后，拾取遗留在田中的禾穗。“拾”又是国字大写“十”的意思；要注意的是，“拾（shè）级而上”的“shè”音，不可念成“shí”。

“拾人牙慧”是比喻抄袭别人的文字或语言，或称之为“拾人涕唾（tuò)”。

“持（chí)”是扶助的意思，如“扶持”；又代表握或拿的意思，如“持握”“持拿”。“把持”则在握拿之意外，又比喻为操纵之意。若当作管理的时候，如“主持”“持家”。“持久”是长久，而“持重”是不轻浮、轻佻。“持戒”是指佛教遵守的戒律，“持斋”则是斋戒的意思。指维持现状、不作改变的叫“保持”。“持续”是继续不断。“持危扶颠”是挽救国家的艰难之意。

tiāo

挑

挑——tiāo，拣选、肩上担东西之意。

tiǎo，挑拨、挑动之意。

佻——tiāo，轻薄之意。

祧——tiāo，远祖的庙。

眺——tiào，远看的意思。

“挑（tiāo）”的本义是拣选，即从很多之中选取一部分，叫作“挑选”“挑拣”。另外用肩头担东西也叫“挑”，如“挑夫”“挑担”。“挑”也含有“剔”的意思，如“挑剔”，但有说是挑取好的、剔除坏的，也可以说故意找麻烦、吹毛求疵之意。

“挑”读作“tiǎo”时，用来比喻煽动、引起、搬弄之意，如“挑拨”或“挑拨离间”。其他如“挑逗”是引诱之意；“挑衅”是故意惹是非。另外“挑引”“挑弄”均是读“tiǎo”。比喻演戏或做事时，担任重要的角色叫作“挑大梁”。或者指毛笔的书写法运笔时，由下往上斜着提起的叫“挑”，而由上往右下方挫笔则叫“剔”。

“佻（tiāo）”本义是轻薄的意思，如《诗经·小雅》中有“市民不佻”，这里的“佻”正是轻薄、轻佻的意思。

“祧（tiāo）”是远祖的庙，故宗庙也叫作“宗祧”。“双祧”或“兼祧”则指继承的意思，本义是指一子继承两房。

“眺”读作“tiào”，是向远看的意思，如“远眺”或“眺望”。

本章介绍的四个字，都有“兆”，但偏旁不同，意义相去甚远，大家要多作区别，以免误用。

gāi

垓

垓 ——gāi，荒远及边缘、界限等意思。
赅 ——gāi，兼备、具备、遍及全体之意。
该 ——gāi，应当的意思用法较多。
陔 ——gāi，石阶的次序。

“垓（gāi）”本是我国古时候计算数字的字，“十万谓之亿，十亿谓之兆，十兆谓之经，十经谓之垓”这个算法与现在的算法是有些差异的。“垓”古时也表示界限的意思，如“重垠累垓”是指一重一重的界限。另外也指荒远的地方，如“九垓”或“垓极”“垓埏”。

指地名时，“垓下”在我国安徽省灵壁县东南方，在刘邦和项羽的楚汉之争时，项羽在垓下一战败北，斗志瓦解而最后于乌江自刎，结束楚汉之争。

“赅”是具备、兼备之意，也就是遍及全体之意，如“言简意赅”，即是虽然简要，而意义却非常完备、详尽。要注意的是，“赅”读作“gāi”，不要念成“hài”。

“该（gāi）”在公文中为指称下级的用语，相当于“彼”或“此”之义，如“该校”“该员”等即是。比较常用的是“应当”的意思，如“应该”“该是”。又作“欠”的意思，如“该款若干”。当“那”的意思讲时，如“该局”“该项”“该事”等。

“陔（gāi）”是指石阶的次序，如“一坛三陔”；也用于指田间的土埂。

gé

革

革——gé，指去毛的兽皮。
隔——gé，阻碍、离开等之意。

“革（gé）”的本义是去了毛的兽皮，叫作“皮革”，若为牛皮则称“牛革”，鹿皮则称“鹿革”。“革”也是我国古代八音之一，即金、石、土、革、丝、木、匏、竹八种乐器。“革”主要是制成鼓类乐器，所以“革”即鼓的代称。

“革”古时也指兵器，所谓“三革”即甲、胄、盾三种兵器，其中甲是护身的衣服，用犀、兕（sì）的皮革做成的，盾是防御兵刃矢箭的兵器，也是皮革做成的，如“兵革强大”即指兵器、武力的盛大。

“革”也为姓氏之一；“革”也有去恶除旧的意思，所以代表变更、改换、除去之意，如“革除”“革职”“革心”“革正”“革面洗心”“革新”等。“革命”一词，狭义上是指使用武力推翻旧的王朝或秩序，另建新政权或新秩序的根本变革，如“辛亥革命”“法国大革命”，广义上则泛指一切剧烈的改变，可适用于政治、经济、文化、社会乃至个人任何方面，如“工业革命”“绿色革命”“革命家”等。

需注意的是“革”字的下半部，一竖应该贯穿“口”连接“廿”。

“隔（gé）”是阻碍之意，如“隔开”“阻隔”。又代表距离的意思，叫作“间隔”；“隔膜”或“隔阂（hé）”是形容心意或情势有所阻隔，不能互相畅达、联络之意。“隔绝”是断绝之意。“隔岸观火”是指坐观成败之意。“隔靴搔痒”是比喻不切实之意。

qiàn

茜

茜——qiàn，深红色。
哂——shěn，微笑的样子。

“茜”字，读作“qiàn”，属“艹”部。

“茜”字本是指深红色而言，如“茜袍”，就是红袍。此外“茜”就是指“茜草”，乃属茜草科多年生蔓草，茎是方形而中空，叶子呈长卵形，茎与叶柄上有倒刺现象，根部呈赭黄色，夏日开小白花，果实呈黑色，可用来作红色染料，亦可取作药用。

“茜”字，除了“茜袍”外还有“茜裙”，即是红色长裙；“茜素”则是一种化学名词，乃是用茜草根制造出的色素染料，但今已可用合成法制造。

“茜”用于外国女子名字的译音时，读作“xī”。

字形与“茜”略同，而用法大不相同的“哂”字，读音是“shěn”，属“口”部。

“哂”是微笑的样子，这种用法可见于《论语·先进》：“夫子何哂由也？”这个哂即是当微笑讲。

此外“哂”字虽当微笑讲，但多少含有讥笑、嘲讽、鄙视之意，所以“哂笑”也解作嘲笑。

古时在一般人送东西给别人的时候，常在信函中表示希望对方能接受的客气话，就用“哂纳”或“哂收”，即“笑纳”之意。

至于“哂叹”一词，是指既笑且叹的样子，是一种较为复杂的心境。

luò
荦

荦——luò，杂色的牛。亦可作明显讲。
茕——qióng，指无依靠。
萦——yíng，环绕。
荧——yíng，星光、烛火。

“荦”字，读作“luò”。

“荦”字本义是杂色的牛，通常称之为“驳荦”。但今用作形容词者颇多，如“荦荦大者”，是指很明显重大的事端。《史记》中有句：“此其荦荦大者”即此意；另“卓荦”一词，则是说一个人出众胜人；至于“荦确（què)”一词，则是用来形容山多大石、险峻不平之貌。以上各词中的“荦”字皆是用作形容词。

“茕”字，读作“qióng”，通常仅作形容词，如形容孤单就说“茕独”；独居也可说成“茕居”；在《陈情表》中，有句“茕茕孑立”，这个“茕茕”也是形容孤单无依的样子。

第三个字是“萦”字，读作“yíng”。“萦”字当作旋绕、环绕讲。如“萦抱”就是环抱；如“萦回”就是迂回旋绕；情书上常用的“魂萦梦牵”，都是含有缠绕之意。

提到最后一个字“荧”，读作“yíng”。这个“荧”字与“萤”字是相通的。指的是星月烛火之光，即光线微弱的，而“荧火”有时也可指“萤火虫”所发出的光。

我们形容美人的光艳照人，也可说是“荧荧”，有时也指星月之光闪动的样子，在运用时就要看句子的上下文而定。

xiāng

相

相——xiāng 或 xiàng，音不同，意思和用法也不同。
象——xiàng，陆地上最大的哺乳动物。
像——xiàng，人物的形象。

“相”指彼此、交互的意思时读作“xiāng”，如“相交”“相好”“守望相助”“相敬如宾”“相辅相成”“相提并论”“实不相瞒”“列队相迎”等。也有代表比较的意思，如“旗鼓相当”“言行相符”“相去无几”“相仿不多”等。

“相”也是姓氏之一。其他如“相干”是相关之意；“相切”是彼此互相接触；“相比”是比较之意；一样的意思叫作“相同”；类似、近似叫作“相似”，心意契合叫作“相投”“相合”；互依互存叫作“相依相存”等。

“相”读作“xiàng”的时候是用来指容貌、形貌、样子，如人的“相貌”“面相”“吃相”“睡相”等。当审视、观察之意，如“相亲”“相面”“相机而行”“相女配夫”等。古时辅佐国君的人叫“宰相”“丞相”。要注意的是“xiāng”与“xiàng”的用法不同及其区别。

“象（xiàng）”的本义是形状，如“形象”，“象形文字”是指模仿物体形态所造的文字。代表景物时叫作“景象”，通称事实的状态为“现象”，亦如“气象”“病象”。象也是一种动物名称，为非洲或印度的大型哺乳类动物“大象”。

“像（xiàng）”指人物的形象，如“像片”是照片，“肖像”是人物形象。和某人某物相似叫“好像”。“像样”则比喻为不错的意思。“照像”可以通用“照相”，“相貌”也可以作“像貌”。

xiāo

枵

枵——xiāo，空虚的意思，如“枵腹”即饥饿。
拐——guǎi，当诱诈、弯曲讲。

“枵”字，读作“xiāo”。

谈到“枵”字，可能较为少见，所以读音上请读者特别留意，不要与“拐”字混淆。

“枵”的本义是指木根的空洞而言，后来渐渐引申为凡中间空虚的就叫作“枵”。甚至像饥饿，因为肚子里空无食物，所以也称“枵腹”。然而“枵腹”又可用来表示没有学问，所以在运用“枵腹”二字时，就应视前后句而决定其意思。

提到与“枵”相似而较为常见的“拐”字，读作“guǎi”。

“拐”当名词用，乃是指老年人所用的拄杖，通称为“拐杖”。

至于在民间传说中有“拐仙”之称的八仙之一——李铁拐，他所拄的乃是西王母所赐的一根铁杖。因此当我们用到“拐”字时，总不免会想到这个家喻户晓的“拐仙”——铁拐李。

“拐”字本义是指以诈术诱取人的财物，所以我们就称骗子为“拐子”。“拐”字又可当转折或弯曲讲，如车子“拐个弯”，也就是“转个弯”。

tuò

柝

柝——tuò，指巡夜用的梆子。
析——xī，当作分开讲。
拆——chāi，弄开封闭的东西。
折——zhé，当断损讲；亦作数的成分。
shé，表示断了；亏损；失败等意。
zhē，口语表示翻转的意思。

“柝”，读作“tuò”。

“柝”，是以前巡夜时用来敲打的梆子，所以打更也叫作“击柝”。在熟悉的《木兰辞》中有“朔气传金柝，寒光照铁衣”之句，句中的“金柝”即指军营里巡夜时所敲击的梆子（声）。

“析”字，读作“xī”。

“析”字的解释极普通，乃当分开讲，如将木头劈开叫作“析薪”；如“剖析”“分析”“析义”则是解说事理；再如“分崩离析”则是分散之意。所以“析”字的意义就是“分”。

“拆”字，读作“chāi”。

把整个或封闭的东西弄开就叫作“拆”；又作毁坏讲，如“拆屋”；又如指用诈术骗人财物，上海话叫作“拆白”。

“折”字，读作“zhé”。我们在商场广告中常说“打八折”或“不折不扣”，这“折”字便是指数的成分而言。又当断损讲，如杜秋娘《金缕衣》中有名的词句“花开堪折直须折”，便是此意。我们常形容事情波折离奇，就叫作“曲折”。

“折”字还有另外两种读音。读作“shé”时，表示断了，如“腿折了”；也表示亏损，如“折本儿”；还表示失败，如“这次又折了”；也是姓氏之一。读作“zhē”时，多用于口语，表示翻转，如“折个跟头”。

yào

要

要——yào，作动词乃是“欲”的意思。
作名词，有枢纽、要害之意。
yāo，乃当邀约讲。

耍——shuǎ，指戏弄；又可作游戏讲。

“要”字，读作“yào”，属“西”部。

“要”字当动词用时，乃是含有“欲”的意思，如“需要”；又当打算讲，如“你要结婚吗”；又可作将要来讲，如“他要来了”；又当应当讲，如“你要了解生命的可贵”；又可作索取之意，如“要钱没有，要命一条”。“要”的解释众多，在此仅提出一些例子。

“要”当名词用时，则有枢纽之意，如“要塞”；又当重要部分或关键讲，即是“要害”之意。

“要”字也可读作“yāo”。此时，表示邀约之意。此外又可当要求讲。或作强迫、威胁，如“要挟”即是。“要”古时与“腰”相通，所以古文中“细要”也就是“细腰”。“要”当名词时，也可解作“盟约”，如《乐府诗集》中有：“虽与府吏要，渠会永无缘。”或者为姓氏之一，如汉代的要竞。

“耍”，读作“shuǎ”，属“而”部。

“耍”的字形与“要”极为相似，二字的区别在部首，“要”是“西”部；“耍”是“而”部。

“耍”字当玩弄、游戏讲，如“玩耍”“耍弄”。也能解作“展现”，但为贬义，如“耍脾气”“耍威风”等。

yán

研

研——yán，即磨、碾碎之意，引申为仔细探求事物的道理与变化。

yàn，指磨墨的砚台。

妍——yán，喻为美好之意。

弁——biàn，古时男子所戴的帽子，或比喻无用、轻视之意。

pán，解作欢乐。

“研”读作“yán”。本义是“磨”的意思，用砥石磨平物体的就叫作“研”，如“研磨”“研成粉末”。

“研”是比较细致的功夫，引申为仔细探求事物的道理和变化，如“钻研勿替”是深入研究不可荒废。“研究”除了是讨论与探寻，更含有以严密的方法去穷究某些道理，进而以这些道理谋取更大的进步之意。如“研讨”也是研究和讨论；“研习”是研究和学习；“研桑心计”是指人有理财的本领，善经商的比喻，本来是指越国范蠡的老师计研和汉朝的桑弘羊，两个都是富于谋策的人。

“研”又读作“yàn”，与“砚”相通，代表磨墨的砚台。

“妍（yán）”字本义是美好的意思，如“鲜妍”，含有鲜艳之意，不过要注意的是，妍字本来比喻花的美好、美丽，后来比喻女子的美丽动人为多，除此之外就比较少用了。

“弁（biàn）”的本义是指男子所戴的帽子，如“皮弁”是皮制的帽子；又用来指书本的开头序文，叫作“弁言”。若是比喻对东西或人的无用、带有轻视之意，也叫作“弁髦”；“弁急”则代表急迫的意思。不过，《诗经·小雅》中有一篇名为“小弁”，要读“pán”，不可读“biàn”。“弁”读作“pán”时，解作欢乐。

lí

厘

厘——lí，长度、重量、货币等单位。
嫠——lí，寡妇。
氂——máo，氂牛。
漦——chí 或 sī，龙的涎沫。

厘，读作“lí”。

“厘”字作名词的解释非常多，如长度名、重量名、货币名、小数名，又可当利率名；“厘”字有时也当动词解，如“厘正”“厘定”则是改正、整理之意，“厘举”则是考核推举，“厘和”则是治平。

“厘”字，古时也与“禧”字相通，所以在春联中的“恭贺新禧”，亦可写成或读成“恭贺新厘”。

“厘”字在古时候还与好几个字相通，如“嫠（lí）妇”可写成“厘妇”，也就是寡妇之意，但现代汉语中“厘”字已没有此用法。成语中有句“嫠不恤纬”，是说寡妇不把她所织的布放在心上，而只是担忧国乱，表示妇女爱国之心。

“氂”字，读作“máo”，是“牦”字的繁体字，当名词解，如“氂牛”，即“牦牛”。

最后谈到“漦”字，此字与上面介绍的“嫠”“氂”字皆极为相似，但意义不同。“漦”字，读作“chí”或“sī”，指的是龙的涎沫，即“龙漦”。

kǎn

砍

砍——kǎn，用刀或斧斫劈。
斫——zhuó，为一种大锄。
砌——qì，台阶。
砧——zhēn，切菜时下垫之物。

“砍”字，是很平常的一个字，读作“kǎn”。砍，就是用刀斧去劈东西，这个意义运用极广，如“砍柴”则是劈柴；此外如“砍头”“砍伐”“砍除”等，都是一般口语常用的。

“斫”字，读作“zhuó”。

斫字本义是指一种大锄，也当动词“劈”讲，如“斫树”，也就是拿着斧头去劈树。

“斫”字后来渐渐有了引申义，含有“袭击”的意思，如“斫营”，就是趁着敌军不防的时候去偷击对方。此外在拳术里有一种手法就叫作“斫手”，即是说在一方躲退之时，乘机斫去敌方来手之用。

“斫”字，一不留意，常被看成“砍”字，虽然意义上有相同之处，但用法上是不可互通的。

再来谈到“砌”字，读作“qì”。作名词时，是指台阶的边沿，如“石砌”。作动词用时，如“砌墙”即是堆叠砖石来筑墙。另外，“砌”字又可读作 qiè，如“砌（qiè）末”，即是戏剧中所用布景和道具等物的统称。

“砧”字，读作“zhēn”。当名词用是指切菜或击打时垫在底下的东西，如“砧上打铁”，又如“砧杵”“砧板”等。

tiǎn

殄

殄——tiǎn，意指浪费、糟蹋。

沴——lì，水流不畅，亦指恶气。

紾——zhěn，扭转、纠缠之意。

疹——zhěn，皮肤上的红点、水泡。

轸——zhěn，是车后横木，亦可当辗转思念讲。

“殄”，读作“tiǎn”，一般人容易将“殄”字读成“zhēn”，那是错误的。

“殄”字可当动词，也可当副词。当动词用时，作糟蹋、浪费讲，如常说的“暴殄天物”，就是用来指责他人任意糟蹋食物，不加珍惜的成语。

以前的皇帝，每吃一顿饭，御膳房就要为他准备一百道菜肴，试想，这么多山珍海味，皇帝一人怎可能吃得完，这岂不是“暴殄天物”了吗？再看今天，宴会上的满汉全席，又有哪一桌吃得完，这不也是“暴殄天物”吗？所以现在提倡的四菜一汤，体现了节约原则。

“殄”字当副词用时，是完全消灭之意，如“殄灭”“殄绝”。

“沴”，读作“lì”，本义是气不和顺之意，通常称流行的灾害叫“灾沴”；“百沴”指各种疾病。

“紾”“疹”“轸”三个字都读作“zhěn”。以下分别解释：紾，扭转，如“紾臂”；亦有互相缠结之意，如“菱杼紾抱”。疹，则是一种皮肤上起红点的传染病，如“麻疹”。轸，车后的横木条，后来成了车子的统称；当动词时，是辗转思念，如“轸念”。

jiǔ

韭

韭 ——jiǔ，蔬菜名，属百合科，多年生草本。
薤 ——xiè，蔬菜植物，属百合科。
蕻 ——hóng，亦是一种蔬菜植物，属十字花科。

本页介绍的字在日常生活中较少见，因都属于蔬菜植物类，所以容易搞混，字形的书写也常有误。

“韭”字，读作“jiǔ”。韭，是种蔬菜名，属于百合科，乃多年生草本，叶子细而扁长，味道辛烈，可食用。这个“韭”与“薤”有些相像，但在字典里不是“艹”部，而是“韭”部。有些人会把“韭”字加上“艹”部而写成“韮”，但这是异体字，建议读者最好不要用。

“薤”的读音要注意，是“xiè”，不要读成“jiǔ”了。“薤”是蔬菜植物名，也属百合科、多年生草本，叶子细长，形似韭菜而中空，夏开花，花紫色，茎如小蒜，有点葱的味道，一般称作“薤白”，可入药，也叫藠（jiào）头。

“薤”古时还是字体的一种，商朝时务光曾作“倒薤篆”，又叫“薤叶书”，则是因形若薤叶。

另一个与“薤”字极像的字是“蕻”。

“蕻”，读作“hóng”。蕻，是茂盛貌，又指草木的萌芽而言。此外“蕻”亦是蔬菜植物，乃属十字花科，有点像芥菜，叶呈锯齿状。这种菜能耐寒，所以又被称作“雪里蕻”，味辛辣，是绝好菜肴，一般将它误写成“雪里红”是不对的。此外，“蕻”还有另一个读音“hòng”，古文中指茂盛之意；或是方言中某些蔬菜的长茎，如“菜蕻”。

miǎo

眇

眇——miǎo，瞎了一只眼；或形容幽远、高远的样子。
渺——miǎo，漂流之意，或指水云高远。
杪——miǎo，指树枝末端，后有“末了”之意。

“眇”字读作“miǎo”。此字若照字面上的分析，大概可知其义：一个目字右边再一个少字，岂不是指瞎了一只眼？正是此义。但另有一解，是说眼眶内陷，以致一只眼睛显得较小些；后来引申为细微、细小之意。

“眇”古时又可当自谦之词，如“朕以眇身，获保宗庙”（语出《汉书·昭帝纪》）。此外如“眇眇”是高远之意；“眇思”是精细的思考；“眇风”是指衰微的风俗；“眇丽”则是指精妙而美丽。

“眇”字加上“水”部，是为“渺”，同样读作“miǎo”。“渺”字是指水流辽远，有一望无际之意。如形容烟波辽阔的样子，就叫“渺茫”。“缥渺”又作“缥缈”，是指高远而隐约的样子。“渺”也有细小、微小之意，如“渺小”“微渺”。

除此之外，古诗中常用的“渺沧海之一粟”，这个“渺”字多少含有漂流之意。

还有一个同样读作“miǎo”的“杪”字，是指木少之意（按字形解），通常指树枝的末端，后引申为“末了”之意。如“月杪”“岁杪”即指月底、年底。“林杪”即指树林的尽头。

本章介绍的字同样都读作“miǎo”，但用法与字形上却大异，请读者细辨，以为正用。

mào

冒

冒——mào，假充的、不审慎的、向上冲的意思。
贸——mào，以器物换钱财，或轻率的意思。
毷——mào，烦闷的意思。
帽——mào，戴在头上保护头部的东西。

“冒（mào）”的本来意思是指眼睛受到蒙蔽而妄动，它的用法便是从这个意义而引申出来的，“冒犯”是触犯、得罪的意思。用在“冒名”“冒用”“冒牌”是指假充的、骗人的。

若是指向上冲的意思如“冒烟”“冒火”，而“冒火”也表示生气、发怒的。不计安危、向前推进的行为叫“冒险”。鲁莽、不审慎的，如“冒昧”。言行粗失而无礼，如“冒失”。

冒还有一个读音是“mò”，只用在古匈奴国王的名字叫“冒顿”；而姓氏中的冒姓，则读作“mào”，不要错读成“mò”了！

“贸（mào）”是以器物换钱财的意思，即今天所称的交易、买卖，或者通称为“贸易”，而“贸易”的范围只局限国内的买卖，指国与国之间的买卖，则称为“国际贸易”。

古文中“贸贸”是指眼睛不明、昏聩的样子；“贸名”是指以利益或不正常手段来取得名声而言，意同“沽名钓誉”。“贸然”是轻率的样子，与“冒然”所指的鲁莽、冲动是不同的。

“毷（mào）”是烦躁、烦闷不安的意思，如“毷氉（sào）”，而不是一般写成“毛躁”或读成“máo　zào”，两词的意义不同，“毛躁”是性急易冲动的意思。

“帽（mào）”是指戴在头上的东西，如“帽子”“呢帽”“帽章”等。

hé
曷

曷 ——hé，副词，怎么、为什么不。
喝 ——hē，饮用之意。
hè，乃高声呼叫之意。
暍 ——yē，指热气极盛貌。

以“曷”字为主体的，本章介绍较为相近的两字，也顺便介绍“曷”字。

“曷”字，读作“hé”，属“曰（yuē）”部。“曷”，作副词用，表示“怎么”之意，如“曷克臻此”；又可当“为什么不”讲，如“曷饮食之”。通常都用在文言文上，现代汉语中不常用。

“曷”字左边加个“口”字，便成了“喝”字。

“喝”是很常用的字眼，但因有两种读音，在此提出分析与区别不同读音的个别用法：

“喝”读作“hē”时，是饮用的意思，如“喝酒”“喝茶”等；此外另有一种抽象的用法，说是“喝西北风”，这是比喻一个人饥渴而得不到饮食，只好张开口喝西北风来填肚子，引申为挨饿、没有食物可吃。

“喝”读作“hè”时，是指高声呼叫之意，如“喝采”即是观赏他人表演，看到精彩处忍不住叫出声来。

“曷”字左边加一个“日”字便成了一个“暍”字。

“暍”字读作“yē”，属“日”部。“暍”是指因天气热而使人中暑。至于文言文中“暍暍”二字连用，则是用来形容热气极盛与酷热之意。我们可用“暍暍之日”来形容热得让人难以消受的天气。

zhòu
胄

胄——zhòu，指后代子孙。
胃——wèi，动物体内消化器官之一。

“胄”字，读作“zhòu”，属“月”部。

“胄”，乃是指后代子孙而言。如“炎黄世胄”则指的是炎帝、黄帝的子孙，有世世代代相传承继之意。

此外古时“胄”又是长（zhǎng）的意思，如“胄子”，也就是长子。同时也用“胄子”来泛称国子学生，因为古时候自天子以至卿大夫的嫡（dí）子，都可以进入国学，所以就称国子学生为“胄子”。也因此“胄序”便成了太学的别称。

“胄”字还用来指古代将士作战时所戴的头盔，即“甲胄”，俗称“兜鍪（móu)”，犹如现代军人所戴的钢盔。

当“胄”字的“由”改成“田”时，就形成了“胃”字。“胃”字，读作“wèi”，属“月”部。

大家都知道“胃”是脊椎动物体内的消化器官，但可能很少有人知道“胃”也是指天上的星宿（xiù)，乃二十八宿之一。“胃”也是姓氏之一，如明代有胃宗海。

jiè
界

界——jiè，乃指土地的边际周围而言；又当范围、职别、区划等方面解释。
畀——bì，乃是给予、仰仗之意。
舁——yú，是抬、举的意思。

“界”字，读作“jiè”，属“田”部。

界，是指土地的边际周围而言，如“国界”“疆界”；“界限”是指范围而言。有时我们对于一个范围自成一家的情形也称作“界”，如各种不同的行业就自成一“界”，好比“学术界”“出版界”“商业界”等。此外，按佛家的说法，上下四方叫作“界”，而古往今来叫作“世”，二者合称，即是“世界”，所以“世界”的定义也就是指古往今来、上下四方而言。

“界”还有连接、赐予、区划等的含义，在运用上是极其广泛的，在此不再多述。

“畀”字，则是少见之字，读作“bì”，同属“田”部。

“畀”是当作给予讲，如古人说“畀以玉帛”就是说给予玉帛之物；又如“畀予重任”是说把重要任务交与某人去从事。同时“畀”字也含有依赖的意思，如“倚畀”就是依赖之意。

谈到“舁”字，读作“yú”，属“臼（jiù）”部。

“舁”在字形上是不是有点像是两个人抬着一样东西？没错，“舁”字就是指两人扛或抬东西，如“舁轿”就是抬轿子的意思。

xiā
虾

虾——xiā、há，各指两种不同的动物。
暇——xiá，指闲空而言。
瑕——xiá，指玉上面的小斑点。

“虾”读作“xiā”的时候，指一种水生的节肢动物，全身分头、胸、腹三部分，种类很多，而且大小形状、色泽等都不尽相同，有淡水的也有海生的，最常见的如“龙虾”“草虾”“糠虾”等。

“虾米”是把虾蒸过、晒过之后，去壳的虾肉。“虾兵蟹将”比喻乌合之众；“虾须”指虾的触须之外，也可以指帘子。“虾荒蟹乱”比喻兵灾将到。

“虾”读作“há”时，指的是“虾蟆”，就是水陆两栖的蛙类，俗称“土蛙”，体形比蟾蜍还小，灰黑色且身上长疣（yóu），可以做中药用，也有人写成“蛤蟆（ma）”；所谓“癞虾蟆想吃天鹅肉”是比喻人不自量力的妄想。

“暇”是指闲空之意，“暇日”指闲暇的日子，“空暇”或“闲暇”均是同义；“暇景”则泛指一段闲暇的光阴。应注意的是，此字读作“xiá”，不能读成“jiǎ”。另外，暇与“瑕”的右方是“叚”，不是“段”，千万别写错了。

“瑕”是指玉上的小斑点，称为“瑕疵（cī）”，也比喻为人的过失或事的败笔处。

我国有一复姓叫“瑕丘”。“瑕瑜”比喻人的美德和过失，“瑕不掩瑜”是说缺点不足以掩盖优点，“瑕瑜互见”是说优失都有。当然，“瑕疵”不可误写成“暇疵”。

fá 罚

罚——fá，惩罚的意思。
罹——lí，遭遇或忧愁的意思。
罗——luó，捕鸟的网或料理、陈列之意。

“罚（fá）”字的构成是“持刀骂人”，还没有挥刀伤人，引用为犯法并不重的一些惩处，原本是指较轻的刑处，可以用钱来赎罪的叫作“罚”。一般所称的“罚锾”规定，便是指科处金钱的刑法法规。

“罚金”是指惩罚罪人以金钱的数目；“罚则”是指惩处罪人的法令、法则。另外，“罚”更可以当惩戒的意思，例如“民不罚而畏罪”，或常说的“处罚”便是指一种惩戒的意思。

“罚”还可以指扣减的意思。如“罚俸”，指扣减其薪俸的意思。一般来说，犯罪比较轻的叫作“罚”，而犯罪比较重的便叫作“刑”。

“罹（lí）”的本义是忧愁，“逢此百罹”便是指遭遇到这么多的忧患、忧愁。另外，也当遭遇或遭受之意，例如“罹难”是蒙受灾难；“罹其凶害”是遭遇到它的迫害。“罹祸”是遭受到灾患。

“罗（luó）”本来指捕鸟的网子，后来比喻害人的器具，如“罗网”。引申为招致人才，如“网罗人才”或“罗拔”。当筹集的意思讲，如“张罗”；用在料理、照料时，也作“张罗”。比喻陈列之意时，叫作“罗列”。比喻搜集时，叫作“搜罗”。

一般常把“罹难”写成“罗难”，应特别注意这是错误的。

zhòng

重

重——zhòng，度量之意，或要紧的。
chóng，叠的意思。
种——zhòng，指栽育植物。
zhǒng，指植物的籽。

“重（zhòng）”是人或物的分量，如“体重”“重量”。指重的意思时，即轻的反面，如“轻重”。也有指非常紧要的意思，如“重任”形容责任重大；“重臣”指官吏大臣；“重地”则指要紧的地方；“重点”则指事情要紧的所在，这些都各有所指，而同样都是紧要、重要的含义。

“重典”是严峻的法令；“重力”指地球的引力，“重心”指力量的集合点；“重民”指农民；“安土重迁”指安居一地不轻易迁移。“重”的用法很多，要记住只要是指有分量、要紧的、浓厚的含义，就读作“zhòng”。

“重”另一个读音“chóng”，是双层、叠的意思，如“万重山”“重叠”“重围”。也引申为再、反复之意，如“国土重光”“重整旗鼓”“重见天日”“重复”“重新”“重出”“顾虑重重”“卷土重来”等。它的用法也很多，只是不要读错了！如“重（chóng）量”是再度量一次，“重（zhòng）量”是分量。

“种”读作“zhǒng”，是指植物的籽，叫“种子”；“种种”是各类各样；在“种类”“种族”等词语中都读作“zhǒng”。读作“zhòng”时，是栽育、培育的意思，如“种花”“种痘”“种植”“种瓜得瓜”“种花”等。两个读音不同，用法也差很多，宜加以留意。

yú

竽

竽——yú，是古乐器，和笙相似。
竿——gān，竹的主干。
芊——qiān，草盛的样子。
芋——yù，根茎类植物名称。

"竽""竿""芊""芋"四个字，字形上极相似，但却不易察觉其不同之处，请读者分辨清楚，以免"失之毫厘，差之千里"。

"竽"字，读作"yú"。

"竽"是古时的一种管乐器，形状像现在的笙，是用很薄的铜片做成簧片，装在管子上，吹动时便有声音；竽通常有三十六簧，长约四尺二寸。

有句成语"滥竽充数"，是表示讥讽的词语，指的是没有才学的人混杂在行家间；引申为以低劣的物品充场面。

"竿"字，读作"gān"。

"竿"字指的是竹的主干，如"竹竿"；此外古时书信，也可称作"竿牍"。书写"竿"的时候，千万不要写成"竽"字，"竿"的下方为"干"，"竽"的下方则为"于"。

"芊"字，读作"qiān"。

"芊"字通常当形容词用，乃是形容草盛的样子，如"芊芊"。

同样是"艹"部，下面是"于"的字，我们读作"yù"。"芋"字是根茎类植物名，就是一般俗称的"芋头"，多年生草本，地下茎呈块状，多肉，可食，叶略似荷叶而尖长，花为肉穗花序。

注意"竽""竿""芊""芋"的区别，才不致写错而成笑话。

biàn

便

便——biàn，顺利、安等意。

pián，指物价低廉之意。

遍——biàn，普及或满之意。

“便（biàn）”的本义是安、顺适之意；或比喻不拘束的都可以叫“便”，如“便民”“便衣”“便道”“便饭”“方便”“便利”“便餐”“便酌”等。

“便”又当就、既之意，如“便是”“便如”“便了”。还可以当岂、怎的意思，如“便当作什么”“便不是放弃之意了”。又指人体的排泄物，“大便”“小便”。“便当（dāng）”一词为日文音译，指的是“饭盒”。不过若读成“便当（dang）”，则为方便、便利的意思，也可解为即便、就算。

“便”读作“pián”时指物价的低廉，如“便宜”。而“便宜”又代表得到好处之意，如“占了人便宜”，也代表宽容、放纵之意，如“就便宜了你吧！”形容人身体肥胖的样子，叫作“便便”或“大腹便便”，需注意千万不可读成“大腹 biàn biàn”，是很难听又错误的。

“遍”字读作“biàn”，指一次、两次的可以叫作“一遍”“两遍”。“遍”作动词时，表示满、普通、全面的意思，如“遍及”是指到处分布，“遍历”是各处都到达过之意；“普遍”是普及、周遍的意思。

shí
食

食——shí，作动词用，乃指吃东西。
sì，把东西给人吃，有喂的意思。
yì，古时人名，如“郦食其”。

“食”字，是很常见的字眼，但也有多种读音，用法上也略有不同，分述如下：

一、当“食”字读作“shí”时：

这是一般的用法，即是吃东西的意思，如“君子食无求饱”（语出《论语》）；后来引申有俸禄之意，如“君子谋道不谋食”（语出《论语·卫灵公》篇），这里的“食”字，即指俸禄。

“食”若是抽象一点的解释，就不一定指吃、饮；如“食言”则是说一个人说话反悔之意；又如“食顷”意味着一顿饭的时间，比喻时间短促。

“食”也有亏损的意思，这时则与“蚀”字相通，如“月蚀”即是“月食”。

此外，“食指”是手指中的第二个手指头。至于“食指浩繁”则是用来指家里吃饭而不做事的人口很多，这种用法应该是较为特殊的。

二、当“食”字读作“sì”时：

此时是当动词，意味着把东西拿给人吃，也就是“喂”的意思，如“以待饿者而食（shí）之”（语出《礼记》）。

三、当“食”字读作“yì”时：

这时只用于人名，如汉之左丞相“郦（lì）食（yì）其（jī）”。

最后提醒读者，当我们用“箪食（shí）壶浆”的成语时，古时读作“箪食（sì）壶浆”。

shèng

胜

胜——shèng，超越或古迹等之意。

shēng，肽的旧称。

剩——shèng，有余之意。

賸——shèng，剩的异形字，余留下来之意。

“胜”的繁体字是“勝”，“勝”的写法，下面是“力”字，而不是“刀”字，虽然是小地方，但宜加以区别清楚。

“胜”字读作“shèng”时，可指优美，如“名胜古迹”“胜景”或“胜迹”。最常用的是指超越或失败的反面，如“胜过”“得胜”“胜利”“胜仗”“胜方”等。“胜”也有比喻为盛大的意思，如“胜会”是盛大的集会。

“胜任”则指担任得起，代表“受得住”之意，其他还有如《孟子》的“不违农时，穀不可胜食也”。若是作姓氏时，也读“shèng”。

“胜”字读作“shēng”时，是肽的旧称。

“剩”是指有余、多的，例如“剩余”“剩下”。这时“剩”与“胜（shèng）”同音，但是意义相差很大，不可以写错。

“賸”是“剩”的异形字，与“剩”同样指余留的意思，如“賸余”。“賸语”指文字中不必要的词句。现代汉语中已经不再使用“賸”字。

值得一提的是“乘”与“剩”，“乘”是一种数学上的算法，有如“倍”的意思，如“三乘六”是十八，即三的“六倍”是十八。这便和“剩”差很多，乘是倍数，而剩却是余下、多的，这两字也要分辨好。

pàng 胖

胖——pàng，指身体硕大，肌肉丰满。

pán，指安逸舒适，如“心宽体胖（pán）”。

肥——féi，形容含脂肪多的。

肸——xī，形容声响或香气散布。

“胖”字，读作“pàng”，属“月”部。

“胖”是一个极普通的字眼，是指身体的硕大与肌肉丰满而言，如“胖子”。

此外在京剧里有一种服饰叫作“胖袄”，因在唱大花脸时，必须身躯庞大，才够威风，所以在戏袍里常衬穿厚厚的棉花垫（马甲），这种马甲就是“胖袄”。

“胖”又可读作“pán”，这是指安逸舒适之意；如成语中形容一个人心无愧怍、忧虑，胸怀自然广大舒畅，身体便觉安闲舒坦就叫作“心宽体胖（pán）”，一般人常读成“心宽体胖（pàng）”是不对的。

“肥”字，也是寻常字眼，读作“féi”，属“月”部。同样是用来形容肌肉丰满而言，但必须有所区分的是：“胖”字一般是对人而言；而“肥”字则通常是对动物而言。

除此之外，用在“肥料”“肥皂”等方面，当然只能用“肥”字。

“肸”字，就较为少见，读作“xī”，同属“月”部。

“肸”古文中用于形容声响、香气散布四溢，如“芳馥肸肸”。“肸肸”二字连用，则是用来形容笑声散布的样子。

jìng

胫

胫 ——jìng，指人体从脚跟到膝盖的部位。
迳 ——jìng，指通道、通路。
径 ——jìng，指小路。

“胫”字，读作“jìng”。

胫，指的是人体从脚跟到膝盖的部位而言，一般俗称“小腿”。

除了人体的小腿部分称“胫”外，鸟兽的腿部也叫作“胫”，如《庄子》：“凫胫虽短，续之则忧”；另器物的脚，也可叫作“胫”，如刘昼《新论·荐贤》：“珠无胫而行”。所以后世用来形容物品或诗词文章风行一时，就称作“不胫而走”。

值得一提的是，“不胫而走”本意是指没有腿也能行走，比喻事物不用推广，也传播得很迅速。可是有些人竟把它误写成“不径而走”，同时误解成没有路也可以走的意思，如此和原义实在相差太远了。

提到“迳”字，同样是读作“jìng”，多用于地名，如广东省的“迳头”。

“迳”的繁体字是“逕”，原指道路、通路而言，而事实上与“径（jìng）”字乃是同一字，我们可从许多古诗中得到验证，如杜牧《山行》：“远上寒山石迳斜，白云深处有人家。”再如李华《仙游寺》：“舍事入樵径，云木深谷口。”由上可知，显然“迳”与“径”是相通的。

最后要再提醒读者的是，不要再将“不胫而走”写作“不迳而走”或“不径而走”了。

jiāng
将

将——jiāng，作动词、副词用，如“将来”。
jiàng，作名词用，将士。
qiāng，作请求解释。

捋——luō，取下、抚摸。
lǚ，用手抓住物体的一部分，向其他部分移动。

埒——liè，指短墙、小堤。

酹——lèi，泼酒于地以祭神。

“将”字，是极普通的字眼，但要提醒读者的是，这字随意义不同而有三种读法：

“将”读作“jiāng”时，作动词、副词，如“将来”“将养”“将要”。

“将”读作“jiàng”时，作名词用，如“将士”，但注意，“将军”虽也作名词，却要读作 jiāng。

“将”读作“qiāng”时，作请求解释，如成语中“将伯之助”，是说求助于人。

“捋”字，读作“luō”。“捋”是用手握住东西，向一方移动；或是把套着的东西取下，如“戒指捋下来”，如“捋胳膊”是拉袖露臂，准备动手的样子。

“捋”字还有另一个读音，是“lǚ”，指用手抓物的某一部分，向其他部分移动，此外亦当抚摸讲，如“捋胡子”；用来比喻触犯恶人、危险之事，就叫作“捋虎须”。

“埒”字，读作“liè”。“埒”当名词用时，是指短墙而言；此外又当界限讲。“埒”亦作形容词用，当相等讲，如“相埒”则表示二者间实力相当。

最后再介绍一个同样有“寽”字的字。

“酹”字，读作“lèi”，是指把酒泼在地上祭神，叫“酹酒”。苏轼《念奴娇》中的“一尊还酹江月”的“酹”字即是此意。

qīn 亲

亲——qīn，是指情意密切而诚挚之意。
qìng，是男女两姻家的父母，对彼此的称呼。
钦——qīn，以前对皇帝的尊敬词。

“亲（qīn）”的本义就是“至”，指情意密切而诚挚之意。父母叫作“双亲”或“父母亲”，因为人的一生中，便以父、母对我们的照护最密切而周到，关系最诚恳挚爱，所以中国人自古以来面对很多事情、为人处世之道，也都以一个人对父母的态度作为取决标准，如“不慎乎亲，不信乎朋友”“忠臣出于孝门”“百善孝为先”等都是此含义。

“亲”又泛指所有亲属、族亲，如“六亲”是指父母、兄弟、妻子，“亲戚”“亲属”“血亲”“亲系”等都是。“亲”又代表爱的意思，“亲亲”是说爱己之亲人。“亲”又指婚嫁之事而言，如“相（xiāng）亲”“送亲”“结亲”等。

“亲”还代表自己直接从事而言，如“亲自”“亲手”“亲身体验”“亲政”“亲笔”。“亲朋”是指亲戚与朋友。“亲炙”是亲承教诲。

“亲”读作“qìng”是指男女两家因婚姻关系而对彼此之间的称呼，便叫作“亲家”，如“亲家公”“亲家母”等。

“钦（qīn）”是以前对皇帝尊称的用语，如“钦定”“钦命”“钦此”等。后来引申为恭敬、敬佩之意，如“钦仰已久”是敬仰很久；“钦奉”是恭敬地承奉上；“钦钦”比喻有节奏的钟声，又比喻为忧心忡忡之意；“钦差”则指古代皇帝所派出之大臣。

chā
差

差——chā，指两数相减时所得的数。
chà，作大约、仿佛讲。
chāi，有派遣之意，如“出差”。
cī，作等级讲，如“参差”。
chài，乃是病好康复的意思。

“差”字是很通俗的一个字，但有相当多的读音，用法也随读音而不同，共有五种读音：

一、当“差”字读作“chā”时：

指算术中两数相减后所得的数而言，至于“差别”“差异”则是指两相比较后的不同处而言。

此外又当作缺失讲，如“差错”。“差”又含有还、尚可的意思，如成语中“差强人意”就是说还可以的意思。这时还是读作“差（chā）强人意”。

二、当“差”字读作“chà”时：

意味着大约、仿佛等意思，如“差（chà）不多”。此外又可表示不够好的意思，如“真差劲”。

三、当“差”字读作“chāi”时：

含有派遣之意，如“差遣”；若是接受派遣到远处去办事，则可叫作“出差”。

四、当“差”字读作“cī”时：

则有等级、不整齐之意，如成语中“参差（cī）不齐”，便含有等级的意味，也就是等级之间不整齐。

五、当“差”字读作“chài”时：

这时与“瘥（chài）”字相通，是病好的意思。但一般少用此音。

pào

炮

炮——pào，武器名；或为爆竹。
bāo，一种烹调方法。
páo，一种炮制中药的方法。
泡——pào，水面浮动，含有空气的球状。
袍——páo，长衣，如“棉袍”。

“炮”字，读作“pào”。

不过“炮”其实有三个读音，“炮”读作“pào”的时候，作武器名，如“大炮”“迫击炮”等；也可解作爆竹，如“炮竹”。

另“炮”也可读作“bāo”，“炮（bāo）”为一种烹饪方法，差不多与炒的作用一样，但炮时火要非常大，如饭店中所谓的“炮（bāo）羊肉”，做法便是如此。

“炮”又读作“páo”，是指中药制成的一种方法，把生药放在热锅里炒，如“炮炼”“炮制”。提到“炮制”有句成语叫“如法炮（páo）制”，有些人会读成“如法炮（pào）制”那是错的。

至于“泡（pào）”字，是指浮在水面上含有空气的球状物；一般大的叫“泡”，小的叫“沫”，如“气泡”。此外又可当空虚讲，如“泡影”。

“袍”读作“páo”，是长衣的意思。但有引申义，如“袍泽”是军中同事的称呼。

“庖”字，读作“páo”，古时用于指厨房或厨师，如“庖厨”便是古代的厨房，“庖代”比喻代替厨师做饭，后引申为代替别人做其分内的事。

以上是以“包”为主体的一些字，应注意的是它们之间的读音判别。

xuàn

炫

炫——xuàn，指光辉四射，或向他人夸耀。
绚——xuàn，指光采夺目的样子，或文采华美。

“炫（xuàn）”是光辉四射的意思，例如“炫目”指光彩耀眼的；“炫昼缟夜”则是指白天到晚上都非常明亮的意思。

“炫”字多用在向别人夸耀、向别人夸示的意思，正如有光亮、光采向别人展示一般，但通常是指比较不正当、不为人所称道的展示。例如“炫耀”便是这个意思；“炫酷”是指时尚而引人注目的意思；“炫弄”是指在别人面前炫耀卖弄；“炫客”则是一种新的网络应用技术，常用于创作影视作品在互联网上展示，也用来指创作炫客作品的人。

“绚（xuàn）”本义是指丝织品所结织而成的美丽花纹，所以引申成美好的文饰也可以叫“绚”。称赞一个人的文章华美，气势上与众不同，辞藻华丽精美、成熟，便可以说“其文绚烂”或“词采绚然”。

“绚”大多是用来指光彩夺目的样子，也称作“绚烂”。“绚丽”可用来形容灿烂、美丽的事物。另外，它可以比喻为疾速的样子，例如“绚练敻（xuàn）绝”。

需注意的是，“绚”不要和“珣”混用，“珣”读作“xún”，指东北出产的一种美玉，有时也可以比喻为文采或华丽的意思，千万不可误用。

jiā

浃

浃——jiā，当湿透讲。
挟——xié，倚仗、怀藏之意。
梜——jiā，夹板，筷子。
铗——jiá，冶铸用的钳子。

浃，读作“jiā”。

浃，乃湿透、浸透之意，如汗流满背，全身湿透，称为“汗流浃背”；又当透过讲，如成语中的“沦肌浃髓（suǐ）”，即指感受相当深刻；再如“浃洽”则是指情意相合。

另外“浃”字又可当作轮流一周讲，古时候称十天为“浃日”，也就是天干由甲日到癸日为止，正好十日一循环；同理，古人又称十二天为“浃辰”，即是地支由子日起到亥日止，一周轮完恰好十二天；由此而引申出来的意义颇多，如十日叫“浃旬”，一年叫“浃岁”等。

“挟”字，读作“xié”。意思是说把东西夹在胳膊底下，如成语中的“持弓挟矢”。又可引申为倚仗势力，如“挟制”“要挟”“挟天子以令诸侯”。另可作隐藏讲，如“挟仇”，则是怀着仇恨；“挟恨”则是怀着怨恨在心；“挟带”是藏物在身，意图蒙混过去。

“梜”字，读作“jiā”，是指筷子，也用来指保护书籍的夹板。

“铗”字，读音是“jiá”，指钳子，是冶铸用的器具；也指剑或剑柄，如“弹铗”即指弹剑柄。

xǐ 洗

洗——xǐ，指用水除去脏物。

xiǎn，古时官名；也可作姓氏用；亦是一种小锣。

“洗”字是很通常的字眼，但却有两种读音，至于用法也有多种：

一、当“洗”字读作“xǐ”时：

这是最常用的解释，即是用水除去脏物之意，如常见的“洗澡”“洗头”“洗衣”等；此外如“洗尘”，是指远客初到时设宴款待，意味着洗涤之意，也就是“接风”；“洗礼”乃是基督教信徒入教时，必须举行的一种仪式，后引申为受某种事物的熏陶或影响而改变原有的观念。

“洗”字，又是古时的一种用具，原是专门用来盛装弃水的，后来变成凡是装水的用具就叫作“洗”。通常洗毛笔的用具，就称为“笔洗”。

二、当“洗”字读作“xiǎn”时：

是指古时的一种小锣，像这种“洗（xiǎn)”字特殊的用法，实在不多见；此外古时有种官名叫“洗（xiǎn）马”，当太子出门时，以洗马为先驱。

“洗”（xiǎn）也是姓氏之一，这种姓氏多分布在我国广东省南海番（pān）禺一带。

“洗”字，原是极通俗易懂的字，经过本章的介绍，才知有那么多不同的解释，今后在应用上真可以大大引用。

rǎn

染

染——rǎn，是着色在布上的意思。
梁——liáng，即桥或柱子上的横木。
苒——rǎn，比喻光阴过得很快的样子。
粱——liáng，植物名字。

“染（rǎn）”字不可以多写一点在“九”上，而后面的“粱”则不能少写一点在“刃”之外，这是一般人常忽略而写错的，宜多加小心留意。

“染”字是指把色彩着于布帛上，引申为使物体改变原来的面貌或颜色，如“染布”“染色”“沾染”“染料”。而影响一个人言行、习惯的作为也叫“染”，如“沾染些恶习”或“习染了这个玩意儿”。另外指疾病、病毒的侵袭或沾附，叫“传染”或“感染”“染病”。注意，“染指”则是指不是应得的，但却妄想、妄行，想分得利益或独占之意。

“梁（liáng）”是桥的意思，或指柱子上面的横木，如“梁柱”。比较常用的是姓氏之一，或指地名，如“梁山伯”“梁山泊”，前者乃梁祝故事中男主角的名字，后者乃《水浒传》小说中一百零八条好汉聚集的地方。

“苒（rǎn）”比喻时间过得很快的样子，如“时光荏苒”；也可比喻轻柔的样子，如“苒苒”。

“粱（liáng）”是一种谷类植物名，通常称作“高粱”，是我国北方主食之一；“粱肉”指精美且奢侈的食物。该特别注意的部分：“高粱”不要写成“高梁”，其上半部同样是“刃”的外面还有一点，而不是“刃”而已，但“粱”的下半部为“米”不为“木”。

kè

恪

恪——kè，当谨慎讲。
格——gé，可解成标准、程式或矫正等。
烙——lào，灼、烧之意。

"恪"字，读作"kè"。

"恪"字一般作谨慎、诚敬讲。如我们说"恪守纪律"或"恪遵"等。至于"恪固"一词，则是坚守之意；"恪敏"则是谨慎奋勉；"恪居"就是慎居；"恪勤匪懈"则是说忠于职守、勤奋不懈之意。

"恪"字的读法要当心，不要把它读成"gé"了。

谈到"格"字，读作"gé"。"恪""格"二字，读音与意义极为不同。

"格"字作名词用，有多种解释：凡是方形框就叫作"格子"，如"方格"，因此有人把写文章称作"爬格子"；凡是符合标准的，我们称为"合格"或"及格"；至于"资格"一词，则是指人在工作时，所应具备的身份、条件或经历等；"格言"是指有道理可以依循而行的言论。

"格"字当动词用时，有以下几种解释：如"格物"为推究事物之理；如"格斗"则是指与人互相抵抗、争斗。

谈到"烙"字，读作"lào"，指烧、灼之意。如"烙铁"是烫东西的铁器；"烙印"是用烧热的金属器来烫印文字；"烙饼"则是把饼放在烧热的锅里烘烤。

píng
屏

屏——píng、bǐng，前者是屏障、护卫之意；后者则是排除、斥退之意。
摒——bìng，排除、斥退之意。
拼——pīn，凑合之意。

"屏"读作"píng"的时候本义是遮蔽，引申为遮蔽或护卫的意思，如"屏蔽""屏风""屏障"。设于室内，用以阻挡内外视线的装饰用遮蔽物叫作"屏风"，也有因装饰的不同而称作"画屏""云屏""屏条"等。"屏翰"比喻保卫国家的重臣。"屏"也用在地名上，如台湾省屏东县。

"屏"读作"bǐng"时是排除、斥退之意，如"屏除恶习""屏绝""屏弃"。又代表停止、压制之意，如"屏息静观""屏气凝神"。"屏"在文言文中可读作"bīng"，"屏（bīng）营"形容惶恐的样子。

"摒"读作"bìng"，是斥责、排除的意思，例如"摒除"是排除；"摒挡"是收拾、料理；"摒弃"是排除、舍弃。

"拼"读作"pīn"，是凑合、聚合之意，如"拼音""拼字""拼凑""拼合""拼在一起"等。另外要注意的是，"拼"，也指不顾一切地干，或是比拼，如"拼搏""拼命"等。

dǒu
陡

陡——dǒu，意指斜，如山坡太陡。
徒——tú，步行；从师学习的人；或指空空的。
徙——xǐ，迁移，如“徙居”。
陟——zhì，登高，如“陟彼高岗”。

“陡”，读作“dǒu”。

形容山势峻峭、近于垂直就叫作“陡”，如“陡峭”“陡峻”等。陡字是从“阝”字旁，不要与从“彳”字旁的“徒”字混淆。

提到“徒”字，读作“tú”。一般的解释是步行，如“徒步”；或是指从师学习之人，如“学徒”“徒弟”等；或是当同一类的人讲，如“党徒”“教徒”。另有一词“徒刑”，是指拘禁犯人、令服劳役的刑罚。

“徒”亦可当空讲，如成语中的“徒费口舌”“徒手致富”，都是指空无所凭的意思。

另有一字与“徒”字极为相似，那就是“徙”字。

“徙”字读作“xǐ”。请特别注意它的字形，右边是个“走”字。“徙”字，通常都作迁移讲，如“徙居”也就是搬家。在此顺便提到一则“徙宅忘妻”的故事，是说有人搬家，却忘了带走妻子，于是后人用此比喻做事心神恍惚，荒唐不经事。

最后介绍“陟”字，它的读音是“zhì”。“陟”字只有一种用法，就是作动词，当登、升解释，古时“陟黜”一词，就是指官位的升迁和贬谪；“陟罚”则指奖励与惩罚。

niē

捏

捏——niē，把细碎的东西用手指头揉、搓或抟起来之意。
涅——niè，指黑色的染料。
陧——niè，危殆不安之意。
臬——niè，测日影用的器具。

“捏（niē）”的写法需特别一提，其右边是“日”与“土”的合成，又另一种写法是“臼”与“工”的合成：“揑”，是“捏”的异形字。

“捏”是把散的、细碎的东西用手指头使力地揉、搓合在一起的动作，叫作“捏”，例如“捏像”“捏面人”“捏水饺”“捏馅饼”等。

但“捏”也不一定指用了手才叫“捏”，“捏着鼻子”是形容心不甘、情不愿地做事。“捏一把冷汗”是形容担惊受怕的样子。也表示勉强凑合，如“捏在一块儿”；又表示虚假不实的意思，如“捏造”“捏词”。

“涅（niè）”是黑色的染料，也当作染成黑色来讲，“涅齿”是把牙齿染成黑色；“涅面”是古代一种刑罚，把字刺在脸上再涂黑；“涅槃”则指佛教中肉体死亡而精神归于不生不灭之境地。

“陧（niè）”是形容危殆不安的样子，叫作“杌（wù）陧”。

“臬（niè）”是古代测日影用的器具，又指法度或标准的意思，叫作“圭臬”。“臬兀”比喻不安的意思。“臬台”或“臬司”指古代按察使、司法长官。

qí

耆

耆——qí，本义是老的意思。
蓍——shī，易经用在占卜时的一种草名。
鳍——qí，鱼类游泳时拨水用的器官。
耋——dié，指七八十岁的老人。
耄——mào，指八九十岁的老人。

“耆（qí）”本义是老的意思，一般指六十岁以上的年纪，有的说是七十岁以上，不论是六十岁以上还是七十岁以上，反正都表示老年之意。如“耆宿”是指年高而又有德望的人。“耆艾”指六十岁的人。“耆年硕（shuò）学”比喻年老而又有学问的人。“耆耇（gǒu）”也指老人。“耆旧”则同“耆宿”。“耆腊”指年老的和尚。

“耆”又代表强的意思，如“不懦不耆”即不懦弱也不逞强之意。

“蓍（shī）”是一种菊科多年生草本植物，二三尺高，叶子羽状互生分裂，秋天开花，花为白色或粉红，古人以它的茎来占卜吉凶，所谓“蓍龟”是指蓍草和龟甲同为占卜之用具，可以比喻有先见之明的意思，又叫“蓍蔡”。“无待蓍龟”是说不需占卜便可预知吉凶，比喻事情毋庸置疑之意。“蓍簪（zān）”比喻珍视一些旧的东西。

“鳍（qí）”是鱼在游泳时拨水、定向的器官，有胸鳍、脊鳍、腹鳍、臀鳍、尾鳍等。

“耋”读作“dié”，通常指七八十岁以上的老人，而“耄（mào）”则指八九十岁以上的老人，都是形容老年、老人。“耄”也当昏乱之意，如“耄思”“耄荒”。最常见的是“耄耋（mào dié）”，指的是年纪很大的人。

chǐ

耻

耻——chǐ，羞辱、可恨之事。

齿——chǐ，动物嘴巴咬啃东西的器官。

“耻（chǐ）”就是侮辱、羞愧或羞辱的意思，所谓“知耻近乎勇”是说人能够知道哪些是羞愧的而勇于改过，那便接近勇的意义了。所谓“雪耻”是指洗刷、去除使人的耻辱。

“人不可以无耻，无耻之耻，无耻矣。”是说一个人不能没有羞耻之心，能够知道无耻是一件很羞耻的事，那就不会遭受一些可耻的事了！如此也能“近乎勇”了。“耻”还可以指“以之为辱”，如“士志于道，耻恶衣恶食者，未足与议也”，即是说一个读书人要志于道之研究，若把吃不好、穿不好认为是一种耻辱，那就不必和他讨论、研究什么是道了！另外，耻也指人体骨盘中的髀骨，是为“耻骨”。

“齿（chǐ）”是动物口内啃噬东西的硬质器官，两旁大的叫“牙”，中间小的叫“齿”，一般通称为“牙齿”。比喻人的年龄也叫“齿龄”。比喻像牙齿一般排列的东西叫“齿列”，同时也指与人同等公平之意。对事物之轻视叫“不齿”；讥笑人则称“齿冷”。需要注意的是，“不齿”与“不耻”不可混用，两者意义并不相同；网络上时常有人把“无耻”暗讽称作“无齿”，只是取其音同，最好不要这么用，以免弄错搞混。

“唇亡齿寒”比喻互相依存，休戚与共。“齿亡舌存”则比喻强刚者易亡，而柔弱者常存。

xīn
莘

莘——xīn，属马兜铃科，多年生草本植物，根可作药用，俗称“细辛”。
shēn，乃指众多之意，如“莘莘学子”。
荚——jiá，豆科植物的长形果实。
萃——cuì，形容草丛生的样子，又可引申为相聚一起，而有群、类之意。

“莘”字，读作“xīn”，属“艹”部。

“莘草”，是多年生的草本植物，属马兜铃科。叶形如心脏般，但前端略尖，叶柄极长；春天长出新叶，花色呈紫黑，共三瓣，根可用来作药，即是中药里常见的“细辛”。“莘（xīn）庄”，是地名，在上海。

常听到“莘莘学子”一词，这时“莘”应读为“shēn”，是形容众多的学生。

“有莘（shēn）”是古时国名。此外“莘”（shēn），又可形容长长的样子。

“荚”字，读作“jiá”，属“艹”部。

荚，是一种豆科植物的长形果实，如“豆荚”。

提到“萃”字，读作“cuì”，同属“艹”部。

“萃”乃指草丛生繁茂的样子，同时又有相聚之意。我们常用的“出类拔萃”，是指在丛生的杂草中独树一帜，为超越群伦之意。

è

恶

恶——è，指不善或过失而言。
wù，乃有憎恨、讨厌之意。
wū，用来表示疑问之意，当“怎么”讲。
ě，厌恶（wù）得使人不堪忍受。

“恶”字的读音有四种，不同读音各有不同的含义，分别细述如下：

一、当“恶”字读作“è”时：

是指一切不善的或是过失而言；不过应该对这两者有所区别才对，因为“恶”乃是一种有心之恶，至于无心之恶则应称为“过”才是。所以我们称“恶霸”“罪恶”是居心从恶的。

此外凡是坏的、粗劣的也可叫“恶”，丑陋的也可叫“恶”，或是不祥、凶狠、疾病都可叫作“恶”。

二、当“恶”字读作“wù”时：

是当憎恨、讨厌之意，如“厌恶”“可恶”；此外若指称两国“交恶”乃是意味着彼此不和。

三、当“恶”字读作“wū”时：

是用来表示疑问句，这时当作“怎么”讲，但也只有在古文中才见得到，如“君子去仁，恶乎成名？”（语出《论语》），这个“恶”字即是“怎么”之意。

四、当“恶”字读作“ě”时：

就是说厌恶（wù）得让人无法忍受，如“恶（ě）心”。但要注意，“恶心”读作“è xīn”时，解为邪恶不正的想法。

huán
桓

桓 ——huán，乃是树名，也是姓氏名或作地名；此外还可作威武的样子。

垣 ——yuán，指城墙，也作姓氏或地名。

恒 ——héng，形容持久，也作经常地。

首先让我们区别一下“桓”“垣”“恒”三字的相似而异之处；相似之处是右边都是个“亘（gèn）”字，而左边均不相同，请勿混用。

“桓”字，读作“huán”，属“木”部。

“桓”原是指古代立在驿站、官署等建筑物旁作标志的木柱。“桓”也是姓氏之一，如春秋时代宋国的司马“桓魋（tuí）”；其他如“桓温”“桓玄”皆是历史上熟知的名士。

“桓”的其他解释，如“盘桓”是指徘徊、流连的样子；“桓桓”则是形容武勇的样子。

“垣”字，读作“yuán”，属“土”部。

“垣”是指墙，但“垣”所指的墙是四周，而不止指一面；所以城墙也被称作“城垣”。另“垣堵”乃是形容四周的短墙。

“垣”也是姓氏名，如“垣崎（yǐ）”是秦时一位出名的将军；另又当地名，如“山西垣曲县”即是。

谈到“恒（héng）”字是大家较熟知的，多是指持久、永久之意，如“永恒”“恒心”；“恒”字也作平常、经常讲，如“恒态”“人之恒情”。此外，“恒”也是姓氏之一。

xiào

校

校——xiào，求学的地方。
jiào，订正或改正错误之意。
效——xiào，功用、模仿、尽力等之意。

“校（xiào）”是施教、求学的地方，我国古代因地方之大小及层次不同而把今日统称的“学校”分为几个名称，有“庠”“序”“学”“校”。

自汉朝起，军队的编制便把军官泛称为“校”，今天我国军官的阶级便有“将级”“校级”“尉级”等，校级又分为“大校”“上校”“中校”“少校”。另外，姓氏中也有姓“校”的。

“校”字读作“jiào”时是表示订正、改正文籍错误之意，例如“校正”“校订”“校对”“校勘”。若是指检阅、考试、检查之意，则如“校阅”，国庆之阅兵大典，便是“校阅”的一种。

“效（xiào）”字的用法很多，以功用来说，如“功效”“效果”“效用”“效率”“效能”等。作模仿之意用时，如“效尤”“效法”。以尽力之意来用，如“效命”“效忠”“效劳”等。

xǔ

栩

栩——xǔ，树木名。
诩——xǔ，是说大话之意。
翊——yì，当辅佐、帮助。
翃——hóng，虫飞状。
翎——líng，鸟翅和尾上的长羽毛。

“栩”字，读作“xǔ”。

“栩”是树木的名称，指栎树，是为栎树的别名。用来形容生动逼真，则可用“栩栩如生”或“栩栩欲活”。

“栩”字是“木”部，若换成“言”部，就变成了“诩”，虽然读音还是“xǔ”，但意义却不同。

“诩（xǔ)”是说大话的意思，如常用的“自诩”，是自夸之意；“诩诩自得”，则是自己说大话而认为了不起的意思。此外“诩”字，又可当普遍、普及讲。

“翊”字，读作“yì”，切不可读成“yǔ”。

“翊”字当辅佐、帮助讲，如“翊赞”则是帮助。也有恭恭敬敬之意。古时“翊”“翼”二字可通用，如“翊翊”也就是“翼翼”，是飞翔的样子。

“翃”字，读作“hóng”。是较少见的字，通常解作虫飞，在白话文中是极少用的。

“翎”字，读作“líng”，是指鸟翅和尾上的长羽毛，称作“翎羽”。又清朝褒赏有功者的冠饰，即称作“翎顶”。“白翎雀”是“百灵鸟”的别称。

shū

殊

殊——shū，特别、不同的意思。
诛——zhū，杀戮、惩治之意。
姝——shū，形容女子美貌之意。
洙——zhū，地名。
株——zhū，计算植物的单位。

“殊（shū）”的本义是指身首分离之意，古代斩刑、斩首即叫“殊”或“殊死”。引申为拼命、决死之意，如“殊死战”。比较常用的是形容不同的、相异的，如“殊途同归”。“殊常”则为“不寻常”，即不同、不一样的。

另外常用在指特别、异常的，如“殊功”“特殊”“殊荣”“殊异”“殊勋”。“殊行才绝”指超特的品行与卓绝的才能。“殊遇”是特别优厚的待遇。唯一要注意的是其读音，不可读作“zhū”。

“诛（zhū）”是申讨的意思，如“诛心”“诛讨”“诛奸”。“口诛笔伐”则指以言语和文字来揭发、声讨他人的罪状。“诛茅”则指剪除茅草之意。“诛”也是惩治、杀戮之意，例如“天诛地灭”。

“姝”是形容女子面貌姣美艳丽，如“姝丽”“姝女”。其读作“shū”，不是“zhū”，也不可写成“殊”字。

“洙（zhū）”是地名，“洙水”在山东省曲阜县内，当然不可以误写成“姝”或“殊”。

“株（zhū）”是计算花草树木的单位，如“一株枣树”。另外“株连”指罪相牵连之意；“株守”是困守之意。

huǎng

晃

晃——huǎng，是明亮的意思。
huàng，指摇摆不定之意。
幌——huǎng，解作窗帘。
晁——cháo，姓氏名。
榥——huàng，读书用的床。
滉——huàng，摇动的意思。

“晃”的读音是“huǎng”，本义是明亮的意思，即太阳（日）的光辉（光）在照耀。“晃朗”即是光亮、明亮之意。光线太强而使人眼睛睁不开便叫作“晃眼”。

形影闪动、一瞥即逝也叫“晃”，如“一晃就不见了”。“晃晃”则形容闪闪发光之意，如“油晃晃的”。还有地名晃县在湖南省。

另一个读音是“huàng”，形容摇摆不定之意，如“晃荡”。也可以表示时间过得很快，如“一晃又一年了”。也表示摇动的样子，如“晃一晃”。

“晁”字由“日”与“兆”组成，读作“cháo”，是姓氏之一，“晁错”是汉景帝时的御史大夫。

“幌（huǎng）”字是帷幔，“幌子”指挂在酒店门外的招牌或标志，以招徕顾客、引人注目，又比喻为装点不同，以炫人耳目；或以言语行为蒙骗人耳目也叫“幌子”，引申为专门修饰外表呈现予人，也就是“装门面”的意思。

“榥（huàng）”字是指窗口、窗棂，也指古时候读书人读书用的床，叫作“书榥”，并非招牌或旗子，不可以和“幌”搞混。

“滉（huàng）”字是“晃”的异形字，指摇动之意，现代汉语以“晃”为通用字。

yè

晔

晔——yè，光照着的样子。
烨——yè，光盛的样子。
哗——huá，吵闹，如“喧哗”。
huā，状声词。
桦——huà，一种落叶乔木名。

“晔”字，读作“yè”。

这个字特别要注意的是读音，因右从“华”字，所以常会错读成“huá”。晔，是从“日”、从“华”，就本字而言，正表示着艳阳高照，灿烂光华，如“炳晔”“晔耀”，则是表示阳光普照；“晔晔”则用来形容盛大貌。

“烨”字，读音也是“yè”，意义与“晔”字相近，指火光盛大的样子或光彩鲜明的样子。古人曾改“烨”字为“爗”，是因满清时代避讳康熙皇帝之名“玄烨”的“烨”字。

“哗”字，读作“huá”，意指大声吵闹，如“喧哗”。成语中有句“哗众取宠”，就是以迎合众人的言语或新奇的言论来博取他人的宠爱。其他如“哗吟”，是高声吟咏。“哗变”则指部下叛变、群众暴动。

“哗”字，读作“huā”时，乃状声词，如“哗啦啦”可形容雨声和水流声。

“桦”字，读作“huà”。它是一种落叶乔木，高约三丈，色呈白而厚，但质轻软，所以古人用作鞍镫、刀靶等物。“桦”亦是地名，如我国的“桦甸县”；库页岛，日本人称之为“桦太岛”。

yàn

晏

晏——yàn，安静、安顺之意。
宴——yàn，乃是有逸乐苟安之意。

“晏”字，读音是“yàn”。

“晏”是晚或迟的意思，古时如形容人起床很晚，就叫作“晏起”；或是说人很晚才睡觉，也可称作“晏眠”；至于形容天快要黑的时候就叫作“晏晡（bū）”。

此外，“晏”可指天空晴朗无云，如“天清日晏”；“晏”也指平静、安和，如“晏如”乃是安谧；“晏晏”即是安和柔顺；成语中的“河清海晏”则是比喻太平盛世。另外称古时帝王崩逝，就称作“晏驾”。“日晏”是日光清朗、太阳升起很高。

同样读作“yàn”而且字形相像的“宴”字，也有“安”的意思，另又指以酒食款待宾客而言。

“宴”字，当快乐讲时，如《诗经》中的“宴尔新昏（婚），如兄如弟”。又可当作闲适讲，如“宴居”。此外“宴坐”即是静坐；“宴寂”乃是取自佛家之言，安然入于寂灭之意，即是逝世。

除此，“宴”字还有以下的用法：如“宴宴”是安乐的样子；“宴飨（xiǎng）”，也作“宴享”，是古代天子大宴群臣；“宴安鸩（zhèn）毒”意味着贪图安逸的人，如慢性服毒一样；而“宴尔新婚”，则是祝贺人结婚之意。

“晏”“宴”两者间还是有点区别的，前者主要指平和、晚迟之意，也作姓氏（如宋代词人“晏殊”）；而后者则多用于宴饮游乐上。

yùn

晕

晕——yùn，指日月周围的气；亦指光影或色泽四周模糊的部分。

yūn，就是昏倒的意思。

煴——yūn，火不生光焰，但有浓烟。

“晕”字有两种读法，属“日”部。

一、当“晕”字读作“yùn”时：

是指围绕着太阳或月亮四周的光环，如“日晕”“月晕”。“晕”的出现，通常被视为风雨来临前的征兆，在古人的诗句中常常可以得到验证，如孟浩然《彭蠡湖中望庐山》中“太虚生月晕，舟子知天风”一句可得证。

此外，“晕”也是指四周模糊的光影和色泽而言，如“霞晕”“墨晕”“光晕”。

“晕”当动词讲，是头脑发昏的意思，如“晕船”“眼晕”。

二、当“晕”字读作“yūn”时：

即是昏倒的意思，如“晕倒”；或是指因外在环境影响而产生昏乱的感觉，如“晕头转向”。头昏眼花也叫作“晕”，如“晕眩”。

“晕”的用法，随读音不同而有所不同，必须分辨清楚。

另介绍“煴”字，读作“yūn”，属“火”部。一般人常会误读成wēn。“煴”是指火不生光焰，但有浓烟，此外别无他解；也可读作“yùn”，同“熨”，“煴斗”即是“熨斗”的俗称。

pàn

畔

畔 ——pàn，田界或边侧的意思。
畛 ——zhěn，田中的小路。
毗 ——pí，帮助、连接之意。
略 ——lüè，要义、疏忽之意。

“畔（pàn）”字本义是田边的界限，即田界之意，叫作“田畔”。或指旁边、边侧之意，如“桥畔”是桥边；“枕畔”是枕边；“耳畔低语”是耳边窃窃私语。

又指水边、岸边之意，如“池畔”“湖畔”“河畔”“江畔”。“畔岸”则指边际之外，又比喻自我放纵之意。“畔”字在古时也当作“违背”或“背叛”，与“叛”字相通，如“畔约”是“叛约”；“畔逆”通用“叛逆”；“畔道”是违反道理；“畔援”则比喻人的蛮横。

“畛”字读作“zhěn”，是指田中的小路，后也引申为界限之意。最常用的“畛域”是指范围，也是指界限。

“毗（pí）”字本来指人的肚脐而言，现在已很少用。一般引申为辅助、连接之意，例如“毗佐”“毗连”。也作佛教中佛的名称，如“毗蓝婆”。

“略（lüè）”字则是指要义、要点，如“大略”。形容简单的意思叫“简略”。用在疏忽的意思，为“忽略”。又作“稍微”之意讲，如“略知一二”“略胜一筹”“略略”。而“略人”或“略地”则指掠夺之意。

bà

罢

罢——bà，停止、完毕、免除等意思。
霸——bà，称雄、强横的意思。
罣——guà，牵绊、阻碍、挂念的意思。
坝——bà，阻止水势的堤岸。
灞——bà，水名。

“罢（bà）”是停止的意思，如“罢休”；“欲罢不能”是想停却停不下来；“罢市”“罢工”“罢手”“罢课”都是作停止的意思用。表示完毕的意思时，如“吃罢了再说”“说罢了便打”。

还可以当作免除的意思用，例如“罢官”“罢黜”“罢免”“罢职”。

当说话的疑问、句尾，含有商量、叮咛等口气时也用到“罢”，此时读作“ba”，例如“改天罢！”“就这样罢”等。“罢”在古时还有一个读音“pí”，是指疲劳的意思，与“疲”字相通。

“霸（bà）”是指在某地作恶称雄的人，叫作“恶霸”；指强横的意思则比较常用，如“霸占”是占为己有，“霸气十足”是形容人的专横；“霸道”一来指以极权统治人民之方法，二来指人的蛮横无理。

“罣（guà）”若因事的牵绊而犯了过失，则如“罣误”。“罣碍”指阻碍或心中有所牵挂；用来比喻挂念时，叫“罣念”。

“坝（bà）”是指筑堤岸来阻止水势，如“水坝”，而“坝工”则指筑堤防的工程或工人。

“灞（bà）”是河川的名字，如陕西省的“灞水”。“灞桥折柳”指离别的意思。“灞桥驴背”比喻诗人的雅兴。

shuò
铄

铄——shuò，用火来熔化金属物。
烁——shuò，光线闪动的样子；亦作日光强烈。
砾——lì，乃是指碎石子，如“瓦砾”。
泺——luò，用作水名，如“泺水”位于山东省历城县。

以“乐”字为主体的“铄”“烁”“砾”“泺”，其中“铄”“烁”二字较为相近。

“铄”字，读音是“shuò”，属“钅”部。“铄”，是指用火来熔化金属物。成语中有一句“众口铄金”，乃是指众人之口足以销熔金属物，用来比喻人言可畏。

“铄”字有时可当作盛美之意；“铄铄”即指光明的样子；另外用来形容天气极为酷热，则用“铄石流金”。

与“铄”字音同义近的“烁（shuò)”字，除了用来指光线闪动的样子，更可用来称颂他人的德行盛美，如“烁德”；此外，“烁日”是指阳光强烈。“闪烁”是指一个人说话游移不定，也可指光线摇摆不定。

“砾”字，读音是“lì”，属“石”部。

“砾”，是指碎石而言，如“砂砾”“石砾”等。此外如“砾土”是指由砾岩分解而成的土壤，含砾石很多，并不适合耕作；“砾岩”即是水成岩的一种，由砂砾及水蚀圆石子胶结而成。

“泺”字，读音是“luò”，属“氵”部。“泺”是水名，即“泺水”，位于山东省历城县。此外“泺”字又可读作“pō”，此时同“泊（pō)”。

chéng
乘

乘——chéng，四则运算之一种；又当驾、坐、借着之意。
shèng，一辆车由四匹马驾着，称之“一乘”。
趁——chèn，乃是指因时便而利用机会从事某事而言。
逞——chěng，指卖弄，如“逞能”“逞强”。

“乘”字，读作“chéng”，属“丿”（撇）部。

乘，是加、减、乘、除四则运算中的一种，即是“乘法”，是指用一个数去使另一个数成为几倍，如五乘三等于十五。

“乘”又是驾、坐之意，如“乘车”“乘船”；此外“乘坚策肥”是说驾着坚车、骑着肥马，形容生活富裕豪奢。当“乘”字作借着讲时，有“乘虚而入”“乘人不备”等词。

“乘”字也是姓氏之一，如汉代有乘弘。

“乘”字读作“shèng”时，是指由四匹马驾一辆车之意，这是古时的一种称法；如“万乘之国”乃是用来比喻大国。

另一个“趁”字，读音是“chèn”，因为同样含有“乘（chéng）”之意，所以容易混淆。但“趁”字多少含有因时便而利用某种机会从事某事，如“趁火打劫”，是乘人之危之意，这时便不能写成“乘火打劫”了。

“乘（chéng）”乃是借着，“趁”是利用某种机会，二者间实有含义上的不同。

“逞”字，读作“chěng”，属“辶”部。逞，当动词用，有卖弄之意，如“逞强”“逞能”“逞辩”等。

shì

舐

舐——shì，用舌头舔食物的意思。
舔——tiǎn，用舌头掠取、接触食物的意思。
掭——tiàn，挑动、挑拨灯草的意思。
忝——tiǎn，表示自我谦虚的意思。

“舐（shì）”的意思是指用舌头来卷起或舔东西，但是它的用法却很有弹性，例如“舐糠及米”是把糠壳舔掉之后便是米了，引申成逐渐侵蚀、得寸进尺。

“老牛舐犊”则是指老牛细心地照顾小牛，比喻父母疼爱自己的子女，或爱子心切的意思。

还有一个比喻，“舐痔得车”，是指一个人不惜用卑贱、谄媚的行为去得到好处或财富，连“用舌头去舔人痔疮”的事也能做。

“舔（tiǎn）”是指舌头接触、掠取的意思，同样是舌头的动作，但是与“舐”字不同。例如“舔嘴唇”“舔东西”等。另外，要注意这个字与下面的“掭”字或“忝”字的写法相同，是“⺗”而不是“水”。

“掭（tiàn）”当挑动、拨动灯草的意思，那支用来挑动的棒子便叫作“灯掭”，指那个动作叫“掭灯”。还有写书法时，把毛笔往砚台上蘸墨水，叫作“掭笔”。凡是用手或借东西去挑、去拨、去动的动作，都可以叫“掭”。

“忝（tiǎn）”是自谦词，如“忝眷”，是婚事举行时，双方主婚人的自称。“忝列门墙”是说自己列位于某老师之门下的自谦词。

jī
积

积——jī，累聚、储存。
迹——jì，指痕迹或过去的留存。
债——zhài，指欠人家的意思。

“积”，读作“jī”，指以数学上的乘法所演算的得数，也叫作“积数”。另外，一种高等数学的科别叫“微积分”，乃“微分学”与“积分学”的合称。

通常“积”都用在指渐渐累积、聚合的意思，例如“积水”指水累聚而形成不流动的水滩。“积欠”指累次积久的欠债而言。“积年”则指历年的意思。

也有作名词使用时，如“积木”指孩童所玩的一种玩具。“积蓄”则指聚合的钱财。“积极”则指主动进取的意思。“积弊”是相沿而久聚的一些弊病。

“迹”，读作“jì”，指过去的留存或痕迹，如“事迹”，而一般所说“古迹”是指古代的遗迹。但“迹”与“绩”用法是截然不同的，不可写成“成迹”或“古绩”！

“债”，读作“zhài”，主要指欠人家的钱；“债主”指把钱借给别人的“债权主人”；“债权”便是指法律上放债放款的人，他所应该享有的权利。

“债台高筑”指欠债很多，而且越积越多的样子；“债”有时候又比喻成无形的亏欠，例如所谓的“感情债”。这个“债”字如一个“人”背负了“责任”，因为有所积欠，便有责任的归属，这个责任便是要还债。

jiǎn

笕

笕——jiǎn，用巨竹连接，来导引水流的管子。
苋——xiàn，蔬菜植物名，一年生草本植物，其茎叶皆可供作食用。

“笕”字，读作“jiǎn”，属“⺮”部。

“笕”字的原义是指用巨竹相互连接，架在地面上，用来导引水流的管子而言，这种取水的方法，到今天大概在山地还存有，其他地方早已淘汰了。这样连接起来的管子就通称为“笕筒”或“竹笕”。

提到“笕”字，一般所熟悉的并不是前述的“笕筒”，而是地名“笕桥”。笕桥，位于浙江省杭县东北方大约十里处，乃以丝及药材元参、麦冬为特产，中国航空学校即设在此地。

“苋”字，读作“xiàn”，属“艹”部。

“苋”字的读音要留意，因为少见，而常被误读成“jiǎn”或“jiàn”。“苋（xiàn）”，是一年生草本植物，属蔬菜植物名，其茎叶皆可供作食用，即是俗称的“苋菜”，高一尺多，叶呈卵圆形，有红、绿两种颜色。

另有一种野菜“马齿苋”，即俗称的“猪母菜”“长寿菜”。“苋”字，除当作植物名之外，别无他用，但因与“笕”字相似，故提出比较，才不致混淆。

zǐ

笫

笫——zǐ，乃是用竹子编成的一种粗席子。
第——dì，大住宅；亦是姓氏。

“笫”字，是个极少见的字，所以有些人不知如何读它，“笫”的读音是“zǐ”。

乍一看之下犹如“第”的“笫”字，是一种竹子编成的粗席子，因为席子是铺在床上的，所以称床也叫作“笫”；如有段话说：“床，陈楚之间谓之笫”（语出扬雄的《方言》）。《左传》中也有这么一段：“床笫之言不踰阈（yù）”，意思是说在闺房里说的悄悄话，不宜传到门窗外。于是后来用来比喻夫妇之间的事，就叫作“床笫之私”。

“笫”字的解释大概只有这种说法，此外用上的机会并不多，有时出现，却会被一般人误认为“第”字，如“床笫”，总有人读成或干脆写成“床第”，这样又更埋没了“笫”字。

“第（dì）”字，是个相当普遍的字眼，在此不作详述。但要注意的是“第”字有个特殊的用法，就是常用在姓氏上，且一般用作复姓，如“第二”“第五”“第八”等。这种特殊的姓氏举例如下：东汉时的大儒“第五元先”，据说大学者郑玄还曾拜第五元先为师；东汉长陵的“第五伦”，汉章帝时擢为司空，正直清廉，乃汉代名臣。

最后还要强调一点，不要再把“笫”字写成“第”，否则“笫”字将更无人可知了。

qiàn
倩

倩——qiàn，指美好的意思。
凊——qìng，寒冷的意思。
清——qīng，查明、算明白等之意。

“倩（qiàn）”是美好的意思，原是用于男子的美称，后来演变成以指女子为多。而比喻美好之意时，例如《诗经》名句“巧笑倩兮，美目盼兮”即是。“倩妆”指美丽的妆束。“倩影”指美女的身影，也代表月亮的影子。

“凊”是设法使热的变凉的意思，如“冬温而夏凊”出自《礼记·曲礼上》，乃指在寒冬时为父母温暖被褥，暑热时为父母扇凉床席，“冬温夏凊”后来用以称赞子女事亲至孝。需特别注意的是，“凊”是“冫”部且读作“qìng”，不是“氵”部并且不能读作“qīng”。

“清（qīng）”的意思与用法很多，“清平”是指清明平静；用在洁净、明白的意思比较多，如“清楚”“清白”“清洁”“清查”“清朗”“清静”等。也用以形容一个人的脱俗超凡，如“清逸”“清风”“清高”“清秀”“清寒”“清闲”。

“清淡”比喻生意不旺盛或清明淡雅之意。“清算”是彻底地算清楚。“清朝”则是我国最后一个封建王朝。

总之，“倩”“凊”“清”三者都含有“青”字，但读音均不相同，用法更是有很大差别，可别弄错了。

shū

倏

倏——shū，时间快速、短暂。
儵——shū，时间短促。
条——tiáo，植物的细长枝；亦为量词。
攸——yōu，水流急促的样子。

“倏”字，读作“shū”。

“倏”的本义是形容狗奔跑急速的样子，今引申作时间消逝快速之意。如书信中常用“倏逾匝月”，是说很快又过了一个月；此外常用的“倏瞬”“倏忽”都是用来形容时间疾速、短促。

“儵”也读作“shū”，是“倏”的异形字。

谈到“儵”字，是平时较少见的字眼，所以也不另加赘述，只要注意“倏”就可以了。

“倏”字，不可读作“条（tiáo)”，在字形上“倏”“条”二字有些相像，所以常因疏忽而混淆。

“条”是很平常的字，但因与“倏”字相似，所以也顺便一提。

“条”字，读作“tiáo”。

“条”的本义是指植物的细长枝，如“枝条”“柳条”；此外另有许多引申义，如“条文”“条约”“条款”等。

最后提到“攸”字，可能有许多人不会读，或干脆读作“xiāo”。这个字的正确读音是“yōu”。原义是水流急促的样子。此外“攸攸”是形容辽远的样子。

hòu

候

候——hòu，本义是望的意思。

侯——hóu，姓氏、爵位等名称。

喉——hóu，指咽头和气管之间的部位。

“候（hòu）”的本义便是望，古代的哨所、守望台之类的便叫作“候”。所谓“亭候”即以前作为驿站、瞭望之用的建筑物。也代表等待、访问之意，如“恭候光临”“候教”“候示”均是表示静待别人指教、拜访之意；“造府拜候”也是“候驾”“候命”等之同义词。

“候”又用来表示占卜、诊断之意，如“占候吉凶”“候脉诊病”。表示情状病况，叫“症候”。代表时令、季节时，如“节候”“候鸟”“气候”“候虫”。又等待叫“等候”；探望的时候可用“问候”。

“候”字要先注意的是与“侯”的差别，即“侯”只是一个“人”，“候”则多一竖在“人”的旁边，上面所说的“气候”“问候”等，均不可写成“气侯”或“问侯”等。

“侯（hóu）”本是指古代射箭时所用的箭靶，用虎皮做成的叫“虎侯”。常见的是爵位中的第二位，即公、侯、伯、子、男的“侯爵”。“诸侯”则指天子之下，各国封地的君主而言；姓氏之一也有“侯”姓。“侯门”则比喻为贵显之家。

“喉（hóu）”字没有一竖在“亻”之旁。即“口”与“侯”，不是“口”与“候”。“喉”指人的咽头和气管之间的部位。“喉舌”比喻要害或关键，“咽喉”也可以比喻关键或致命部分。

chòu
臭

臭——chòu，指不好的名声，或难闻的气味。
xiù，是气味的总称，与“嗅”字相通。
糗——qiǔ，本义是熬米麦或干粮。
嗅——xiù，用鼻子闻的意思。

“臭（chòu）”的本义是指狗用鼻子去追踪动物气味而言，后来引申为凡是难闻的气味，或是一切有恶臭气味的东西，如“臭虫”“臭味”“臭水沟”等。引申为不好的名声，如“遗臭万年”“臭名昭彰”“臭味相投”。

“臭”也可以形容某些事物的强烈程度，“臭事”是指卑劣不堪的事；“臭美”是讥笑他人自我夸大。

“臭”字的另一读音是“xiù”，可以泛称为气味，也可以指香气而言，与“chòu”正好相反，如“其臭如兰”是指香气如兰。别忘了“乳臭未干”是读“xiù”，“臭”是代表气味，不可读错为“chòu”。读“xiù”时，可以和“嗅”字相通。

“糗（qiǔ）”的本义是指干粮，把米麦熬煮晒干后的粮食，行军时士兵带在身上的，叫作“糒（bèi）糗”。现在常听人说“好糗”或“糗事”等，是将“糗”当成形容词，意思是出丑且不知所措、让人觉得难为情的样子。

“嗅（xiù）”是用鼻子闻的意思，如“嗅吸”“嗅觉”“嗅觉器”“嗅一下”等。

shè

射

射——shè，指用弓发箭以命中目标之技术而言。
身——shēn，指躯体或物的本体。

“射（shè）”是用弓发箭以命中远方目标的技术，是古代六艺之一，即“礼、乐、射、御、书、数”。原义为“射箭”，后来凡是依弹力或机械作用，而使物体达到远方的都叫“射”，如“射击”“射弹”“注射”。

“射程”是弹射东西所能达到的距离。“射”也当光芒照耀说，如“反射”“照射”等。“射雕手”是比喻为射箭技术之能手而言。“射石饮羽”是指射箭者力量之大，把箭射入石头内。其他的用法还有很多，不多作叙述。“射”还有一个不常用的读音“yè”，是指官名，如“仆射”。又指植物名字，“射干”是一种多年生草本植物，秋天开红黄色花，很美，叶如长剑，根可作药。

还有一个读音“yì”，如“无射”是指古代十二音律之一，又可以当作无厌的意思，但今日已不多见。

“身（shēn）”可以指人的躯体叫“身体”，可以指物的本体，如“机身”“船身”“车身”；可以代表我、亲自的意思，如“亲身”“自身”；也代表人在社会上的地位，叫“身份”。“身不由己”是本身失去自主自由。“身家性命”则指全家的生命财产。“身无长（cháng）物”比喻穷困或节俭。“身体力行”是亲自执行。“身轻言微”比喻没地位、没分量。“身经百战”比喻经过很多困难、险阻。

“身毒”指古代印度之名称。

zhòu

皱

皱——zhòu，面上起褶纹。
绉——zhòu，一种织物。

“皱”与“绉”字同样读作“zhòu”，意义上也有些类似，但用法上却有所不同。分析如下：

“皱”字，读作“zhòu”。

“皱”乃是指人的脸部皮肤，因干缩老化而出现褶纹，也就是一般所称的“皱纹”；此外物的表面有褶纹，也称作“皱”，如形容熟透的枣子晒干后，又红又皱，所以被称作“红皱”，这样的称呼还真写实。

“皱”字也可作动词用，如把眉毛挤在一起，就叫作“皱眉”。此外当形容词用时如诗句“磨来冻墨无浓色，典后朝衣有皱痕”的“皱痕”即用来形容衣服的皱褶。

另一个同样读作“zhòu”的“绉”字，是“纟”字旁，所以多少与丝织品有关。

原来“绉”字，本是古时用葛草纤维织成的一种很细的布，后来“绉”便被称作一种丝织品。有种“绉纱”乃是出产于浙江省湖州的有名丝织品，又称作“湖绉”。

“绉”也当动词用，指皱缩之意。

请读者分辨“皱”“绉”二字的用法，大概可以这么说：凡指人物脸部纹路，用“皱”字；指一般丝绸品时，则用“绉”字；但有时也因时地不同而略有斟酌，这该是依据一般习惯而决定的。

líng
凌

凌——líng，积冰、侵犯、乱等意。
淩——líng，跨越；地名、水名。

“凌”字，读作“líng”。

凌，是指水结冰时所凝成的锐利锋角而言，所以古人就把藏冰块的地方叫作“凌阴”。

凌，有时也可当侵犯讲，如“凌余阵兮躐（liè）余行（háng）”一句（语出屈原《九歌》），这里的“凌”就是侵犯之意。另当超越、凌驾之意，形容他人有“凌云之气”。渐渐引申为暴乱之意，如“凌风”即是突发的一阵风；“凌虐”即是欺侮虐待；“凌乱”是指杂乱没条理。最后介绍一词“凌迟”，与前述较无关系，是指古时的一种酷刑。

在描述美人的句子常用“凌波微步”一词，是指美人的步履轻盈，婀娜多姿。此外用来形容水仙花的婉约高雅，称之为“凌波仙子”。

“凌”字若再多加一点，就成了“氵”部的“淩”。

“淩”字同样读作“líng”，是“凌”的异形字。

当用作姓氏时，是“凌”而不是“淩”。

luán

挛

挛——luán，相互牵连的意思，是医学上名词，如“痉挛”是肌肉紧张收缩的现象。

孪——luán，是指双胞胎，如“孪生”。

娈——luán，乃是美好的样子。

鸾——luán，鸟名，即凤凰一类的鸟。

“挛”字，读作“luán”，属“手”部。

“挛”字原义是相互牵连的样子，今已用在医学上名词，如“痉挛”是指肌肉紧张亢进的现象，发作时，肌肉会产生一种不自然的收缩。此外“挛缩”一词，是生理变化的一种现象，这种现象是因为筋肉受到刺激而往复伸缩。

“孪”字，同样读作“luán”，属“子”部。“孪”字的意思是指一胎生两个婴儿，也就是俗称的“双胞胎”，即“孪生”。凡是指双生的孩子，我们就叫他“孪生子”。

以“亦”为主体的除了“挛”“孪”外，还有“娈”“鸾”二字。

“娈”字，读作“luán”，属“女”部。

娈，是指美好的样子，如“娈童”本义是指称美好的童子；“婉娈”则是说委婉柔顺的样子。提到“娈童”，按古时的说法，是供人玩弄的美男子。

“鸾”字，读音也是“luán”，属“鸟”部。

鸾，是一种鸟名，即“鸾鸟”，属凤凰一类的鸟。后人则用“鸾凤”来比喻夫妻。

shuāi

衰

衰——shuāi，变弱的意思。
cuī，倒序。
蓑——suō，用草编成的雨具。
摔——shuāi，弃、丢的意思。
率——shuài，榜样或带领之意。
lǜ，比值，标准。

“衰”读作“shuāi”时是弱的意思，由强盛而趋于微弱的都叫作“衰”，例如指人的年龄愈大、体力便愈弱叫作“衰弱”；指眼力退步也可以叫“衰弱”或“衰退”；指风力、雨势、火力等的事物、现象，凡有减弱的状况，都可以叫“衰弱”或“衰退”。“衰败”指不振作、败坏之意；“衰颓”是没有精神或老化；“衰迈”是老迈。

“衰”另一读音是“cuī”，指依一定等级次序递降之意，如“自是以衰”；另外古时又指丧服名称，同“缞”，“斩衰”“齐衰”均是。

“蓑（suō）”是用草编成的雨衣或笠帽之防雨用具，如“蓑衣”“蓑笠”。

“摔（shuāi）”是弃掷、丢出去的意思，如“摔掉”“摔破”“摔高掷远”，以至“摔角”乃是指徒手角力的运动。还作“跌”的意思用，如“摔倒”。

“率”读作“shuài”时是当榜样用，如“率先”或“表率”；指带领之意，如“率领”“率师”。比喻轻忽的意思，如“草率”“率然”。指坦白的意思，如“率直”“率真”。“率土”则指境域的全部；“率性”是干脆爽快；“率由旧章”就是完全依照旧有的办法。

“率”另一个读音是“lǜ”，指两个相关的数在一定条件下的比值。

chù

畜

畜——chù，乃指所有的家畜而言。

xù，当动词，作饲养、养育之意。

蓄——xù，指积聚而言；亦有藏于心里之意。

“畜”字属“田”部，有两种读音：

一、当“畜”字读作“chù”时：

通常是指受人类所饲养的牲畜动物，所以也称为“畜生”；但“畜生”一词除了指禽兽外，更是对一般缺乏道德修养之人的骂词。

另外“畜”字还有积、止的含义，但今已渐废少用。

二、当“畜”字读作“xù”时：

作动词用，也就是饲养之意，如“畜牧”即是饲养放牧。一般人也把侍奉父母与养育妻儿，称作“仰事俯畜”。

此外“畜”字亦可当容纳、顺从、收留之意，在此不详加介绍。

“蓄”字，同样读作“xù”，属“艹”部。“蓄”字有两种解释：

一、当作积聚之意，如“储蓄”乃是积聚贮藏；“蓄电池”指电流通过电解液中时，起极化作用，利用这极化作用的电动力所制成的蓄电器。

二、作藏于心里之意，如“蓄意”“蓄谋”等词，这是大家熟知的，故不加解释。

总之，“畜”字的两种读音与“蓄”字的两种用法要分辨清楚，不可混淆。

xiāo

消

消——xiāo，指灭绝、散尽而言。
削——xiāo，是夺取、除去之意。
xuē，是夺取之意。
销——xiāo，减损之意；也指熔毁金属。

“消”字，读作“xiāo”，属“氵”部。

消，是指消失的意思，如“君子道长，小人道消”；另有享受或是忍受的意思，如“消受”；也可当排遣讲，如“消遣”；又可当耗费讲，如“消耗”；当除去讲，如“消肿”“消毒”；此外常用在口语的“吃消夜”，也可写成“吃宵夜”，两者通用。

常用的“消息”一词，原是指盛衰荣枯，互为更替，今已引申为音讯、信息之意。“消”当散失讲时，如“烟消云散”。

“削”字，同样读作“xiāo”，也读作“xuē”，属“刂”部。

“削”字读作“xiāo”时，作动词用，指用刀斜削，如“削皮”。

“削”字读作“xuē”时，是夺取之意。如“削木为兵”，乃是说削木头做兵器，指平民革命；再如“削足适履”，是比喻勉强迁就不合适的事物。

“销”字，同样读作“xiāo”，属“钅”部。“钅”字旁的“销”，含有熔毁金属之意，另作减损讲，因此在许多地方是与“消”字相通的，如“销魂”亦作“消魂”。

cén

涔

涔——cén，比喻水多、流不停。
岑——cén，高峻的小山。
吟——yín，把声音拖长的唱，或叹息等意思。

“涔（cén）”的本义是多水的洼地，指水很多或水流不停的意思。“涔涔”即指泪水或汗水不断流下来，或是雨水很多的样子。冠上名词便成为“泪涔涔”或“汗涔涔”等。

“涔”还当心情烦闷、天空阴沉的样子，同样都叫作“涔涔”；若是比喻水旱不定，叫作“涔旱”。

“岑（cén）”是指高峻的小山；比喻楼台很高，叫作“岑楼”；“岑寂”的意思有不同的比方，形容寂静、冷静时，可以说“岑寂”，形容高而且寂静，也叫作“岑寂”，视其用法不同而有不同解释。

“岑”还有一个比喻是代表困顿、胀闷的意思，叫作“岑岑”或“岑岑然”。另外，表示地名，如“岑溪县”在广西壮族自治区、“岑巩县”在贵州省；也是姓氏的其中之一，如有名的边塞诗人“岑参”。

“吟（yín）”最常见的用法是“吟唱”，即发音时把声调拖长，和“唱”的情形相似，或说“吟咏”“吟诗”等。因病而发出的叹息声，是为“呻吟”，迟疑不决的谓之“沉吟”。“吟风弄月”比喻诗人的闲情逸致，或指诗人作诗、读诗之情景。

làng

浪

浪——làng，指大的水波，或指波形的东西。
琅——láng，指美玉的一种。
烺——lǎng，代表火光的意思。

"浪（làng）"是指大水波而言，且因为浪是受风力的影响为多，所以称为"风浪"，同时还可以比喻危险、难测的事情，也叫作"风浪"。

成波浪形的东西也冠有浪字，如"浪板""声浪"；而"麦浪""稻浪"是形容麦或稻田中被风吹得翻伏之意。"浪"也可形容一个人的放纵不拘、无拘无束，例如"浪人"。后来也比喻终日无所事事、四处游荡的人为"浪子"，又可比喻为四处漂泊的人。

"浪孟"是比喻失意的样子；"浪漫"是指无拘无束之意，形容充满感性、富有诗意的，为音译词，例如"罗曼蒂克"，通常也指称文艺的流派，如"浪漫时期""浪漫派"等。"浪迹天涯"则与"浪子""浪人"有些相似；"浪"又可以代表滥用的意思，如"浪费"。"浪得虚名"则指名不副实，徒然得个空名之意。"浪"也是姓氏之一。

"琅（láng）"是指一种美玉的名字，叫作"琅玕（gān）琅"。"琅琊"是古代郡名，在我国山东省，也有人写成"琅邪"。"琅"也形容珍贵的、华美的，如"琅函"是尊称他人之信件。"琅琅"是形容金石相击声，又可表示响亮的读书声等。

"烺（lǎng）"字，指明亮、明朗，比喻火光明亮的样子，多用于人名。

jìn

浸

浸——jìn，指水泡着或逐渐的意思。
侵——qīn，指掠夺、强夺等。

“浸（jìn）”就是浸泡的意思，即是把东西放到液体中，使它湿透。“浸入”是把东西放到水中，又解释为水透进去。“大浸”指大水的意思。“浸种”是农作物在播种前把种子先浸入水中，以使种子充分吸收发芽所需的水分，播种后便能迅速发芽。

“浸”也是渐渐、逐渐的意思，如“浸润”是指水渐渐渗进去而言，比喻为事物逐渐被改变，更形容谗言渐进之意，此意来自《论语》中“浸润之谮（zèn）”，“谮”是诋毁、陷害别人或以言语中伤他人之意。

要注意的是，“浸（jìn）”和“侵（qīn）”不同，其差别很大，部首一个是“氵”部，另一个是“亻”部。

“侵（qīn）”本义是荒年，如《谷梁传》中的“五谷不升，谓之大侵”。最常用的意思是掠夺、强夺之意，如“侵占”“侵略”“侵夺”等。

“侵犯”是为自己的利益而夺取别人的权利而言。“侵扰”是无礼的骚扰。“侵袭”是暗中侵入、袭击之意。

“侵”又指渐进、逐渐之意，如“侵蚀”“侵淫”。另外指秘密出兵攻打别人，叫作“侵伐”。

同样是渐渐的意义，“浸”是如水般地渗入，如“浸染”“浸水”；而“侵”则是遭受、腐蚀的意思，如“侵蚀”，二者是有差别的，不可以弄混。

wā

娲

娲——wā，乃指女娲氏，上古的一位女帝。
蛙——wā，两栖类动物名，属脊椎动物。
蜗——wō，一种软体动物，又名“蜗牛”。

“娲”字，读作“wā”，属“女”部。

娲，指的是“女娲氏”，是上古时的一位女帝名，传说她是一位人首蛇身的女帝；也有一种说法说她是伏羲氏的妹妹，曾经制作过笙簧，同时又规定嫁娶之礼，且订定同姓不婚的法规，因此才使人民的伦理不致混乱。

提到女娲氏，不妨说一段有关女娲氏传说的故事。据说在女娲氏末年，火神祝融打败了水神共工氏，于是共工氏一气之下，竟把不周山撞崩，天柱遭折断，地维也残裂，仿佛是世界末日回到洪荒一般。所幸女娲氏锻炼出五色石来修筑天柱，同时又斩断鳌（áo）的足，把地维重建起来，如此天地才渐渐恢复旧观，重回祥和的社会。

“蛙”字，读作“wā”，属“虫”部。

蛙，是一种两栖类动物名，属脊椎动物，它是由蝌蚪变成，身体短阔，上尖下广，能够捕食蚊虫。也就是一般所知的“青蛙”。

“蜗”读作“wō”，属“虫”部。

“蜗”字也就是一般所熟知的“蜗牛”。它是一种用肺呼吸的软体动物，寄生于草丛或树荫的湿地，有扁圆的外壳，以腹足移动。

此外人们用“蜗角”来比喻细微，所以人称自己居室狭小，就谦称“蜗舍”“蜗居”等。

miǎn

娩

娩——miǎn，妇女生产。
浼——měi，弄脏，也可当请托。
挽——wǎn，在车前牵引之意。
鞔——mán，将皮革张开来，框附在物体四周。

“娩”字，读作“miǎn”，指妇女生孩子，叫“分娩”。

“娩”字在古时，也表示妩媚和顺之意，如形容容貌娇艳美好叫作“娩泽”；形容春光明媚或女子的德行柔顺，则用“婉娩”一词来形容。

“浼”字，读作“měi”。“浼”的原义是弄脏，所以可以假借为侮辱之意；此外又可当请托讲，如“浼人设法”是说请人帮忙。“浼”字当形容词时，是形容水盛大的样子，如“河水浼浼”，是形容河水盛大。

“挽”字，读作“wǎn”。指车前牵引之意。哀悼仪式中常用到此字，如“挽联”“挽歌”等。

“鞔”字，读作“mán”。此字较为少见，指鞋子的侧面，俗称“鞋帮子”；另一词“鞔鼓”，则是说把皮革撑开，附着在鼓的框子上。

“娩”“浼”“挽”“鞔”，虽都有“免”字，但读音与字义却完全不一样，需多加留意。

chěng

骋

骋——chěng，骑马往前直奔，如“驰骋”。
聘——pìn，娶妻纳征称作“聘”，如“聘金”。
娉——pīng，乃指女子貌美而言。

“骋”字，读作“chěng”，乃属“马”部。

骋，是指骑马往前直奔，如“驰骋”。但并不是说“骋”字仅用于马奔之意，此外如舒展、豪放，也都可称作“骋”。

“骋怀”，乃是指开畅胸怀之意；“骋目”是指放眼往远处看；又如“骋辞”是指尽情自如地运用文辞。由上例举的词句含意中，可以察觉出都是由“直奔”之意衍生出来的。

右边旁同样有“甹”字边的尚有“聘”“娉”二字，以下先介绍“聘”字。

“聘”字，读作“pìn”，属“耳”部。

“聘”字是指娶妻纳征的行为，如订婚时男方须赠予女方“聘金”“聘礼”，依然是今日婚俗之一。

“聘”又指邀请有才干之人担任职位，并以酬劳致谢之意，如“聘任”“聘请”；“聘书”即指聘请人员或顾问等所用的契约文书。

在此值得一提的是，“聘”“娉”二字在古时同样被用在聘问之礼，但今已专用“聘”字，而“娉”字渐成他意，注音也变成了“pīng”音了。

“娉（pīng）”，是指女子的容貌极美，如“娉（pīng）婷”即是形容女子容貌体态都秀美轻巧，也用来代指美女。

tāo
绦

绦——tāo，用丝编织的绳带。
涤——dí，乃清洗、扫除之意。

“绦”字，读作“tāo”。

“绦”字，是指用丝织编成如绳样的扁形带子。有一种在脊椎动物肠内的寄生虫，因体形柔软扁长，如丝带一般，所以称作“绦虫”。

提到绦虫，是由很多环节合成，这种虫没有口、眼、肠、胃等器官，是雌雄同体。它只依靠头部的吸附器吸取所寄生动物的营养维持生命。

绦虫对人体为害甚大，种类有三：一是裂头绦虫，二是有钩绦虫，三是无钩绦虫。绦虫的幼虫多年潜藏在牛、猪肌肉之中，所以人们在食用肉类时应煮熟，以合乎饮食卫生。

提到“涤”字，有些人因有“条”字，所以索性读作“tiáo”，这是不对的；“涤”字的正确读音是“dí”。“涤”是指清洗，也可解作清除。如“涤场”就是清扫谷场的意思。

此外“涤涤”一词，是形容草枯水干、山川荡然无存的样子。

最后再作整理并加以提醒：

“绦”读作“tāo”，指扁长丝带。

“涤”读作“dí”，是清洗、扫除之意。

kǔn

壸

壸——kǔn，宫中道路；女子住所之屋。
壶——hú，可放存液体之器物。

“壸”字，读音是“kǔn”。

壸，是指宫廷内部的巷弄、巷道，如“内壸”，也指妻子；或指宫中政事，如“壸政”。又可指事物的深奥之处，如“壸奥”。

除此，“壸”也可作妇女所居的内室，如“壸围”；所以通称妇女楷模叫“壸范”；因此妇女所应遵行的格言规律，也就通称为“壸训”。

汉字相似的字实在是不胜枚举，有些不仅相似，几乎可以说一模一样，往往只是一横一点之差就判若二字，有一个与“壸”字几乎雷同的字，那就是“壶”字。在书写时一不留意就会搞错，不要说外国人，就连中国人都容易混淆。

“壶”字，读作“hú”。

“壶”字本作盛酒浆的器具，后来凡是装液体的大肚器皿，都称作“壶”，如“茶壶”“水壶”，甚至于“鼻烟壶”等。

另外，“壶”也是姓氏，又是地名，如壶关东（在山西省）。有关壶字的成语，例如“箪食（sì）壶浆”是指民众踊跃劳军；再如“悬壶济世”即是形容到处行医，救济百姓。

lìè

捩

捩——liè，将物体用力扭转。
戾——lì，指罪过，亦可当到来讲。
唳——lì，鸟鸣声。
泪——lèi，眼球旁的腺体分泌出的液体。

“捩”字，读作“liè”，属“扌”部，旁边是一个“戾”。

“捩”字通常的用法是作动词，如“转捩”，就是用力旋转之意。“捩”字要特别注意它的读音，是“liè”而不是“戾（lì）”。

谈到“戾”字，读音“lì”。指不合理之事，如“暴戾”；又可当罪过讲，如“罪戾”；此外“戾”字在古时还可当到来讲，如“戾止”，也就是“莅止”。

“唳”字，也读作“lì”。

“唳”的本义是指鸟类鸣叫声。成语中有句“风声鹤唳”，常被用来比喻非常悬疑惧怕的样子。“唳”字，不可以读作“liè”，有些人常会误读，需多加注意。

提到“泪”字，读音是“lèi”。

“泪”是很普通的一个字，意思是从眼球旁的腺体分泌出来的液体，即“眼泪”。用泪字来形容的词句很多，如“泪痕”是指流泪的痕迹；形容痛哭的女孩，就称作“泪人儿”；“泪洒衣襟”，则是形容泪流得很多。

“泪”字是极常见的，所以一般人常会把“捩”“戾”“唳”都读成“泪”是不对的，这点应该特别注意。

qián

掮

掮——qián，用肩膀扛东西。
搧——shān，摇动扇子。
搨——tà，以纸墨拓印。
楯——shǔn，为栏杆。
dùn，通“盾”。

“掮”字，读作“qián”。

“掮”字的读音要特别注意，有些人会把它误读成“肩”字，那就大错特错了。“掮”字本义指用肩膀扛东西，后人引申为“掮客”一词，则是指凡在商场中，替人介绍买卖的中间人就叫作“掮客”。“掮客”这种行业通常是不领薪的，只按销售货物多寡来抽取佣金。

“掮客”这一行业相传起于上海，因外国人初来中国经商，由于语言不同，所以就依靠“掮客”来沟通、介绍而完成交易。如今各行各业几乎都有掮客存在，若用现代化的字眼来说，那就是经纪人。

“搧”字，读作“shān”，是“扇”字的异形字。

搧，是指摇动扇子而产生凉意；此外用手掌来打人的脸也叫作“搧”，如“搧他耳光”经常被用在口语上。现代汉语中，“搧”已很少使用，“扇”字为通用字。

“搨”字，读作“tà”，是“拓”字的异形字，指以纸墨拓印，如“拓本”，“搨”字一般较少用到；另一个是“楯”字，读作“shǔn”，可解作栏杆，如“凭玉楯”；或解作盾牌，为古时打仗用来保护自己的兵器，通“盾”，此时也读作“dùn”。

“掮”“搧”“搨”“楯”字形相似，但字义大不相同，须特别留意。

huáng
黄

黄——huáng，本来指土地的颜色，或用作地名、姓氏。
潢——huáng，指积水的水池。
璜——huáng，半璧形的玉。
皇——huáng，指君主或正大等之意。

“黄（huáng）”的本义是指土地的颜色，因为我国发源于北方黄土高原，所以很多古代事物的代称都有“黄”字，如“黄帝”是上古帝王轩辕氏的称号，代表中国人之祖先，而五行方位的颜色也以黄色代表中央。“黄”也是姓氏之一。

“黄”更代表着高贵，如“黄袍”“黄钺”“黄屋车”“黄榜”都是古代皇帝之用具或事物。但今日却被西方俗称低级趣味叫“黄色”而破坏，如“黄色新闻”“黄色刊物”以至“黄牛”。

“潢（huáng）”指积水的水池，如“潢池弄兵”则比喻不自量力，起兵作乱像孩子们在水池玩耍般。装修、布置则叫“装潢”，但现今却常误用“装璜”这两个字，实应注意。

“璜（huáng）”专指一种半壁（半圆）形的玉，今日被误用作“装璜”，实在令人啼笑皆非，宜加以区分。

“皇（huáng）”除了是姓氏之外，以前多用在指君主，如“皇帝”。引用为光明正大的叫作“堂皇”；对祖先的敬称则叫作“皇祖”；又比喻为匆忙的样子时，叫作“仓皇”或“仓皇失措”。“皇亲国戚”指皇帝的亲戚，也比喻极有权势的人。

要注意的是，除了“装潢”不可以写成“装璜”外，“黄帝”是专指一个人，而“皇帝”则泛称君王。

jiān

菅

菅——jiān，是一种草本植物；亦是轻贱的意思。
管——guǎn，箫、笛一类的乐器。

“菅”字，读作“jiān”。

“艹”部的字多半都是指植物，所以“菅”字也不例外。菅，乃是禾本科多年生草本植物，高三尺，叶子细长而尖，秋天开花，花色青白，结实后有长芒长在外壳，会粘在人的衣服上；此外由于强韧的根部，所以可用来做扫帚，若在水中浸泡一阵，又可编成绳索。

“菅”是一种很低贱的植物，所以《汉书·贾谊传》中有句“其视杀人若艾（ài）草菅然”，意思是说杀人像锄草一般。今人用成语“草菅人命”来比喻轻视人命如草芥，随意加以摧残。

若将“菅”字的“艹”部换成“⺮”部，就成了一般熟知的“管”字了。

“管（guǎn）”的用法可说繁多，但主要是指笛、箫之类的乐器而言。此外又可指凡是圆长而中空的东西，都可叫作“管”，如“油管”“水管”等；同时也指笔而言，如“握管”即是拿着笔。

“管”字引申出的意思很多，如枢要、约束、治理等意。也是姓氏之一，如大家所熟知的“管仲”。

xiāo
萧

萧——xiāo，是草名，也作姓氏。又有冷落、疏散之意。
潇——xiāo，指水名；此外又可形容雨声。

“萧”字，读作“xiāo”，属“艹”部。

“萧”，是草名，属艾蒿一类的植物，所以古人用来比喻不肖之人。

此外“萧”也是古时的国名，位于江苏省萧县；“萧”也是姓氏名，如“萧史”乃是周宣王时的史官名，此人长于吹箫。

另一位历史人物是“萧何”，他是汉高祖的开国功臣之一，汉朝的典章制度多出于萧何之手，后来曹参（cān）为相，一切也都循着萧何的做法，所以历史上称作“萧规曹随”。

在此一提“萧娘”与“萧郎”二词。“萧娘”是唐代女子的通称；至于“萧郎”，则是女子用来称呼所钟爱的男子。另外“萧萧”则是用来形容风声。

同样读作“xiāo”的“潇”字，是水名，即“潇水”，发源于湖南省的九疑山，因注入湘水，所以与“湘水”并称“潇湘”。

此外“潇洒”是用来形容人清高脱俗，且不受拘束的样子；至于“潇潇”则常用来形容寒冷、凄凉或暴风疾雨的样子。

在此做个区别：若形容下雨，要用“潇潇”；若形容风声，则用“萧萧”。

suō

梭

梭——suō，织布时用来牵引横线的工具。
唆——suō，暗中挑动人和人起冲突。
悛——quān，改正之意。
俊——jùn，称人才智或容貌过人。

“梭”字，读作“suō”，通常作名词用，是用来织横线的织布用具，如“织梭”。“穿梭”与“日月如梭”等，则是用来比喻时间快速，皆是引申意。梭字，与下列几个字都有几分相像，只是部首各有不同。

“唆”字，读作“suō”。单字解释是指使他人去做坏事或是与他人起冲突，便叫作“唆”，如“唆使”“教唆”。至于“唆讼”一词，则是挑动别人打官司，也就是教唆他人兴起诉讼案件。唆字是从“口”字旁，应特别注意。

“悛”字，读作“quān”。“悛”字应特别注意的是它的读法，有些人常把它读成“jùn”，那是严重错误。“悛”字是改正的意思，例如“悛改”，就是“改过”；“悛容”，则是悔过的意态。有个成语“怙（hù）恶不悛”，是指一个人做了坏事却毫无悔意。

“俊”字，读作“jùn”。通常用来形容才智过人，叫作“俊杰”；用来赞美人容貌秀美，叫作“英俊”；至于“俊德”，则是用来歌颂大德。

以上四个字“梭”“唆”“悛”“俊”字形都相当相似，但因部首不同而有各异的解释。

piào

票

票——piào，凭证或信物。
飘——piāo，风轻轻吹动之意。
骠——biāo 或 piào，带有白色的黄马。
瞟——piǎo，指用眼睛斜看的意思。
瓢——piáo，像勺的一种盛东西的器具。

"票（piào）"本指一种凭证和信物，因其使用性质不同而名称各异。在今日工商自由贸易的社会更是常使用到，最早是"银票""钞票"，是代替金银钱币的纸张凭证，为了携带方便及交易计算的方便而设，今日发达的工商社会，更有所谓"汇票""支票""本票"等所谓的"信用证券"。

"选票"则指选举时的圈选票券；关于票据的法律叫"票据法"等。票在古代常通用"剽"或"嫖"字，例如"剽姚将军"也写成"票姚"或"嫖姚"，现代汉语中已不再通用。

"飘（piāo）"本义是旋风，叫"飘风"。引申为被风轻轻吹动或吹摇的用法，如"飘飘""飘摇"；更比喻为一个人行动轻快，如""飘逸"等。

"骠"字读作"biāo"时，本义是带白色毛的黄马；读作"piào"时，引申为勇健强悍或马跑得很快的样子，如"骠勇""骠骑"。

"瞟（piǎo）"，指眼睛斜着看，例如"瞟了一眼"，有时还引申为女孩子抛媚眼或害羞看人的样子。

"瓢（piáo）"，把胡芦剖成两半用来盛水或盛东西的器具，如"瓢子""瓢饮""酒瓢"等。

xù

酗

酗——xù，喝醉酒发脾气。
酖——zhèn，毒酒。
酴——tú，为酒曲。
酣——hān，酒喝得很畅快。
酤——gū，买酒。

"酗"字，读作"xù"。

通常指喝醉了酒失态发怒而闹事。有些人会把"酗酒"读成"凶（xiōng）酒"，是因从"凶"字，古人以酒为"凶"，所以说"酗酒"，但不可读作"凶酒"。有些人总喜欢喝了酒闹事，这叫作"酗酒滋事"。

"酖"字，读作"zhèn"，是"鸩"的异形字，它的解释是毒酒之意，或作动词讲，用毒酒害人，如"酖（zhèn）毒"。

"酴"字，不可读作"余（yú）"，它的读音是"tú"。

"酴"当名词用，是指酒母，如"酴醾（mí）"解为重酿的酒，也为"荼蘼"的别名。

至于"酣"字，同样是"酉"字边，所以一定也和"酒"有关。"酣"字，读作"hān"，是说喝酒喝得极为畅快，如"酣醉""酣饮"。亦可形容春景盛美、花盛开貌，如"酣酣"。此外饮酒欢畅而高歌，叫作"酣歌"；战事正是激烈，叫作"酣战"；好酒而无节制，叫作"酣纵"。

"酤"字，读作"gū"，是买酒或卖酒的意思。"韫（yùn）椟（dú）未酤"意指尚收藏在匣子中，未出售；用以比喻怀才隐退。

hù

瓠

瓠——hù，葫芦科植物，可供食用。
匏——páo，蔬类植物，葫芦的一种。

“瓠”字，读音是“hù”。

“瓠”，属葫芦科植物，一年生蔓性草本，有卷须的茎，依靠附着在他物而繁生，掌状叶片，雌雄同株，开白色的花，夏秋之际结果实，可供食用。

“瓠”的种类相当多，通常分为四种，其中果实细长，且形如椭圆的叫“瓠”。这种“瓠”可说是最常见的，也就是一般通称的“瓠瓜”或是“瓠子”。

“瓠瓜”的籽是白色的，且整齐地排列着，所以古时人们常用此来比喻美女的牙齿。此外“瓠肥”一词，则是用来形容人长得像瓠瓜一般肥大。

在河北濮阳县东南方有个叫“瓠子”的地方；另山东省东平县北方也有个“瓠山”之地，所以“瓠”也是地名。

除了地名外，又是姓氏之一，如古时有个善于弹瑟的人，名叫“瓠巴”（语出《荀子·劝学》篇：“瓠巴鼓瑟，流鱼出听”）。另有个叫“瓠梁”的人，是古时最擅歌唱的。

此外，古时有“瓠落”一词，是大而无用之意。

另外介绍一个“匏”字，读作“páo”。

“匏”，乃是蔬类植物，属葫芦的一种，俗称为瓢葫芦，其外壳可做瓢。“匏”，又指八音中的第五种。“匏笙”一词，乃是古乐器之一。

zhēng

睁

睁——zhēng，指上下眼皮张开。
峥——zhēng，指山高或深险的山水。
狰——zhēng，凶狠可怕的意思。
琤——zhēng，玉的声音，或形容水的声音。
铮——zhēng，指金属相互撞击的声音。
筝——zhēng，乐器名，或指纸鸢。

睁（zhēng），以其部首来看，是“目”字旁，所以可以先有一个概念：和眼睛有关；“睁”是指眼的上下眼皮张开，例如“睁眼”，后来引申成叫人好好想清楚或多作考虑，如“你把眼睛睁大一点”。

峥（zhēng），从其部首“山”部，可以知道大概含义；“峥”是指山很高的样子，例如“峥嵘”。“峥嵘”后来引申为山水很深险，或比喻一个人的才能非常出众。

“狰（zhēng）”带有“犬”部，形容凶狠可怕的样子，例如“狰狞”便是指凶恶的面貌，或说“面目狰狞”。

“琤（zhēng）”本义是指玉的撞击声音，叫作“琤琤”。后来更引申到比喻琴声，而水流的声音也叫“琤琤”，都是指好听的声音。

“铮（zhēng）”带有“钅”字部，故可知其意思是指金属互相撞击的声音，叫“铮铮”；后来引申为比喻一个人的刚正不阿，叫作“铁铮铮”。“铁中铮铮”则比喻为才能出众的人物。

“筝（zhēng）”是指一种乐器名，叫“古筝”；另外常说纸鸢为“风筝”，也是用这个“筝”字。

qí

畦

畦——qí，泛指一片田地。
町——tǐng，本指平坦之地。
dīng，多用于地名。

“畦”字，读作“qí”。指古代计算田地面积的单位，五十亩即为“畦”，后来是泛指一片田地都叫“畦”，当然并不一定明确地指田地的大小，使用时多加上所种的农作物而称呼，例如“稻畦”“豆畦”“菜畦”“麦畦”等。

“畦”还用来指农夫，如《孟子》：“胁肩谄笑，病于夏畦。”是说耸着肩膀，却又装着迎合别人的笑容去谄媚他人，比夏天种田的农夫还要辛苦！比喻不齿于小人的行为。

“畦”还用来指田的分区，如“分畦”。“花畦”是指种花的园圃；“菜畦”则指菜园。“畦丁”是指园丁的意思。

“畦”在古时用得最多的是“畦畛(zhěn)”，本来指田园的界限，引申为其他事物的界限，若是说“洞无畦畛”是指人与人之间毫无成见，另又比喻文章的格式、常法而言，如“不出于畦畛之外”。

“町”字，读作“tǐng”，本来指平坦的地，而耕作的农田多是平坦的地，所以田地也叫町；“町畦（qí)”是划分整齐的田埔，“町”则还指区分田地的界限。“町畽（tuǎn)”是屋子旁边的空地。“町（dīng)”多用于地名，如“畹町”，在云南；日本地名，日本把街道、商业区都叫作“町”，如台北的成都路、西宁南路一带，日据时代叫“西门町（dīng)”。

fū

趺

趺——fū，乃指脚背。
跌——diē，摔倒、低降、失误、放荡不羁。
跖——zhí，脚掌；也指盗贼名。

“趺”字，读作“fū”，属“⻊”部。

“趺”是指脚背，与“跗”字相通。

“趺坐”，指盘膝而坐，是和尚们盘膝打坐的方法，又可称作“跏（jiā）趺”。至于“趺足”，则是指盘膝。

“趺”字与“跌”字有些相似，所以有时容易被疏忽而搞混。

“跌”字，读作“dié”，同属“⻊”部。

“跌”当动词时，可作摔倒讲，如“不小心跌了一跤”；又可当降低讲，如“商品跌价”；此外亦有失误的意思，如“蹉跌”。“跌”字当形容词用时，是形容放荡不羁，如“跌宕（dàng）”，也形容文章音节抑扬顿挫，也作“跌荡”。

“跖”字，读作“zhí”，同属“⻊”部。

“跖”，指脚掌而言，与“跖”字相通，如“鸡跖”即指鸡的脚掌。“跖”，古时还当作盗贼名，如春秋时大盗名叫“盗跖（zhí）”。

此外如“跖客刺由”，则是说各为其主，尽管面对的敌人是贤能的，也不顾虑。

再把这三个字重新整理一次：“趺（fū）”是指脚背；“跌（diē）”是指摔倒；“跖（zhí）”是指脚掌。

quān

圈

圈——quān，指圆形的东西。
juàn，是养牲畜的栅栏。
juān，是关起来的意思。
囿——yòu，指有墙的园地而言。
园——yuán，有藩篱而种植蔬菜的地方。

"圈"读作"quān"，就是圆形的意思，如"花圈""兜圈子""画个圆圈"；"圈点"是指读书时对于文章的句读或重要的部分，用朱墨圈出来。"圈选"是选举的时候对于自己想要选出的候选人，在选票上画个"圆圈"之意，现在则以盖圆圈代替了。

"圈套"比喻阴谋造成的罗网、陷阱，诱人入其中的意思；还可以指包围的意思，叫"包围圈"；指圆而中空的东西或形状而言，如"花圈""项圈"。

另外"圈"也可以读作"juàn"，指饲养牲畜的栅栏，例如"猪圈""羊圈""牛圈"；而姓氏之一的"圈"也读"juàn"。

第三种读音是"juān"，指关起来的意思。例如"把那只狗圈起来"。

"囿"字，读作"yòu"，是指有墙的园地，叫作"囿园"。又可以比喻拘束于、局限于的意思，例如"囿于己见"或"囿于见解"是指个人局限于己见，而不接受外来意见。

"园"是指有藩篱而种植蔬菜、花卉、瓜果的地方，例如"园地""花园""菜园"等。"园地"又指定期刊物上研究讨论的专栏。"园陵"指古代帝王的墓园。

shā

铩

铩——shā，本义是兵器的名字。
锻——duàn，指用火来炼制金属之意。
段——duàn，分计事物的部分之意。
缎——duàn，质地坚厚，表面密致有光的丝织物。

“铩（shā）”是古代的一种兵器，一说是长矛，一说为两刃刀。另外，“铩”也是指折残、伤残之意，如“铩羽”，指鸟之羽毛折伤、残落而不能奋飞之意，后来比喻为人失志不得意。

要注意的是，“铩羽”不要误写成“锻羽”，二者读音及意义都有极大的差别。

“锻（duàn）”是用火把金属炼熟，即在火中烧红，再放在砧（zhēn）上锤击，俗称打铁，叫作“锻铁”。因为锻是一再锤炼的功夫，所以比喻为人生的修养、刻苦耐劳、培养正确观念等，都可以叫“锻炼”。凡是从吃苦中求得成就的也可以叫作“锻炼”。

用在身体的操练、考验叫作“锻炼身体”，不要误写成“段炼”；“锻炼周内（nèi）”则是指捏造罪名陷害别人之意。

“段（duàn）”也是姓氏之一，而绸布依一定尺寸裁开也叫作“段”；分计事物的部分通常叫“一段”“几段”或“段落”。又代表办事的方法、本领，叫作“手段”。

“缎（duàn）”是指质地坚厚而表面密致有光泽的丝织物，即一般所说“绸缎”“缎料”等。

chī

笞

笞 ——chī，古代的一种刑罚，即鞭打。

苔 ——tái，属于一种隐花植物，如“苔藓”。

tāi，舌苔。

“笞”字，读作“chī”。

从“⺮”部的“笞”字，原是我国古代的一种刑罚，乃“五刑”之一，五刑包括杖、徒、流、死、笞。

“笞刑”大约创始于汉文帝时，执刑时先把犯人上衣脱去，后以荆杖鞭打犯人的背部；由于刑罚过于严酷，经常打得犯人皮开肉绽，所以后来才改用竹板来打臀部或是大腿。“笞刑”，一直流传到民国初年还存在，之后才被废除。

因此“笞”字，又当鞭打讲。

“笞”字有些人会读成“苔（tái)”字，这是因两字很相像所致；谈到“苔”字，有以下的解析：

“苔”字有两种读音，除了一般读作“tái”，另可读作“tāi”。

“苔”字读作“tái”时，用在“海苔”“青苔”“苔鲜”或“苔衣”等词上，为植物名。

“苔”字读作“tāi”时，乃专指舌头上所生的腻垢，如“舌苔”。

一般来说，“舌苔”可以反映人体的健康状况，所以医生看病时，常要病人伸出舌头来看看，道理也就在此，尤其中医师常用舌头状况来诊断病情。

zuò

做

做——zuò，多当动词用。
作——zuò，多当名词用。

“做”和“作”两字音同，都读作“zuò”，但用法很容易混淆，本来意义也是近似、共通的，后来才稍微给予一些区别，大体上，“做”是偏重动词的使用，而“作”比较偏重名词的使用。

做，以对于事情的动作为比喻较多。例如“做事”“做工”即偏重动词的使用。

若用在“举办”上来说，如“做生日会”“做寿”是指庆祝生日。其他如“做面子”“做饭”“做圈套”“做人情”均是动词的应用。

若指“成为”而言，则同“作”，如“做人”“做官”也可写成“作人”“作官”等。

“作”字偏重名词的使用，例如“工作”“作风”，前者是泛称做工的事情，后者是指一种特别的风格。

“作”的本义是“兴起”，故也可以当“勤勉”的意思，如“振作”“一番作为”。指创作方面或人物，如“作品”“作家”。

“作”也有用在动词，指进行某事、活动方面的用法，例如“作战”“作怪”“作陪”等。“作茧自缚（fù）”是自己做的事正好害了自己；“作威作福”是恃着威势、凶猛而欺侮人的意思。

“做”和“作”的音不但同，用法有时候也不好区分，因为自古以来汉字很少刻意区分动词、名词的关系，所以只能多加体会，以习惯上的用法来区分了。

jiǎ

假

假——jiǎ，不真的，如果、代理之意。

jià，休息的意思。

葭——jiā，初生的芦草。

僻——pì，不热闹、不普通的意思。

“假”读作“jiǎ”时，是不真实的意思，凡是内质与外在不一致的都叫“假”，形容东西、人物、事情都用得到，用法极多，如“假山”“假水”“假面具”“假人”“假玉”“假情”“假话”“假发”“假名”“假扮”“假冒”“假造”“假货”等。

还可以当借的意思，如“假借”“假道”“假手于”“假座”等。“假贷”则泛称借贷之意，或引申为宽容的意思。“假装”是不真实之打扮或做作；“假释”是对已入狱的人，因其表现好而暂时可以提早释放回家之意。“假公济私”是借公家的力量保全私人利益。

“假”读作“jià”时，指休息的意思，如“请假”“事假”“婚假”“休假”“法定假日”等。“假期”则指休假的期间。

另外，姓氏的“假”则不能读“jià”，应该读“jiǎ”；除此之外，两种读音各自的用法也应加以仔细辨别。

“葭（jiā）”指初生的芦草；“葭莩（fú）”指芦苇中的薄膜，今日则称疏远的亲戚为“葭莩”。

“僻（pì）”是不热闹或非一般的、不正当的意思，如“僻野”“僻处”或“僻静”“生僻”“冷僻”或“怪僻”“偏僻”等。要注意的是，“僻”的右方是“辟”，与“假”的右方“叚”不同，不要写错了。

yì
逸

逸——yì，安闲、释放、逃走等意思。
佚——yì，失传、散失。
轶——yì，有时和“逸”相通，或指散失、超过的意思。
泆——yì，通“溢”字。
昳——yì，明亮艳丽的样子。
dié，太阳偏西。

“逸（yì）”的本义是逃的意思，如“逃逸”“逸脱”。以奔驰的意思来说，如“逸马”“逸禽”“奔逸”。若解作释放，则如“逸囚”。

“逸”最常用的是解作“安闲”或“安乐”“超俗”，如“逸民”指节行超俗的人；“安逸”是安乐闲散；“逸群”是超群的；“逸想”指幻想空想；“逸趣”是高雅的兴趣；“以逸待劳”是安闲地等待他人劳顿；“逸豫”是不务正业的安闲。

“佚（yì）”字是指失传，或散失的意思，如“佚名”“散佚”。

“轶（yì）”本来指后车突出轨道而超越前车，引申为超群的，如“轶群”“轶材”为超群的人才；“轶荡”是指放荡不拘。“轶”也有散失、失传的意思，如“轶事”，也可写成“逸事”，指正史没有记载的逸闻琐事。“轶”字有时和“逸”通用，但表示姓氏时不通用。

“泆（yì）”本指水流奔腾泛滥，通“溢”字。后形容人举止行为的放荡、放肆，此字多见于文言文中，现代汉语很少用到。

“昳”读作“yì”比喻为光亮明艳的样子，例如“昳丽”；读作“dié”时，指太阳过午之后偏往西方。

cù

猝

猝——cù，是突然的意思。
淬——cuì，打造刀剑兵器时的一种方法。同“焠”。
卒——zú，差役或终了等之意。
悴——cuì，枯瘦困苦的样子。

“猝”的本义是说，狗从草丛内突然蹿出来追着人咬。所以常说的“猝然”便是突然的、忽然的意思。如“猝然相遇”就是忽然碰到一块儿。“猝不及防”是突然遭遇某件事而来不及防备。“仓猝”则是匆忙、急促之意。“猝死”是毫无预警地突然死掉。

“猝”的读音是“cù”，而不是“卒（zú)”，虽然古时候，有人写“猝然”“仓猝”会写成“卒然”或“仓卒”，但是读的时候仍然应该读“cù”，而不是“zú”。

“猝嗟”是指人在生气的时候所发出的声音。总之，“猝”可以写成“卒”，但是读音仍然要读“cù”。

“淬”字，读作“cuì”，其异形字是“焠”，不是“zú”或“cù”，本义是指打造刀剑兵刃时，把它烧红之后再浸入水中，反复地做可以使刀剑更加坚利，所以后来把“淬”比喻成一个人能够奋发自励、刻苦进修之意。如“淬砺”是磨炼的意思，“淬勉”也是奋发上进，都是这个含义。

“卒”字读作“zú”，是指差役的意思，如“贩夫走卒”。军人的泛称则可叫作“士卒”。又比喻为终了的，如“卒事”即完事。也代表死亡的用法，突然死亡叫“暴卒”。还形容终于的意思，如“卒底于成”。“卒”还可读作“cù”，古时同“猝”。“卒（cù）中”是指中风。

“悴”是形容枯瘦且困苦的样子，如“憔悴”。要注意的是，“猝”“淬”“卒”“悴”这四个字的读音及用法。

jì

祭

祭——jì，指祭祀的礼仪。

zhài，用作姓氏。

漈——jì，指海底深陷的地方。

际——jì，指水边或事物的中间。

“祭（jì）”是指古时备供品向神佛或祖先行礼，表示崇敬并求保佑，一般称为“祭祀”。

“祭”也可以单指祭祀的礼仪，叫“祭礼”；虽然常把“祭祀”连在一起，但它是有区别的，“祭”是指地祇之祭，而“祀”则是指天神之祭了！“祭酒”是古礼中在大宴时，由宾客中选一位德高望重的人先用酒祭祀才开始宴飨，汉朝亦有“祭酒”此官名，后来引申为年高德劭之人的称呼。今日说“打牙祭”则含有“吃一顿”的意思。“祭文”是指祭祀时对神或死者所诵读之文章。

“祭”另一个读音是“zhài”，用作姓氏。需注意的是其写法，上面是一个“月”和一个“又”，而不是“癶”。

“漈（jì）”指海底深陷的地方，叫作“落漈”，还可以指水的旁边、岸边，叫作“水漈”。

“际（jì）”是边岸，如“水际”；若是指事物的中间则叫“中际”。“交际”则指交接，现在还泛称人与人的洽商或交往。指会合或遇合时，称之“风云际会”或“际会”。

dào

盗

盗——dào，窃取；也指阴私自利的小人。
偷——tōu，作偷懒、偷窃、苟且讲。
贼——zéi，指偷东西的人。

本章介绍的三个字，虽然字形与读音都是截然不同的，但字义上却有点雷同。

“盗”字，读作“dào”，属“皿（mǐn）”部。

“盗”字的本义是指窃取他人财物的人，但对于窃取财物的事件也称作“盗”；此外，凡是阴私自利，谗佞的小人都可叫作“盗”。

另外“盗汗”一词，是一种疾病症状，是因为身体虚弱，在入睡时会出汗。

接着谈到另一个与“盗”字意义略同的“偷”。“偷”虽然也有窃取之意，但多半是暗地里不为人知地进行偷窃，至于“盗”，则是有点正面冲突的强取。“盗”“偷”之别，大体上是如此。

“偷”字另可作偷懒、苟且讲，如“偷工减料”“偷安旦夕”等。

至于“贼”字，又与“偷”字意义相似难分。

事实上“偷”与“贼”意思上虽相同，但用法却得视上下文而有所分别。通常指偷东西的人叫“贼”，“小偷”则是俗称。但有点重大的区别是，“贼”通常用来指较重大的罪刑，如叛国、误国、害民杀人之人，这时多用“贼”；至于“偷”，大体上用在罪刑较轻的，如偷窃财物而言。

xuán

旋

旋——xuán，是指转成圆形的样子。
xuàn，旋风。
旅——lǚ，出门到别处。
漩——xuán，水的回旋处。
璇——xuán，指精美的玉。

“旋”是转动成圆形的样子，如“回旋”“旋转”“盘旋”“旋动”等。还指旋转的现象或形状，例如“螺旋形”“打个旋儿”。

“旋”又代表一会儿、时间很短的意思，如“旋踵”“旋即”。“不旋踵”指时间过得很快，又可以指不向后退却的意思。“旋”又代表回来的意思，如“何日旋家”“旋里”，而打了胜仗回来便叫作“凯旋”。音乐中把一群高低不同、强弱不同的乐音，依一定节奏演奏出来，叫作“旋律”；“旋转乾坤”是比喻很大的力量。用在还、又的意思，如“旋生旋灭”。

旋的另一个读音是“xuàn”，如“旋风”；注意不可以读成“xuán”。

“旅（lǚ）”是指出门到别处，如果指人，称为“旅客”“旅人”；指行走到他处而言，则如“旅行”“旅游”；指供旅人住宿的地方叫作“旅店”“旅社”。又今日军队编制是三营至五营为一旅；代表一起的意思，如“旅进旅退”。

“漩（xuán）”指水的回旋处，叫作“漩涡”，又形容为纠纷。

“璇（xuán）”指精美的玉，“璇闺”是指用美玉装饰的建筑，引申为女子的住处，叫作“闺房”。古时候测天文的仪器叫“璇玑”。

要注意“旋”与“旅”的右方写法不同，“璇”与“漩”的左边偏旁也不尽相同，不要搞混了。

zhuó

着

着——zháo、zhuó、zhāo、zhe，有四个读音，各自有不同用法。

箸——zhù，即筷子的别称，也可通“着”。

翥——zhù，比喻飞起来的样子。

“着”读作“zhuó”时，如事情有个结果，叫作“着落”。指衣服或服装，叫“衣着”或“穿着”。差使人去办事，叫作“着人去”。实实在在的叫“着实”。出力叫作“着力”。

“着”读作“zháo”时是表示“对”的意思，如“就这么着”；也表示动作用，或指持续的状态已有结果，如“睡着了”“着火了”。表示“遭受”，如“着凉”“着急”。

“着”读作“zhāo”时，表示下棋时走一步，如“支着儿”；方言中也表示放或者应答的意思，如“着点儿盐”“着，就这么办”。

“着”还有一个读音是“zhe”，表示某种状态，如“站着”“坐着”。总之，四个读音及用法要细心区别，不要用错了。

“箸”读作“zhù”，指筷子；有时候用法上也和“着”相同，不过通常较少用到这个字。

“翥（zhù)”是比喻飞起来的样子，如“轩翥”。“鸾翔凤翥”是指鸾飞凤舞，也比喻人的书法运笔神妙。

zì 渍

渍 ——zì，指浸泡或污点。
绩 ——jì，纺织的一种手法，或指功劳、功效。
勣 ——jì，功业，同“绩”字。

“渍（zì）”解作沾染污点来说，例如“污渍”“油渍”“墨渍”。

“渍”解作浸泡的意思来说，如古人把麻放到水中浸泡，便叫作“渍”。原本以糖蜜和水果干浸泡的方法所做出的零食，称作“蜜渍”，又叫作“蜜饯”，现在大都直接称作“蜜饯”了。

同理，以盐腌渍食品、食物时，便叫作“盐渍”。

“绩（jì）”为一种纺织方法，原始用法是指把麻分开之后，再以手搓揉并接合成线状的方式，叫作“绩麻”。

“绩”后来引用到代表功劳方面的意思，例如“功绩”，一般人也常写错成“功迹”，这个“之”字部的“迹”和“绩”读音相同，但字义不一样，后面的篇章还会提到。

又应用到功效、成效方面，例如“成绩”“绩效”。

“勣（jì）”表示功业、成果的意思，与“绩”字互为异形字，例如“勣效”，但现代汉语以“绩”为通用字。此外“勣”常用于人名。

很简单地区分出这三个字：有“水”的使用或牵涉到的，则是带有“水”部的“渍（zì）”，不可读成“jì”。“绩”大部分用在指功劳或功效的意思，这个字便读作“jì”而不是“zì”；另外，“绩”与“勣”同样都读作“jì”，但字形不同，要特别加以辨别。

qiè

惬

惬 ——qiè，心满意足。
恢 ——huī，失而复得。
箧 ——qiè，竹子编织成的藏物器具。

“惬”字，读作“qiè”。

“惬”字的本义是心满意足，如常说的“惬心”“惬意”都具有满意之意。

有“惬当（dàng）”一词，是说恰如其分，但今已写成“恰当”，而“惬当”已渐少用。

谈到“惬意”一词，有人干脆写成了“写意”，事实上“惬意”与“写意”在意思上虽相近，但并不完全一样，不能混为一谈。如此在文章中依然不能将“惬意”写成“写意”。

“恢”字，读作“huī”。“恢”是指失而复得，如“恢复”；另作形容词用，乃宽广貌，如“恢宏”“恢恢”。

“恢”字较为常用，但因“恢”“惬”略似，所以也提出供读者认识。

接着谈到同样读作“qiè”，也同样有“匧”字的“箧”。

“箧”是指用竹子编制成长方形，以藏物品的器具，如“书箧”就是小的书箱；再如“箧衍”是指竹制的长方形箱子；此外“箧扇”是用来比喻失宠的妇人，如同弃置箧中的扇子，不受重视。

sù 宿

宿——sù、xiǔ、xiù，共三种读音，意义也各不相同。
蓿——xu，一种植物名。
蔌——sù，一种蔬菜名称。

“宿（sù)”是指晚上睡觉之意，故而夜间停留过夜就叫作“宿”，例如军队行军途中适当的休息或过夜叫作“宿营”，机关学校、工厂等给本单位人员居住、休息的房舍便叫作“宿舍”，包括吃与住的便叫作“食宿”。也指富有经验的意思，如“宿儒”可以指有学问又有经验的读书人。“宿学”则比喻在学问上饱读诗书的人。

“宿”又指平常的意思，如“宿愿”“宿志”。代表积久的、旧日的，如“宿好（hǎo)”指故交；“宿怨”指长久累积的怨恨；“宿好（hào)”是平日嗜爱的。“宿”又可以代表前世的意思，叫作“宿缘”。“宿命论”是认为人的一切都是前生前世注定的理论。“宿世冤家”“宿因”“宿慧”均有“前世”“先天”的含义。

以上“宿”都读作“sù”。若是读作“xiǔ”时，代表“夜”，“住了一宿”即住了一夜；读作“xiù”时，指天空中的星群，如“二十八星宿”。若用在地名的时候仍读作“sù”。要注意的是，三种读音及用法不要弄混用错。

“蓿”是一种植物名，叫作“苜蓿”，读作“mù xu”，不可读成“mù sù”或“mù xiǔ”，可供食用或当饲料、肥料用。

“蔌（sù)”是一种蔬菜名，叫“野蔌”；又可用以形容风的声音，叫作“蔌蔌”，也可以代表东西的摇动声。

yè
谒

谒——yè，晋见或禀告等意。
渴——kě，嘴干的意思。
喝——hē 或 hè，吃流质的东西，或赞好的意思。
偈——jì，佛家所唱吟的诗句。
jié，勇武。
歇——xiē，停止或休息之意。

“谒（yè)”是通报姓名之后再晋见，表示崇敬，通常对长官、长辈之会见都应用“谒”字，如“谒见”“晋谒”“拜谒”。

“谒告”是指向上级告假的意思；“投谒晋见”是说递上名片，然后再行拜见，此时，“谒”是代表名片之意。还可以当作向长官有所请求，如“谒求”。另外，有一种词牌曲名叫《谒金门》。

“渴（kě)”是指嘴干而想要喝水之意，如“口渴”；也形容急切的样子，如“渴求”“渴欲”；“渴慕”“渴仰”则指非常仰慕、思慕；“渴睡”是嗜睡；“渴爱”是指极其喜爱。与“渴”有些近似的是“喝”。

“喝（hē)”指吃流质东西，“渴了就喝”，不能写成“喝了就渴”。另外读作“hè”，指大声叫好、赞叹之意，如“喝彩”“喝道”；或作一种语助词，如“喝！你看你！”大喊也叫“喝”，如“喝问”。

“偈”的用法很少，读作“jì”时专指佛家所吟唱的诗句，通常用来劝警、提醒世人，或富含禅机的，叫“偈句”或“偈语”。读作“jié”时，为勇武或疾驰之意。

“歇（xiē)”是停止或休息之意，如“歇手”“歇息”；“歇午”则指睡午觉。“歇业”指停止营业。

xuān
谖

谖 ——xuān，乃是欺诈之意。
锾 ——huán，古代重量单位，六两为一锾。
援 ——yuán，指援助、援救。

要注意，“谖（xuān）”“锾（huán）”二字可别受到“援（yuán）”字的影响而读成“yuán”。

“谖”字，读作“xuān”，属“讠”部。

“谖”的本义是一种草名，即是“萱草”，萱草属百合科，乃多年生草本，高二尺左右，叶子如菖蒲而轻柔，开花季节是在夏天，花有六瓣，略呈红黄色，样子很像百合，也就是俗称的“金针花”，晒干后可食用。民间传说这种“萱草”（金针花）吃了以后可以忘忧，所以“谖”即有用作“忘记”之意，如成语中的“永矢弗谖”即指永远不要忘记。

“锾（huán）”字，原是古时重量的单位，六两为一“锾”。古人拿银钱来赎罪，就用“锾”来计算，所以我们称赎罪的金钱也叫“锾”。到了今天，凡是违反行政法规所遭受到罚款，仍称为“罚锾”。“谖”“锾”最容易误读成“援（yuán）”，是因为“援”字使用的机会较多。

“援”字，读作“yuán”，属“扌”部。

援，乃是当救助讲，如“援助”“援救”。

这里以一则小短文帮助大家区分三者的读音及用法：小李开车闯红灯，又遭到罚“锾（huán）”，这下谁也没办法“援（yuán）”助他，希望经过这次教训，他能够永矢弗“谖（xuān）”。

dài

逮

逮——dài，乃指到来、赶上或捉拿之意。
dǎi，捉住之意。
埭——dài，指防水患的土坝。
棣——dì，属落叶灌木。

“逮”字读作“dài”时，是指到、来的意思；又可作及、赶上讲，如“才有不逮”。一般人常用“力有未逮”来作为自谦之词。“以匡不逮”则是说希望别人能够指出自己能力所不及之处。

“逮”字又有捉拿之意，如“逮捕”即是捉拿犯罪之人。

“逮”字又读作“dǎi”。这时有捉住之意，如口语中“逮（dǎi）个正着，别让他溜走了”。

提到“土”字旁的“埭”字，同样读作“dài”，是指防水患的土坝，如“埭堰”即是蓄水兼排水的堤坝。

另一个“棣”字，读作“dì”，属“木”部。

“棣”是一种落叶灌木；古人常用“棣”作“弟”，指年纪较自己小的男子，如“贤弟”则写成“贤棣”。

ǎi 欸

欸——ǎi，形容摇橹之声；也为感叹声。
　　　è，表示承诺的叹声。
款——kuǎn，当银钱、条目、诚恳等意讲。

"欸"，读作"ǎi"。

"欸"字最通俗的解释是行船时摇橹之声为"欸乃"；有时又可当作船夫唱歌的和声，由领唱的人先唱一句，然后大伙儿便同声齐唱。因此"欸乃"也指划船时所唱的歌。

"欸"，读作"è"时，表示承诺的叹声；除此之外就无其他解释了。正因为这个"欸"字用途不广，所以一旦用到时便容易将它读错或写错。

"欸"字最容易读错成"款"字。

"款"字的读音是"kuǎn"，解释颇多，用途很广。作名词用时，当金钱讲，如"存款"；当条目讲时，如"条款"；也作植物名，如"款冬"，为多年生草本植物，花可入药，具止咳化痰功效，据说叶子可解河豚之毒。

"款"字也当动词讲，乃留也，如"款要"；当敲讲时，如"款门而谒"。

"款"字亦作形容词用，当诚恳解，如"款待"；其余如"款交"是交谊诚恳；"款服"乃诚心服从；"款襟"指畅谈；"款曲"，是衷情或周旋殷勤之意。

当"款"字作副词用时，是形容缓慢的样子，如"款款""款步"。

"欸"与"款"两字，读音、意义皆不相同，切不可因疏忽而混淆读错或写错。

chuò

绰

绰 ——chuò，是宽裕、舒缓的意思。
chāo，抓取，也通“焯”。

悼 ——dào，指内心哀伤或追思的意思。

焯 ——zhuō，光明、明亮的意思。
chāo，把蔬菜放在开水里稍微煮一下。

淖 ——nào，烂泥的意思。

“绰（chuò）”本义是宽裕的意思，例如“绰有余裕”“绰绰”都是指宽裕的，或者指两人感情融洽。

还有一个用法是形容舒缓但不放任的样子，通常则多用来形容女子的体态柔美或仪态美好，如“风姿绰约”。而对一个人取一个常称用的外号，叫作“绰号”。

“绰”还有一个读音“chāo”，表示抓取，如“绰起一根棍子”；此外，“绰（chāo）”古时也同“焯”。

“悼（dào）”是代表悲痛、哀伤的意思。“衷心是悼”是说我的内心感到非常的哀伤。“哀悼”或“悲悼”则比较偏重人死后对其哀伤之情，有时亦比喻某些事情的精神已丧失而言。

“悼”还可用以代表怜惜之意，或者感古伤今的情怀，如“凭悼”“悼念”，因之而举行的祭典场合，叫作“悼祭”。

“焯”字读作“zhuō”时，是指明亮、光明的意思，例如“焯灿”“焯然”等。后来引申为明显、明白。

“焯”字读作“chāo”时，表示把蔬菜放在开水里稍微煮一下就捞出来。

“淖”是指烂泥、湿润的意思，“泥淖”即是烂泥浆区，也比喻为困境、麻烦。需注意的是“泥淖”要读作“ní nào”。另外，蒙古族语叫湖泊是“淖尔”，其中的“淖”也是读作“nào”。

zhàn
绽

绽——zhàn，乃裂开之意。
靛——diàn，一种青色染料。
碇——dìng，古时停船用的石墩，如现在的“锚”。

本章介绍的是以“定”字为主体的字。

“绽”字，读作“zhàn”。

“绽”，是指衣服或其他东西裂开之意，我们说“脱线”也就是“绽”的意思。再如“破绽”一词，常被用作指一些隐秘之事露出痕迹。此外形容一个人“绽开笑颜（yán)”，即是说露出微笑。

“绽”字又可当花开讲，如“菊花初绽”。有些人总把“绽”字读作“dìng”，真是大错。

另有一个青部的“靛”字，读作“diàn”。

“靛”是一种天然的青色染料，又称“靛青”或“蓝靛”。这种染料是古时所用，近代人发明人造靛青后，这种天然蓝靛便少为人用。

最后一个是“碇”字，读作“dìng”。作名词用，是指古时停船用的石墩，就像是现今的锚一样。

zī

缁

缁——zī，黑色的丝织品。
淄——zī，故意弄乱的意思。多用在地名方面。
辎——zī，装有帷幔且可以载物的车子。
锱——zī，重量的单位名称。

“缁（zī）”本指黑色的丝织品，如“缁服”便是黑色的衣服。“缁衣”是一种古代诸侯上朝所着的正式服装，也泛指一些黑色衣服，后来则指僧徒所穿的衣服；因僧徒穿“缁衣”，故所谓“缁流”便可以泛称僧人。

由于僧徒穿的是“缁衣”，而道士则戴着黄色的冠，所以“缁黄”便泛称僧人和道士；“缁素”则指和尚和一般百姓而言，而“缁门”便指佛门，“缁徒”便是僧侣的别称。指世俗的污垢，甚至指小人的谗言则叫作“缁尘”。比喻人的操守坚定，叫作“缁磷”。

“淄（zī）”用在地名的时候，例如“淄川县”在我国山东省，“淄水”也在山东省；“淄蠹”指黑色食木头的蠹虫，比喻倾败国家的人。

“辎（zī）”指古代一种有布幔、帷幕的车子，可以用来装载东西、衣物，后来泛指载物的车叫作“辎车”。

军队里各种用品补给物叫作“辎重”，“辎重兵”便是如“运输兵”。“辎軿（píng）”是四面有帷帐屏蔽的车，引用为乘载妇人的车。

“锱（zī）”是古代计算重量的单位名称，六铢叫作“一锱”，相当于四分之一两，“锱铢”便比喻为极小的数目，“锱铢必较”则指斤斤计较。

要注意的是，“辎重”不要写成“锱重”，“缁衣”更不能写成“淄衣”，要格外留意其差别。

jié

颉

颉——jié、xié，前者读音为扣减之意，后者指颈项伸直、僵直之意。

撷——xié，是摘取之意。

诘——jié，责问，详细地问。jí，诘屈聱牙。

袺——jié，把衣襟向上提起。

“颉”读作“jié”或“xié”，两种读法各有不同的意义。在字形上要注意的是，“颉”为一个“吉”和一个“页”，且“吉”的上方为“士”，不为“土”。

“颉”读作“xié”时，本义是直着脖子，也就是颈项伸直、僵直的意思。以前有一种像青狗的兽名即叫“颉”。同时“颉”也是姓氏之一。“颉”是直着脖子，有一种傲视的气概，所以比喻傲物、傲视叫“颉颃（háng）”；另外，“颉颃”也指鸟儿上下飞的样子，上飞叫“颉”，下飞叫“颃”；同时，比喻旗鼓相当、不相上下，也叫作“颉颃”。“抗颉作用”是指对抗的作用。“颉”读作“jié”时，多见于人名，如“仓颉”，相传是他创造了汉字。

“撷”读作“xié”，指摘取、采取的意思，如“采撷”。特别注意的是，汉字的创始者“仓颉（jié）”，“颉”不可以读成“xié”外，也不可以写成“撷”；而“采撷”当然也不能写成“采颉”。

“诘（jié）”是指责问，叫“诘责”；详细地问则叫“盘诘”；又可以比喻为曲折之意，叫“诘屈”，此时应读作“jí”，“诘（jí）屈聱（áo）牙”指文句不顺口、不容易阅读之意。

“袺（jié）”是指把衣襟向上提起来，如“袺衣而行”。

可以大致归类出，这四个字读音相近或相同，其左边、中间或右边都是“吉”。

sōu

搜

搜——sōu，通常指聚集、搜寻之意。
隗——kuí 或 wěi，国名或姓氏。通“嵬”字。
嵬——wéi，山岭高峻之意。
巍——wēi，高大的样子。

“搜（sōu）”本义是指一种可以染成绛色（深红色）的草名，叫作“茅搜”或“茜（qiàn）草”，是红色染料的来源。另外《左传》有言“搜乘补卒”是指检阅马车，补足士卒之意，又叫“大搜”，即今之“大校阅”。同时古人以田猎（春天打猎）来练习武事，操练兵马，可以叫作“搜练”或“搜猎”。

“搜索”即搜索寻求。“搜罗”是搜求罗致。“搜集”即搜集之意。

“隗”读作“kuí”或“wěi”，是姓氏之一，古代有一个小国叫“隗国”。

“嵬”读作“wéi”，不是三声“wěi”，“崔嵬”便是指山岭高峻的样子。不过，“隗先生”不可写成“嵬先生”。

“巍（wēi）”也是高大的意思，如“崔巍”通“崔嵬”；“巍峨”“巍巍”“巍然耸立”“巍然矗立”都是形容高大、直立之意，“巍”不可以通用“嵬”或“隗”，切记不要搞混。同理，“隗”姓也不能读成“wéi”或写成“巍”。

cái
裁

裁——cái，体制、格式的意思。
材——cái，指木材而言。
栽——zāi，种植的意思。

“裁（cái）”是把布料剪开后再把它缝合做成衣服。一般所谓的“裁制”“裁剪”“裁缝”等。把纸剪开来叫“裁纸”。

“裁”若是指文章的格式，叫“体裁”。“裁夺”“裁决”“裁定”是指决断之意。专断自任可以叫“独裁”。用来指削减的意思时，例如“裁军”“裁撤”“裁员”“裁汰”。还可以当“杀”的意思用，如“自裁”是自杀。在古时候“裁”还可以与“才”相通，即仅有之意，但今日已不见，最好还是不要用，以免混淆不清。

“材（cái）”指可以制成物品的原料，称作“材料”。而材料是木类的，叫“木材”，后来引申到人的资质、能力、才德也叫“材”，如“材能”“材干”“材艺”。还可以指资料，叫作“题材”。

“栽（zāi）”是指种植的意思，如“栽花”“栽树”“栽种”，引申到人才的教养及培育，如“栽培”；故意放置伪造的证物来害人，叫“栽赃”；受别人的攻击或失足跌倒，叫作“栽跟斗”。

时常会有人把“裁”字写成“栽”，而“栽”字反写成“裁”，需多加注意。“栽”多指培育、种植的意思，下方是“木”；而“裁”多指决断、体制、缝制之意，下方为“衣”。

yuàn

掾

掾——yuàn，古时官员的通称。
椽——chuán，指屋顶承瓦的木条。
缘——yuán，人与人结成关系。
喙——huì，指鸟类的嘴巴。
橼——yuán，果名，如“枸橼”。

“掾”字，读作“yuàn”。

掾，是指古时官员的通称，如“廷掾”“掾吏”“掾佐”，皆是指辅佐主管的胥吏。

“掾”字的“扌”部改成“木”部，就变成“椽”字，读音是“chuán”。椽，是指屋顶上承瓦的木条，通称为“椽子”。此外如“椽笔”，是指大笔，乃恭维他人的文笔好，成语叫作“大笔如椽”。

若将“椽”的“木”部改成“纟”部，又成另一“缘”字。“缘”读音“yuán”。是指人与人结成关系，即为“人缘”，当动词时，则是顺着的意思，如“缘崖而上”；至于“夤（yín）缘”一词，则是指攀附的意思。此外“缘故”是指事情的起因；“缘法”是说遵守法度；“缘起”则是指事情起始的缘由。

“喙”字，读作“huì”。注意不可读成“啄（zhuó)”字。它的本义是指鸟类尖长的嘴，如“鸟喙”，后被引用的成语如“喙长三尺”，则是比喻人很会说空话；再如“置喙”，则是插嘴的意思。

“橼”字，读作“yuán”，是果名，如“枸（jǔ）橼”。

以上介绍的字应认清辨明，才不致用错。

pú
葡

葡——pú，水果名。
蔔——bo，一种蔬菜名。
匍——pú，指在地面上爬行。
訇——hōng，指声音很大之意。
匈——xiōng，民族名，或喧扰的意思。

"葡（pú）"即"葡萄"，是蔓生木本植物，果实圆且味甜，还可以酿酒，由西域传入我国，又叫作"蒲陶"，以新疆吐鲁番所产的最有名。"葡萄酒"是葡萄酿成的酒。另外，"葡萄糖"是还原剂、滋养料、制酒材料。"葡萄牙"是国名，是译音，在西欧南方。

"蔔（bo）"是"卜"的繁体字，"卜"通常叫作"萝卜"，又叫"莱菔"，是一年生或二年生的草本植物，茎高二三尺，叶子很大且呈羽状分裂，根肥白多肉多汁，是可食用的部位。"蔔"字要辨明其写法是"畐"在内，而"葡"则是"甫"在内。

"匍（pú）"比"葡"少个"艹"字头。形容小孩子开始学步的时候，手足一齐着地向前爬行，就叫作"匍匐（fú）"，后比喻为急着赶快跑去的样子也叫"匍匐"；军事上，在地上爬伏前进的训练则叫"匍匐前进"。要注意的是其写法，不是"葡匐"，而是"艹"部全部去掉的"匍匐"，读音是"pú fú"而不是"pú bó"。

"訇（hōng）然"是形容声音很大的样子，与"轰然"意思相同。

"匈（xiōng）"用在民族名称，古代汉朝即称北方民族为"匈奴"。"匈匈"则比喻喧扰或动乱不安之意。"匈牙利"为国名，位于中欧内陆，一说是匈奴的后裔。

luò

落

落——luò、lào、là、luō，共有四种读音及用法。
络——luò，人体的血脉叫作“脉络”。

“落”的第一个常用读音是“luò”。

“落”是指草木枝叶凋零下坠之意，引申为下降、脱下、掉下等之意，如“熟落”“坠落”“落花”“落下”“脱落”“失落”“衰落”等。指人聚居的地方如“村落”“部落”“落脚处”等。又比喻事物、建筑之完成，叫作“落成”。形容停留的意思，如“段落”。“落落”是比喻空疏寂寞的样子，或者形容人性豁达。

书画上题字、题名叫作“落款”；跟不上时代的叫作“落伍”；“寥落”是形容很少的样子；“落寞”是寂寞或零散的样子；“落井下石”是比喻乘人之危陷害人。“落纸如飞”形容写文章很快。

“落”字又读作“lào”，是指从高处向下降的意思，如“落在上面”是指事物掉在上面；还代表剩余或得到的意思，如“除了本钱还落个三两万元”。

“落”字读“là”的时候指遗漏、遗下之意，例如“做事总是丢三落四”“落了一个字没写”。

“落”字读作“luō”的用法很少见，只在“大大落落”中读作“luō”。

“络（luò)”指人体的血脉，称作“脉络”，同时比喻事物的过程次序，也叫“脉络”。用作联系之意较多，如“联络”；又比喻继续不断，如“络绎不绝”“络续”。“络”也指植物果实内的纤维质，如“丝瓜络”“橘络”。使用手段拉拢别人，则叫作“笼络”。

zhāo
朝

朝——zhāo，早晨或泛指时间上的日或天。
cháo，指所面向的方向。
潮——cháo，固定时候涨落的海水。

“朝”读作“zhāo”的时候是指早晨，太阳刚刚出来的那一段时间而言。所以后来引用成开始的意思，有如“一天之朝阳”代表一天的开始。例如“岁朝”，指一年的开始。“朝气”是比喻振作、振奋的气象。“朝阳”就是专指早晨刚东升的太阳。

今日所言“朝会”就是指在一天开始的早上，所集合开的会。“朝夕”是说早晚之间，或比喻为时间很短促。同样“朝露”本义是早上的露水，太阳一出现就会被蒸发，由于其存留很短，所以又比喻成很短暂的意思。

“朝”读作“cháo”时，本来是指古时君王听政的地方，而臣下觐见君王便叫作“朝见”，诸侯或外族朝见天子则叫“朝贡”；君主所统治的时代也叫“朝”，例如“唐朝”“清朝”等。另外，很多时候可用来表示方向，例如“朝东”是面向东方，“朝前”是面向前方。要注意的是，有些地名，如辽宁省的“朝阳县”，朝是读作“cháo”而不是“zhāo”。

“潮（cháo)”是固定时候涨落的海水，例如“潮汐”，日间海水涨叫“潮”，夜间海水涨叫“汐”。今日常说“潮流”则比喻为时代流行的一种趋势，另外，“风潮”也带有这个意思。

zhào

棹

棹——zhào，与“櫂”相通，摇船的橹或桨。
淖——nào，指烂泥巴。
掉——diào，落下、遗失。
绰——chuò，给别人取的外号。
chāo，抓取。

“棹”字，读作“zhào”。异体字为“櫂”字，两字相通。

“棹”是指摇船用的桨，如摇桨可以说成“鼓棹”。同时“棹”也可作船讲，如乘载客人的船叫作“客棹”，船歌也叫“棹歌”。同理，船夫也可以美称为“棹郎”了。

“淖”字，读作“nào”。

这个字的读音常会被读错，有些人干脆有边读边地读成“卓”字，这是不对的，它的正确读音是“nào”，指烂泥巴。如“泥淖”也就是烂泥巴，常用“陷入泥淖”来形容不能自拔。

“掉”字，读作“diào”，是很平常的字眼，当落下、遗失讲，如“掉落”；“掉以轻心”则是说不小心、故意疏忽；“掉弄玄虚”则是耍花招之意。

“绰”字，读作“chuò”，给别人取外号叫“绰”，如“绰号”即“外号”。另“绰绰有余”是说事物极其宽裕。“风姿绰约”，则是形容女子体态柔美的意思。

“绰”字，还可读作“chāo”，作动词用，表示抓取之意。如“绰起一根棍子”。另外，“绰（chāo）”古时也同“焯”字。

sù

粟

粟——sù，即为小米，又可泛指粮食。
栗——lì，落叶乔木名。

"粟"字，读作"sù"。

粟，一般称作"粱"，俗称"小米"，是一种禾本科植物，乃一年生草本；叶子有些像玉蜀黍，花小而密，圆锥形的花序，穗上有芒，成熟季约在秋分，是我国北方主食之一，所以古人泛称粮食为"粟"。

"粟"也可当作官史的代称；另外，当人体遇到寒冷时，皮肤会起一些颗粒，形状如粟，所以古人也称之为"粟"；如"冻合玉楼寒起粟"（语出苏轼《雪后书北台壁》诗），其中"粟"即指皮肤上因寒而起的颗粒，也正是一般俗称的"鸡皮疙瘩"。

此外"罂粟"，是另一种植物，属罂粟科，是二年生草本植物，高四五尺，叶面平滑，呈长椭圆形，叶缘成齿状，花非常艳丽，有白、红等色；在果实未熟时有乳色浆液，具麻醉性，可制成鸦片，若吸食上瘾，则贻害无比。

"粟"字又可当姓氏，是少有的姓氏。

与"粟"字相似的"栗"字，在此顺便一提。

"栗"字，读作"lì"。

栗，原是落叶乔木名，如"栗树"。另也是姓氏之一。此外又有畏惧之意。

另有种鼠类称作"栗鼠"，即松鼠，体形较家鼠为大，毛黑褐色，尾长，住树穴，以果实为食。

jí 棘

棘——jí，乃荆棘、棘手之意。
枣——zǎo，一般作枣子讲。
辣——là，也就是泼辣、毒辣之意。

“棘”字，读作“jí”。

“棘”字要注意的是它的笔画与写法，是两个“朿”并排，共十二画，而不是两个“束”字并排。

在此介绍“棘”字的词性。当名词时有五种用法：一、用作姓氏，如春秋卫国大夫棘子成；二、草木上长的刺，通称“荆棘”；三、是棱角，如中药“蒺藜”之类的东西；四、动物身上变硬的部分，如海参，通称“棘皮动物”；五、指丛生的小枣树。

顺便一提，“枣”字，繁体字为“棗”，同样是两个“朿”字排成，但“棗”字是上下排列，棘字是左右排列；其实枣、棘都是枣树类，长得高壮而横枝少者称“枣”，生得低短而横枝多者称“棘”。

“棘”字当形容词用有三种解释：一、急速；二、瘦弱；三、比喻事情难处理，例如“棘手”。

有些人会把“棘手”误写为“辣手”。“辣”字，读作“là”，指刺激的辛味，如“辣椒”。其实“辣手”是指手段狠毒，如成语“辣手摧花”，但不同的是，它伤害的对象是旁人，而“棘手”却相反，因为伤害的是自己。

再次介绍“枣”字，读音“zǎo”。枣是落叶亚乔木，圆叶，椭圆的果子，可以吃，称为“枣子”，也可把枣煮熟捣烂制成泥状，作为糕饼的馅料，即“枣泥”。

chuò

辍

辍——chuò，作停止讲。
啜——chuò，乃吃、喝或哭泣之意。
chuài，姓氏之一。
缀——zhuì，连接起来。
掇——duō，拾取。

"辍"字，读作"chuò"。

"辍"字是停止的意思，如学生半途停止学业，叫作"辍学"；如农夫半途停止耕田，可称作"辍耕"；此外若是对别人的邀请辞谢，可用"辍谢"。

"啜"字，同样读作"chuò"。

"啜"字左边有个"口"部，所以意思多少与嘴有关，它的意思是吃、喝东西，如吃稀饭，就说成"啜粥"；"啜茗"即喝茶。有时"啜"字也当哭泣讲，如常用的"啜泣"。"啜"字也是姓氏之一，此时应读作"chuài"。

以"叕"为体的字除了"辍""啜"外，还有"缀""掇"二字，以下分别介绍。

"缀"字，读作"zhuì"。

"缀"字是连接的意思，如用线把衣服破的地方补起来，称作"补缀"；至于"缀文"是把文字连接起来，因此含有写作之意。"缀辑"即编辑文字之意；"音缀"乃语音学名词，指由一个或数个音素组成的语音结构基本单位，也称为"音节"。

"掇"字，读作"duō"。此字读音要注意，常被误读作"chuò"。"掇"当动词用，则是采取、拾取之意，如"掇拾"；另作诱人从坏，如"撺掇"。

guǐ
晷

晷——guǐ，指日影而言。
咎——jiù，指罪过或责备之意。
绺——liǔ，一丝丝组成的长条。

以“咎”为主体的字大概有“晷”“咎”“绺”三字，在读音上较容易混淆，在此提出作字义字形的分析，以求正误。

“晷”字，读作“guǐ”。

“晷”字通常作名词用，原指太阳的影子而言，一般称“日晷”也就是日影；成语中“焚膏继晷”，就是说日夜辛勤读书不倦，句中的“晷”字正是代表白天的日光而言。

“晷”字也可作某个时候讲，如“晷刻”就是指时刻。古时依照日影的高低来测出时刻，于是发明了“日晷仪”又称“日规”的仪器。此外月影也称“月晷”。

谈到本章的主体字“咎”，读作“jiù”。

“咎”字通常是指罪过或灾祸而言，如常用的成语“咎由自取”，也就是指自作自受。“咎”字当责备讲时，就如成语中的“既往不咎”；有些人常写成“既往不究”，这是错误的，提醒读者，绝不可将“咎”字写成“究”，以求正讹。

“绺”字，读作“liǔ”。大家可能因为少见而会读错。原义是指丝缕组合的长条，如“绺带”一词，则是古人身上佩戴的饰物，用来悬系的丝线。

chóu

畴

畴——chóu，指已耕的田地；又当从前、同类。
俦——chóu，是同类的人或伴侣。
侪——chái，指同辈中相等的众人而言。

“畴”“俦”“侪”三字，在用法上略有相同，但却各有自己不同的意义。

“畴”字，读作“chóu”，乃属“田”部。

“畴”，是指已耕的田地而言，即“田畴”或称“平畴”。“畴”又可指地界而言，如“瓜畴芋区”。

此外，“畴”，又当从前讲，如“畴日”“畴昔”即昔日之意。

谈到“俦”字，同样读作“chóu”。

“俦”是指同种类的人或是伴侣。至于“鸾俦凤侣”之意，是指一对好夫妻，通常用作新婚的贺词，其中的“俦”字即当“匹配”“相偶”之意。

同样有等类之意的“侪”字，读作“chái”，属“亻”部。

“侪”指的是同一辈相等的众人而言，如“吾侪”也就是“吾辈”。

“侪”字的读音须注意，不要误读作“qí”或“jì”，正确读音是“chái”。

bá

跋

跋——bá，本义是脚后跟。
钹——bó，乐器名。
祓——fú，是除灾求福的祭典。

“跋”字，读作“bá”。

“跋”字，原指脚的后面而言，也可作文体的一种；同时也是古姓氏之一。

凡是写在书籍、文章、画、碑帖之前的叫“题”，而写在后面的则叫作“跋”，“题跋”则是二者的合称。此外“跋涉”二字，“跋”字是当陆行讲，“涉”字是当水行讲，所以称旅途奔走之苦叫“跋涉”。

至于成语中有句“跋前踬（zhì）后”，则是进退两难的意思。此外“飞扬跋扈”，是指人的态度傲慢，举动蛮横。

对于“跋”字要注意的是，千万不可误写成“拔”字。

谈到“钅”字旁的“钹”，读作“bó”。是乐器名，铜制，圆形，中心鼓起，由两片相击作声。此外别无他意。

最后一个字是“祓”，读作“fú”。

“祓”是古时驱邪除灾以求福的一种祭典。所以引申为清除，如“祓除”。

“祓”字可能常会被读成“拔”字。“拔”是极为普通的字，在成语中也常出现，如“出类拔萃”“拔山超海”等。

yí

遗

遗 ——yí，意思是留下。

wèi，赠予的意思。

饴 ——yí，一种用米和麦做成的糖、糖浆。

“遗（yí）”字解释与用法很多，最常用是指散失、丢掉，例如“路不拾遗”，是说看见路上别人遗失的东西不会据为己有。当作遗留的意思时，如“遗言”“遗命”“遗书”“遗训”等，今日已演变成指一个人死后所留存下来的话语、命令、交代或训示。

“遗”字同样以留存来说，还有几个用法，例如“遗传”指生物亲子之间，因为有血统相承的关系，前后代之间有种种相似的现象。“遗产”是指先人留存给后代的财产，也包括古代遗留后世的文物、事迹，如“世界遗产”“文化遗产”等。还可以用在指人体的排泄物，例如“小遗”指小便。

“遗”字还有另一个用法，可当“弃”的意思，例如“遗弃”是丢弃、弃而不顾之意；“遗世”是弃世而独立、高超脱俗。

“遗”字也当剩余的意思，例如“遗留”“遗恨”“遗毒”“遗害”等；“遗憾”是指内心一种不满意的心理或怨恨。遗字仍以作“留存”的用法比较多，例如“遗迹”“遗作”“遗像”“遗臣”“遗孤”等。

“遗”的另一个读音是“wèi”，代表赠予的意思。

“饴（yí）”，本义指用米和麦等做成的糖或糖浆；“含饴弄孙”比喻老年人以弄孙为乐，不操心其他事情。

chuǎn

喘

喘——chuǎn，是指呼吸急促的样子。
湍——tuān，指水流很急的样子。

“喘”字，读作“chuǎn”。

“喘”字的原义是指呼吸急促的样子。好比一个人在做某些运动后，因过于剧烈，而觉得上气不接下气，这就叫作“喘”。事实上“喘”这个字，有时并不是真的呼吸急促，是表示一种心理状况。譬如口语中常说：“让我喘口气好吗？”这个“喘”是一种想暂缓放松的心理状态。

有种疾病叫作“气喘”或“哮喘”，发作时常会使人处于呼吸急促的状况。

若将“喘”字的“口”部改成“氵”部，就成了“湍”字。

“湍”字，读作“tuān”。

湍，是指水流很急的样子，也是指水流很急的地方。在描写河流的奔泻时，“湍”字是经常被引用的，如形容黄河上游的水流，滚滚奔腾，十分“湍”急。可知“湍”字通常都用在对水势的描写，有些人却误读作“喘”字，那就错了。

总之，“湍”“喘”二字是迥然不同的，虽然都指急促貌，但“湍”字是形容流水，如“水流湍急”；而“喘”字是形容呼吸，如“气喘如牛”。所以不要把水流“湍”急，写成水流“喘”急了。

fú

幅

幅——fú，指纺织品或纸张的宽度。
副——fù，次要的、辅佐性的、附带的意思。

“幅（fú）”最早使用在纺织品的宽度上，凡是布帛的广是二尺二寸，它的边便叫“幅”，今日我们泛称布料的单位常以“幅”来计算，例如“这幅料子”“这幅布的花色”等。

“幅巾”，是古人束在头上的一种头巾。另外，凡是平面见方的东西也可以称作“幅”，例如“这幅画”“这幅笔墨真迹”，或用在文章、作品上的，例如“篇幅”。

“幅”还有一种用法是指事物变动的程度，例如“变化幅度”。“幅员广大”则又是另一个意思，是指领土、疆界。

“副（fù）”通常指次要的意思，最原始是用在官位、职务上的，例如“副将军”“副官”等。现代的官位、职务上凡是居于辅佐的、次要的性质，均可冠上“副”字，如“副总统”“副经理”“副部长”等。

比喻在文章、图书方面，凡是和本文、正文内容完全一样的另外一份，都可以称作“副”，如“副本”。

“副”也有附带、连带的意思，例如“副作用”“副业”。在工业上“副产品”也是这个意思。“副菜”则指主食之外的菜肴。“副食品”则是指非主食类，经过精加工的食品。

要注意的是，平常看到一幅画或者布料，不要说“这幅（fù）画”而是“这幅（fú）画”或“这幅（fú）布料”。

pū

铺

铺——pū、pù，两个读音，意义也不相同。
甫——fǔ，刚才、刚刚的意思。
脯——fǔ，指干的熟肉。
pú，指胸脯。

“铺”字，读作“pū”，本义是指门上用来装门环的底盘，有“金铺”“铜铺”等的分别。作动词用时指陈设、摊开、排列，如“铺设”“铺地”“铺草”“铺上去”“铺陈”“铺排”等。“平铺直叙”或“铺锦列绣”则指写文章时的方式或形式，“平铺直叙”指不作雕饰，平淡地依次叙述，“铺锦列绣”则比喻诗文辞藻铺陈华丽。

值得一提的是，“铺”是“钅”字旁，有的人写成“舖”的“舍”字旁，二字相通，今则大多统一作“铺”。“铺”又代表扩大之意，例如“铺张”或“铺张扬厉”；“铺盖”是被、帐、枕、席之统称，“卷铺盖”便是比喻遭解雇。

“铺”字，读作“pù”时，本义是指古代的驿站或邮亭，担任传递工作的叫“铺兵”“铺夫”。很多地名冠上“铺”字，即因曾是驿站而后来发展成为市集，如“十里铺”“长春铺”等。商店则可叫作“店铺”。“床铺”也指床、被枕等，注意不要读成“床铺（pū）”了。

“甫”字，读作“fǔ”，是刚才的意思，如“甫毕”“甫自”。另外，“尊甫”是对他人父亲的敬称。

“脯”字，读作“fǔ”时，本义指干的熟肉，如“肉脯”“鹿脯”“猪肉脯”，后来也指干的果肉，如“枣脯”。“脯醢（hǎi）”是指肉干和肉酱，又代表古代一种把人剁成肉酱或晒成肉干的酷刑。“脯”字，还可读作“pú”，指胸脯。

kēng

铿

铿——kēng，指金石丝竹之声。
悭——qiān，比喻吝啬。
鲣——jiān，一种鱼名。
坚——jiān，物质牢固不可破之意。

“铿”字，读作“kēng”，是形容金属物或瓦石相互撞击之声，最常用的是叫作“铿锵（qiāng）”，不可读作“kēng jiāng”或“jiān jiāng”。

“铿”又指丝竹琴瑟之声，或者指放下东西时的声音，叫“铿尔”或“铿的一声”。“铿铿”除了表示金石之声，又代表钟声，或比喻音韵动人而且悦耳、爽朗的样子。“铿然”之意与“铿铿”类似，除了形容金石等声音之外，也形容诗词文章的音韵响亮。

“悭”字，读作“qiān”，指一个人的度量很小，例如“悭吝”是指吝啬，或心胸狭窄之意。“悭囊”是指一个人只会把钱藏放在口袋中，舍不得花。又形容命运不好，叫作“命悭”。而缘分不够、不足的形容，叫作“缘悭”。

“鲣”字，读作“jiān”，是一种鱼名，长约两尺，鳞很细小，性质活泼，是一种随暖流运游而行的鱼。

“坚”字，读作“jiān”，是形容物质牢固难破之意，如“坚固”“坚牢”“坚硬”。又形容一个人的志向确定不移，如“坚定”“坚决”“坚守”“坚持”等。

“坚”又比喻重心部分，如“中坚”。也代表尽心尽力，如“坚韧不拔”“坚持到底”“坚信不移”。其他用法很多，不多作举例。

要注意的是，这四个字都有“坚”，读音不同而意义更有很大差别，要多加留意。

bàng

傍

傍——bàng，依附、靠近或接近之意。
旁——páng，侧面、依靠之意。

“傍”字，读作“bàng”，是靠近之意，如“依傍”。而“傍人门户”是依赖他人不能自立的意思，或叫作“傍人篱壁”。若是“傍花随柳”意思是景色美丽，而且闲居自得之意，也有人把它比喻为冶游风流之意。

“傍”也指临近、接近之意，例如“傍晚”是天色快黑的时候。“傍午”是接近中午的时候。

“傍”字表示依靠，依附之意时，如“傍大款”。

“旁”字，读作“páng”，例如“旁边”“旁观”“旁人”等，是指近侧、附近之意；“旁系血亲”指父子、祖孙之外，与己身出于同源的血亲。“旁敲侧击”是从旁暗示而不直言。“旁征博引”是把文字多方引证而使其更充实。

“旁”字在古时也同“傍”（bàng），现代汉语中则不通用。

fān

番

番——fān，乃指外国的。另作名词用，当回、次讲。
pān，指地名，如广东省番禺（yú）县。

“番”字，读作“fān”，属“田”部。

“番”字通常用作名词，即“回”“次”之意，如口语中常用的“三番两次”，也就是指反复多次。此外也可作为计数之词用，如“一番好景”。

“番”字又当作更替讲，如“更番”“轮番”等。除此凡指汉族以外的民族，或是来自外地的东西都可叫“番”，如“番邦”“番石榴”“番茄”等皆是；广东人称外国人就叫作“佬番”。

“番”字的用法实在不胜枚举，当“番”字读作“pān”时，是专指地名，如广东省番（pān）禺（yú）县，这时就不可读作“番（fān）禺县”了。

tiǎn

腆

腆——tiǎn，是挺出、凸起的意思；又作羞愧讲。

捵——tiǎn 或 chēn，有拉、扯之意。

“腆”字，读作“tiǎn”，属“月”部。

“腆”字千万不要读成“典（diǎn）”。“腆”，是挺出、凸起之意，如孕妇“腆”着大肚子。

此外“腆”又当作丰厚讲，用法上是表示谦虚的情况，如送给他人的礼物，就叫作“不腆之仪”，乃自谦礼物不够丰厚之意。

“腆”字曾在《西厢记·惊艳》一段里被当作羞愧之意，如“未语人前先腼（miǎn）腆（tiǎn）”，是说在别人面前，还没开口讲话，就先难为情。

在口语中我们时常用到：“你还好意思觍着脸来借钱啊！”这个“觍着脸”也就是当作不害羞，或是厚脸皮之意，不能用成“腆”。

再来谈到“捵”字，“捵”有两种读音，属于“扌”部。

“捵”字读作“chēn”时，是指拉、扯，同“抻”。如穿衣服时，我们常说把它“捵平”；此外如大家所吃的拉面，也就是面条经过手工“捵长”。“捵”字读作“tiǎn”时，又指撑、推或者拨，多见于文言文中。

gū

觚

觚——gū，指酒杯，或指写字的方木。
觥——gōng，古时一种大酒器。
觞——shāng，古时酒杯的统称。
觯——zhì，古时圆形的大酒器。

“觚”字，读作“gū”。

觚，是指古代高脚的酒杯，形状呈八角棱形，容量是二三升；觚有方形的棱角，所以引申为方或角。古时用来写字的方形木块，也称为“觚”，其作用与现代所用的纸张一样，所以“操觚”一词即是执笔写文章之意。

此外，“觚编”则是书的别名；“觚牍”则是简册；更有人用“觚”字来作书名，如《觚賸》，是清人钮琇撰，内容是记载明末清初的琐事。

“觥”字，读作“gōng”，为酒杯。据说古时的一种大酒杯，容量极大，可盛七升之酒，又名“兕觥”，乃因它是一种名叫兕（sì）的野牛角制成的。有句成语叫作“觥筹交错”，即是形容许多人聚在一起，一边喝酒，一边行酒令，场面热闹；而“行酒令”也有人叫作“行觥令”。

“觞”字，读作“shāng”。“觞”是古时酒杯的统称，当动词用是进酒劝饮之意。日常生活中行酒令也可称“觞令”或“觞政”；而饮酒也叫作“觞饮”。

“觯”字，读作“zhì”，也是酒器名，状成圆形；我们常说的“爵一升、觚二升、觯三升”，即是酒器的容量大小之别。

sūn

飧

飧——sūn，晚餐或熟食之意。
饔——yōng，早餐或熟食之意。
餐——cān，食物或吃的意思。
餈——cí，指糕饼。

“飧”字，读作“sūn”，把它拆开来看是“夕”及“食”，代表晚上所吃的食物即叫作“飧”，故晚餐即称为“飧”。然而古时候的晚饭大多会吃早上剩下的东西，而这些饭菜都是煮熟过的，所以飧也就代表熟食之意。

“飧”还专指泡、浇上水的饭，也是和汤汁一起吃的饭。

“饔”字，读作“yōng”，即煮熟过的食物，但是它也指早餐、早饭，所以一般所说“饔飧”便泛指一天内所吃的三餐而言。若说“饔飧不继”便是说三餐不继的意思，即比喻很穷、困苦之意。

“饔饩（xì）”是指已杀好的牲畜，而“饔人”便指古时候主管宰杀、烹饪的官名。

“餐”字，读作“cān”，可以泛指食物之意，吃一次饭叫作“一餐”，而没有肉类的菜肴叫作“素餐”，也比喻为一个人不工作、只拿报酬之意，又如“尸位素餐”。它引申为“吃”的意思或用法很多，例如“秀色可餐”比喻女子的美貌如美食一般。“餐风宿露”是指行旅时的辛苦。

“餈”字，读作“cí”，是“糍”的异形字，专指把米饭捣烂，再和着糖而制成的饼而言，如“糍粑”，即为糕饼。

zhuāng
装

装——zhuāng，修饰本来容貌的意思。
庄——zhuāng，村家、乡村之意。
妆——zhuāng，修饰容貌或打扮之意。

“装（zhuāng）”的本义是“裹起来”的意思。也就是在衣服以外，再加上一些饰物，以求得更美观，例如所谓“装饰”便指修饰、打扮的意思。“装”还可以泛指各种衣物服饰而言，如“西装”“服装”“洋装”“时装”“嫁装”，特别注意这个“嫁装”是指服装，而不是“陪嫁”的器具或家具。

合在一起的衣物叫作“行装”；另外，“装”指放置或容纳的意思时，如“装货”“安装”“装置”“装运”等。若是指包裹的意思，则如“包装”“瓶装”“装甲兵”等。还可以当假冒的意思，如“装模作样”“装病”“装睡”等。

“庄（zhuāng）”除了是姓氏之一，主要指乡村、农村之意，如“村庄”“田庄”。还泛指店铺，如“布庄”“茶庄”。更可比喻为端重，如“端庄”“庄严”。指恭敬的意思，如“庄敬”“庄重”等。

“妆（zhuāng）”是修饰容貌之意。另外，“妆”若指女子出嫁陪嫁的衣物器具，叫作“妆奁（lián）”。

一般来说，“装”和“妆”都有修饰、打扮的意思，但“装”的意思及用法还是比“妆”字多得多。

sōu
廋

廋——sōu，是隐匿之意。
庾——yǔ，姓氏；也是野外未加盖的谷仓。
瘐——yǔ，失意怀忧。
萸——yú，植物名。

“廋”字，读作“sōu”。

“廋”是隐匿、藏匿之意，如《论语·为政》的“人焉廋哉！”这个“廋”字就是隐匿之意。

此外“廋”在古时也指山弯水曲的地方；又有找寻的意思，这时是与“搜”字相通的。

“廋”字最容易与“庾”字混淆，在此加以区别。

“庾”字，读作“yǔ”。

庾，是姓氏之一，如南北朝的“庾信”，此人乃是六朝集骈（pián）文之大成，深受尊敬。

此外，“庾”的本义是指在野外尚未加盖的谷仓，如古人说“露积谷日庾”。“庾”又是古时的容量单位，计十六斗为一庾。

说到此，联想到我国五岭之一的“大庾岭”，又称“梅岭”，位于江西大庾县南，岭上梅花盛开，极为峻秀。

“瘐”字，读作“yǔ”。

“瘐”字的解释简单，凡因失意怀忧而生病就叫作“瘐”，另饥寒交迫之病也叫“瘐”。

最后介绍“艹”部的“萸”字，读音是“yú”。植物名，名为“茱萸”。

“廋（sōu）”“庾（yǔ）”“瘐（yǔ）”“萸（yú）”等字请读者细辨。

què

阕

阕——què，是止息、终了之意。
阙——què，古时皇宫门前的两个楼台。
quē，短缺。
阚——kàn，看、视之意。
hǎn，虎吼叫。

“阕”字，读作“què”。

阕，本义是指事情做完了，也当门户关上讲，渐渐地引申为止息、终结之意。曲终为“阕”，所以称词曲一首叫作“一阕”。

此外指事物到尽头或到期也叫“阕”，如“酒阕”就是酒已喝完之意。顺便一提的是，古时有种名马叫“广阕”，这种马的特征是背上有旋毛。

“阕”字作动词时是形容止息不争，如“俾民心阕”；而“乐阕”乃乐终。此外，“阕”也是姓氏之一。

同样读作“què”，且字形与“阕”字相像的“阙”字，在此稍作解说。

“阙”是古时候皇宫前两边的楼台，乃作为观望远眺之用。此外帝王所居之处也叫“阙”。

同时“阙”又是地名、山名，如孔子的故里称“阙里”；如“伊阙”乃指山名，在河南省洛阳南方。

“阙”字，读作“quē”时，又当作过失、空虚或短缺讲，如“阙文”即指文字有残缺，“阙字”指诗文中脱落的文字；再如“阙疑”，是说对学问有所疑惑而暂时未下断语。

谈到“阚”字，也是少见之字，但因有相似处，故顺便一提。

“阚”字，读作“kàn”时，作动词，望、视之意，如“阚视”即望视；也是姓氏之一。

“阚”字，读作“hǎn”时，古时用于形容虎吼叫，多见于古文中。

shàn

善

善——shàn，指吉利、祥和、美好的。
擅——shàn，比喻专长于或专精于。
缮——shàn，修补或抄写之意。
膳——shàn，饮食的代称。

“善（shàn）”的本义就是“吉”，也泛指一些祥和、美好的意思。例如“善人”便是好人，“善士”则指慈善的人。“善意”是不怀阴谋或害人的意思。“日行一善”便是劝人每天做一件好事。

“善价”是指高的或好的价钱。“善本”，指精美印刷或抄本，或指难以得到的书本。“儒墨之善”则指儒家、墨家之专长、特点，此时“善”则表示擅长的意思，例如“善与人交”也是这意思。“善终”则指享尽天年，安详而死。“善后”则指事后计划一个安全完美的方法。

“擅（shàn）”本是“专”的意思，也就是把事权完全操在一个人手中之意，也比喻一个人专精、特长于某一方面。“擅长”是专长；独断专行则叫“擅自”；“擅权”即专权；“擅美”指独得美名之意。

“缮（shàn）”是修补、修改的意思，如“修缮”或“缮改”。另外，指抄写的意思，如“缮写”。

“膳（shàn）”多指饮食方面的代称，如“膳夫”是指掌管厨房事情的人，也叫厨子。“膳宿”是泛指饮食与住宿的总称。“膳费”则指饮食的费用。

本章介绍的四个字，读音相同，但意义不同，请读音多加以区分。

xiè

渫

渫——xiè，清除、扩张、泄漏之意；也指水波流动；也是姓氏。

泄——xiè，指水向下流。

泻——xiè，腹泻。

本章介绍的“渫”“泄”“泻”字同样读作“xiè”，意思也有些相近，但仍略有不同。

“渫”字，最常用的解释是消除之意，如“浚渫”，是指清除脏乱之意。

“渫”字，又可解作停歇，如“为欢未渫”；又可当作扩散讲，如“渫粟”。也有污浊之意，所以行为不正也叫作“渫”。

“渫”字当漏讲的时候，与“泄”字相通。“渫”字除了有清除、污浊、停歇、扩散、泄漏等意之外，也是姓氏之一，如明朝邓州知府叫“渫升”。

“渫”字还可以用来指水波流动的样子，即“渫渫”。

同音异字的“泄”，则是指水向下流，如“下泄”；“泄”字也有泄漏之意，至于“泄愤”是指发泄胸中的积怒。“泄”又可形容无次序的样子，如“泄沓”即指怠惰涣散的样子；“泄泄”为从容自在的样子。

另一个“泻”字，意义略同，但通常是用在拉稀时，如“上吐下泻”。

总之“渫”“泄”“泻”多少有相通之处，用法通常随习惯而异，应仔细分辨之。

miǎn

湎

湎——miǎn，沉溺的意思。
缅——miǎn，思念的意思。
偭——miǎn，违背的意思。
腼——miǎn，害羞的意思。

“湎（miǎn）”的本义是指一个人喜欢喝酒，喜欢到执迷不悟的地步。后来引申为一个人沉溺于某一种事物，沉迷到不能自觉、不能自拔的意思，通常指迷恋于各种不良的嗜好而言，例如“沉湎酒色”。有的人把“沉湎”写成“沉缅”，这是不对的。

“缅（miǎn）”的本义是指很细的丝，后来引申为思念的样子，例如“缅想”。还可以表示遥远的意思，也叫作“缅想”；而“缅怀”不但是表示遥想，更表示反复地思念，如“缅怀先烈”或“缅然长思”。

“缅”还有扎紧之意，如“把衣襟缅往一旁”。

“偭（miǎn）”本义是一个人面背着前方的意思，引申为“违背”或“乖违”的意思。例如说一个人违背规矩、超越常理时，可以称为“偭规越矩”。

“腼（miǎn）”的意思是指一个人害羞、害臊的样子，还可以比喻为惭愧的样子，例如“腼腆”。

这四个字都带有“面”旁，读音也一样，要小心别用错了。

huá

滑

滑——huá，指往来便捷，毫不凝滞。
猾——huá，扰乱、狡诈。

“滑”字，读作“huá”。

“滑”的本义是指往来便捷，而毫不凝滞，所以凡是物体因光滑而攀附不住都叫作“滑”；如雨天时我们常说“天雨路滑，走路当心”。又如“润滑油”，是指涂在机械上，减少摩擦力的油，是精炼煤油后所剩下的浓厚物质。

此外“滑”字也可用于人的虚浮不实或指投机取巧，如“滑头”；同时“滑”又是姓氏，如明朝一位名医，叫作“滑寿”；“滑”也是地名，如“滑县”（属河南省）。

“滑”字也表示扰乱之意，有一种流酒器具叫作“滑稽”，它是一种转注吐酒的器皿，终日流酒不停，所以我们常形容一个人言语、动作诙谐有趣叫作“滑稽”。

同时因“滑”字有“乱”的意思，而“稽”是“同”的意思，所以一个口才便（pián）佞的人，能说假成真，扰乱异同，也可叫作“滑稽”。

最后一个“猾（huá）”字，当扰乱、狡诈讲，如“狡猾”“老奸巨猾”。

xīng

惺

惺——xīng，是机警的意思。

忪——sōng，指心惊胆战的样子。

zhōng，惊吓，畏惧。

星——xīng，只会发光或反射光的天体。

妐——zhōng，称呼丈夫的哥哥、姐姐。

“惺（xīng）”的意思视其配合的字而意义不同，“惺惺”是机警的意思，也代表聪明的含义，也形容声音婉转动听。后来引申为“惺惺相惜”，是表示有同样聪明才智的人，互相怜惜的意思。

“假惺惺”则是指本来聪明的人却故意要装出愚笨的样子，同时又比喻为虚情假意。

当“忪”用在“惺忪”一词时，则读作“sōng”，形容刚睡醒、眼神迷茫无焦点的样子，即“睡眼惺忪”，也作“惺松”。“忪”用于“怔忪”一词时，读作“zhōng”，为惊吓、畏惧的样子。

“妐”与“忪”同样读作“zhōng”，称丈夫的哥哥或姐姐用，如“姑妐”即称呼丈夫的兄妹而言。现代汉语中，已经没有“妐”字的用法。

“星（xīng）”是指会发光或反射光的天体，天文学上将其分为恒星、行星、卫星；“星”又可比喻事物微细却又多的样子，例如“零星”；“星火”则比喻急迫的样子，或表示微小的火。“星命”则指由出生年月日，配合星宿来推算人的命运，算命的人又叫“星士”。以前的小妾则又称为“小星”。“星罗棋布”比喻排列得密又多。

zhuì 惴

惴——zhuì，指内心忧愁恐惧。
揣——chuǎi，当猜测、估量讲。
chuāi，把手或物品放在衣服口袋里。
chuài，挣揣、囊揣。

“惴”字，读作“zhuì”。

惴，乃是指内心恐惧忧愁的样子，如“惴恐”“惴惧”都含有畏惧的样子。而“惴惴不安”即说心里忧惧，时感不安。“惴惴”二字语出《诗经·黄鸟》：“临其穴，惴惴其栗。”

有些人会把“惴”字写作“揣”，那是不同的两个字，下面介绍“揣”字。

“揣”字读作“chuǎi”时，通常是作猜测或估量讲，如“揣测”是推断、忖度之意；又可作探求、思量的意思，如“揣摩”是指经过仔细研究探讨，而得到心领神会的收获，这便叫作“揣摩”。揣，也是姓氏之一，如有位叫“揣本”的明朝举人，是河南有名望的人。

“揣”字同时又有摸的意思，像一种借揣摸骨相来预卜吉凶、荣衰的相术，就叫作“揣骨”。

“揣”字，读作“chuāi”，主要指把手或物品放在衣服口袋里，如“揣着”。“揣”字还有一个读音“chuài”，很少用，如“囊揣”“挣揣”，多见于古文。

“惴（zhuì）”“揣（chuǎi）”二字，是应该好好地“揣摩”一番，才不致因错用而“惴惧”。

qiǎo

愀

愀——qiǎo，表情突然变得凝重。
揪——jiū，用手抓住。
湫——jiǎo，低洼、窄小又潮湿之地。
qiū，水池。
瞅——chǒu，眯着眼睛斜看。

“愀”字，读作“qiǎo”。

“愀”字有个“忄”部，所以是用来表示内心忧愁的样子，如成语中“愀然不乐”；至于“愀然变色”则是指容貌因忧虑而变色。在这里要注意的是“愀”“愁”虽同样都是“心”部，但因一个是“心”部，另一个是“忄”部，所以用法与读音也就有很大不同。

“揪”字，读作“jiū”。是用手抓住的意思，如我们说“揪着头发”，就是用手抓着头发。“揪心”是担忧、不放心的意思。

“湫”字，读作“qiū”时，是指积水的小池子；此外又有另解，如“湫湫”是指忧戚悲伤的样子。

“湫”字，读作“jiǎo”时，指低洼、窄小而又潮湿的地方，我们通常称这样的地方叫作“湫隘”。

最后介绍“瞅”字，读作“chǒu”。

“瞅”字当动词用，是说眯着眼睛斜看，如“瞅了一眼”。

介绍了这几个字，不难发现都有个“秋”字，只是因部首不同而衍生出不同的读音和用法。

bì

愎

愎——bì，任性倔强，如“刚愎自用”。
复——fù，当报讲，如“复仇”。
蝮——fù，动物名，如“蝮蛇”。

“愎”字，读作“bì”。

愎，指乖戾残暴之意，所以凡是个性倔强乖违，固执己见，自信能力强，不愿听从良言忠语的劝告，这种人叫作“刚愎自用”；另有一词“愎谏”，那是指不听谏言，任性而行。

“愎”字常会有人读错或写错，经常与“复”字混用，主要原因是“愎”“复”字形上近似，所以有人读“愎”时就索性有边读边地读成“复”了。

“复”字，读作“fù”。此字绝大部分当作动词用，如当报讲，则有“复仇”“报复”等用词；如当返讲，则有“复兴”“复原”“复国”等用词；若当回答讲，则有“复命”“复信”等用词；若当反复讲，则有“往复”等。

“蝮”字，读作“fù”。

蝮，是动物名，毒蛇的一种，呈灰黑色，约长二尺，头部略大而呈三角形，颈细，毒牙如管，全身灰暗而有褐色斑纹，是具有烈毒性的蛇种。

此章最该注意的不是“蝮”，而是“愎”与“复”不可混用，尤其是成语“刚愎自用”不可写成“刚复自用”，否则就错得离谱了。

qiáng

强

强 ——qiáng，是健壮有力或多余、超过的意思。
qiǎng，迫使，勉强。
jiàng，固执，强硬不屈。
镪 ——qiǎng，穿钱的绳索。
襁 ——qiǎng，指裹在小被袱内的婴儿。
镪 ——qiǎng，金钱的总称。

“强”本来是“彊”字，指弓的劲力十足而言，后来以“强”字代替。

“强”字，读作“qiáng”，是健实而有力之意，如“强健”；比喻刚直的叫作“刚强”。凡是弱柔之反面都可以叫“强”，如“强大”“强盛”“强壮”“强硬”“强横（hèng)”“强权”等。“强”字也指多余、超过之意，如“比谁强”“三分之一强”等。“强”字也是姓氏之一。

“强”字的另一个读音是“qiǎng”，代表迫使的意思，即非自愿的，如“强迫”“强制”“强辩”“强记”“强求”“强人所难”“强词夺理”等。

另外，若读作“jiàng”是指固执、不柔和的，如“倔强”。要特别注意的是，这三种读音的用意不同，切记不可混淆使用。

“镪”字，读作“qiǎng”，指古代钱币整贯整串系在一起时所使用的绳索。也是金钱的总称，“藏镪巨万”比喻很富有。“白镪”指白银子。祭鬼神用的冥钱则叫作“纸镪”。需注意的是，不要写成“缰”或“襁”，读音则是三声“qiǎng”，而非二声“qiáng”。

“镪”字，读作“qiāng”，是强酸的俗称。

“襁（qiǎng）褓（bǎo)”一是指裹婴儿的小被袱，二是指裹在小被袱内的婴儿，“襁褓”也比喻人很幼稚；“襁负”则指襁裹着小孩而背在背上。

jiān

缄

缄——jiān，信函的意思，或封口。
笺——jiān，小而考究的纸、信札。
牋——jiān，同“笺”字。
柬——jiǎn，帖子、名片或书信。

“缄（jiān）”是封或闭的意思，例如“三缄其口”或“缄口不言”，是指闭口不说；“缄默”也是指不说话。

“缄”本指捆箱子的绳索，而发信一定要封口，故而把信函也叫“缄”，如“缄札”“缄辞”等。

“笺（jiān）”字本来指注释经传的文字，用以阐明其义理要旨、发表己见的，所谓“笺注”或“笺文”便是。

“笺”指名片而言，如“投笺互拜”是投递名片、互相拜会。指精致考究的小纸或信函也叫“笺”，如“华笺”“锦笺”“云笺”等。

“笺”也是文体名，为书札、奏记一类，此时与“牋”相通，二者互为异体字，“信笺”亦作“信牋”；另外，“牋（jiān）”也指古时候的一种奏章，叫作“牋奏”。

“柬”字，读作“jiǎn”，解释为请帖，如“柬帖”“请柬”“喜柬”。“柬”字也和“缄”“牋”“笺”相同，可以指信函。但“柬”字解为信函时，却不能读作“jiān”，仍然须读作“jiǎn”。

jī
缉

缉——jī，搜捕的意思比较常用。
qī，缝纫方法。
辑——jí，指和睦、聚集之意。
葺——qì，修补房屋。
戢——jí，收藏的意思。

“缉（qī）”是指把麻劈开，然后再捻在一块搓成线，也就是平常所说的“绩麻”，“缉纻（lú）”是治麻成为线缕的意思；另外又指缝衣服的意思，如“缉边”就是缝衣边。

“缉”最常用的是指搜捕的意思，此时应读作“jī”，如“缉私”是拘捕、搜捕走私的意思。捉拿则可以称为“缉拿”。“通缉犯”是指被法院通缉在案的犯人。“缉获”指已经捉住犯人。“缉”又可以代表光明的样子，如“缉熙”；又形容和睦相亲，叫作“缉穆”；“缉缉”则指交头接耳。

“辑（jī）”以前是指车辆、乘人载物的车厢而言，现代多用于指聚集、综合来说，称作“编辑”。“辑录”是指收录、汇编；“辑要”则只辑收其重要的部分。“辑”又形容和睦、和好之意，如“辑睦”“辑穆”；“辑辑”指和舒的样子。“辑履”可以指鞋子，也引申为脚步的意思。

“葺”是修补房屋之意，称作“修葺”，因为古代的屋子不论顶盖或墙大多用草覆盖，所以“葺屋”指草屋；“葺袭”则指重叠的样子。

“戢（jí）”是收藏的意思，如“戢兵”是息兵、止兵。“严戢”是禁止之意。“戢影”则指退隐而言。“戢戢”是指密集的样子，或形容细小的声音。

gūi

瑰

瑰 ——guī，作奇特、美丽、珍贵讲。
瓌 ——guī，“瑰”的异体字。

汉字有许多是同音同义的字，如“瑰”“瓌”二字就是一例。

“瑰”字，读作“guī”。有些人会读作“guì”，这是错误的。

谈到“瑰”的本义，是指像玉的石头而言。更进一步地说，我们称美好的石头，叫“玫”；而圆形又美好的石头就叫作“瑰”。“琼瑰”是略逊于玉的美石，也比喻美好珍贵的东西。

但是一般常说的“玫瑰”并非指玉石，而是一种属于蔷薇科的植物，它是一种落叶灌木，高度二三尺，枝上有刺，且叶互生成双，花托呈壶状，花有黄、白、红等色，美丽而香气清冽；既可提炼成香水，又可掺（chān）入茶叶中饮用。“玫瑰”通常都栽种在庭院以供人欣赏。

此外古时“瑰”字又可当高大、魁梧的意思，如形容身材魁梧、气概雄伟的样子即用“瑰岸”；另可当美艳，如形容人的容貌或姿态美好，可称“瑰姿”；至于“瑰儒”一词，则是说人的学问渊博，且温文儒雅。

“瓌（guī）”字是较为少见的，如今视为“瑰”的异体字，虽然“瑰”与“瓌”二字音义相通，但在书写上应以“瑰”字为主。

shè

摄

摄——shè，收取或保养、兼代的意思。
慑——shè，威吓逼迫人的意思。
镊——niè，拔去毛发的金属器具。

“摄（shè）”用来指收取的时候比较多，例如“摄影”便含有“收取”人的“影像”的意思，今日已发展成一种艺术与专门学问了；“摄取”则含有吸收、收取的双重意思。“摄音”或说“收音”的意思，或说“收取”“收集”声音。

“摄”解作保养，例如“摄生”为保养身体的意思。用在兼代、代理上的用法不少，例如“摄政”是代理行政、掌政治权力或代替君主之位的意思，“摄行”是代理行使职权的意思。最后还有一个用法，比喻为不舒展的样子，叫作“摄叶”。

“慑”字，通常都读作“shè”，与“摄”同音。其意义指被人威吓所逼迫，因之产生气馁的现象，例如“慑服”是因畏惧他人的威势，而屈服其下的意思。“慑息”是代表一个人屏息呼吸的样子，形容为因畏惧过甚，连呼吸也不敢大声。

“镊（niè）”的用法很少，主要指用金属做的器具，它的功用是拔除毛发，例如“镊子”；也可以当动词用，例如“镊除”。

这三个字同样有“聂”在右半部，读音却不一样，所代表的意思当然也不一样，但可以从其部首看出个大概。

bó

搏

搏——bó，搏斗、捕捉。
抟——tuán，是指用手搓物成团。

“搏（bó）”字，是作动词用，表示打斗、捕捉之意。在作战时与敌人作短兵相接，通常称为“肉搏战”；另有句成语叫作“弹筝搏髀（bì）”，意思是说听到节奏轻快的音乐，便拍着大腿，随着音乐来应和（hè）。

至于另一个与“搏”字非常相近的则是“抟”字。

“摶”是“抟”的繁体字，“抟”字，读作“tuán”。请勿与“搏”字混淆，一个右半部是“专”，另一个右半部是“尃”。

唐末五代时，有位华山修道士，就叫作“陈抟”，是人称的大睡仙，可一睡百日而不醒；后宋太宗因他修道有成，特赐雅号叫“希夷先生”。有些人会将他的名字读成陈“搏”，应该是陈“抟”才对。

“抟”字，是动词，意指用手把东西搓成团状，也可当聚集、凭借讲。有些人会将米饭揉成一团，中间放些肉松、油条之类，则成美味餐点，即“饭团”，人们用力去捏饭团的动作就称为“抟饭”。另一词“抟埴（zhí）”，则是用黏土做成坯（pī）来烧成陶器，此手艺已成我国古文明的象征。

此外有“抟沙”一词，乃指一团沙，比喻无黏结力，无法聚集。

tà

搨

搨——tà，拓的意思。
榻——tà，指木头做成狭而长的床。
蹋——tà，脚踩地。
遢——tā，不整洁之意。

“搨（tà）”，是指“拓”的异形字，本义是用纸和墨在碑石上或器物上轻轻打击，使原本的字迹或形象、图画显现出来，今日常说的“搨本”即摹印下来的碑帖。其中还可以分成好几种，以朝代来分，如“宋搨”“明搨”等。以方法来分，用白宣纸蘸浓墨，重重地搨出来，叫作“乌金搨”；用玉薄纸，以较淡的墨搨印出来的，叫作“蝉搨”；光用红色搨印，不用墨的叫作“朱搨”；从原物上首次搨印下来的叫“初搨”。现代汉语中，很少使用“搨”字了，以“拓”为通用字。

“榻（tà）”是用木头做成狭而长的床，出家人用的叫“禅榻”；装饰美丽的叫“华榻”；日式房屋地板所铺的厚草席叫“榻榻米”，为译音，传统上以稻草编织而成，并不是木头做的。

“蹋（tà）”本义指脚踏实地或踩物，用在“糟蹋”为多，本来指浪费财物之意，又比喻为侮辱的意思。要注意的是不可写成“遭蹋”或“糟遢”。

“遢（tā）”用在“邋（lā）遢（ta）”为多，本来指不整洁的样子，比喻为做事不谨慎，或形容一个人落魄、不整洁。“遢”在此时要读作“ta”。

这四个字各有专用之意，绝不可以用错或以为通用，否则将贻笑他人！

tāo
搯

搯——tāo，与“掏”同，伸手往衣袋里取物。
掐——qiā，用手指控住东西。
插——chā，刺入。
舀——yǎo，把物品从容器内取出。

“搯”字，读作“tāo”，是“掏”的异形字。

“搯”字与“掏”字相同，当动词，伸手从衣袋里取出东西，如“搯钱”；又可当挖讲，如“搯井”“搯金”。由于“掏”字渐被使用，而使“搯”字渐渐闲置不用。

“掐”字，读作“qiā”。

“掐”字是指用手指头或指甲用力按住东西，如“她从背后掐了我一下”；此外“掐”字又可当采、摘讲，如“掐下一朵水仙花送你”，其中“掐”就是摘的意思。有些预言的算命家会说“掐指一算”，是指用手指头来计算卜数。在日常生活中常说“掐头去尾”，也就是指省略掉不重要的。

“插”字，是很平常的字眼，读作“chā”。

“插”字可当刺入、加入讲。如“插花”“插班”“插手”“插腰”等词都是日常用语中常见的；此外还用一句“插翅难飞”来形容无法逃走。

“舀”字，读作“yǎo”。

“舀”字是指把物品从容器中取出，如“舀水”即指由容器中取出水；或指取水用的勺子，即“舀子”，或作“舀儿”。

gòu
彀

彀——gòu，把弓拉满，引申为满足之意。
壳——ké，指动植物外层的硬皮，或是物体坚硬的外皮，也读作“qiào”。
穀——gǔ，落叶乔木名。
谷——gǔ，粮食的总称。

“彀”字，读作“gòu”，属“弓”部。

“彀”字是指将弓拉满，如《孟子》中“羿（yì）之教人射，必志于彀”，是孟子用来比喻教人求学必须要有方法，然后才能期望有成。

“彀中”一词，则是指弓箭所及之地，引申为牢笼、圈套之意，如成语中说“入吾彀中”。此外如“彀率（lǜ）”是指张弓的限度；“彀骑（qí）”是古时持有弓箭的马兵。

谈到“壳”字，读作“ké”，又可读作“qiào”。是指动植物外层的硬皮而言，也指物体坚硬的表皮而言。如“蛋壳”“弹壳”“花生壳”“地壳（qiào）”等，用法是大家所熟知的，此处不再多述。

另外“穀”“谷”也是容易被弄混的字，虽然都同样读作“gǔ”，尽管两字间仅一横之差，却是不相同的意思。“穀”是树格，属落叶乔木，如“穀树”，雄花呈穗状，雌花呈球形，可制纸，用途极广。至于“谷”字，则是粮食的总称，如“谷粮”等。

“彀（gòu）”“壳（ké）”“穀（gǔ）”“谷（gǔ）”是四个极易混淆的字，尤其是“穀”“谷”二字，请读者务必认清细辨。

nuò

搦

搦——nuò，按或挑衅、握的意思。
弱——ruò，衰微、丧失、少数等之意。
嫋——niǎo，柔美、悠扬、摇曳等之意。
袅——niǎo，缭绕、摇曳之意。

“搦”字本义是按、挑衅（xìn）或握、向下压抑之意。例如“搦棹（zhào）”是将划船的桨握在手中。“搦管”是握着笔作文章、写作。“搦战”则指向他人挑战的意思。“搦”还引申为指细长的东西，手一把能握起来量，即叫作“一搦”。需小心它的读音，不是“ruò”，而是“nuò”。

“弱（ruò）”是强的反面，代表不健康的、不健全的，如“衰弱”“体弱多病”等。指年少幼小时也用弱，如“幼弱”“稚弱”；“弱冠”则是指男子年满二十岁时的加冠礼。“弱不禁风”比喻女子苗条柔弱。“弱肉强食”比喻弱者常被强者所吞并灭绝。

“嫋”字，读作“niǎo”，不是“ruò”或“nuò”，形容女子身材修长且柔弱的样子，例如“嫋嫋素女”。“嫋嫋”形容女子体态纤秀柔美的样子，也形容风吹动的样子，还比喻悠扬婉转的声韵如缭绕一般。现代汉语中，“嫋”很少使用，其异形字“袅（niǎo）”为通用字。

zhēn

斟

斟——zhēn，适量注酒，如“斟酒”。
勘——kān，考核、稽查。
戡——kān，平定祸乱，如“戡乱”。

“斟”字，读作“zhēn”。把酒注入杯中，就叫作“斟酒”；至于“斟酌”一词，则是说把酒适量地注入杯中，不多也不少。此外“斟酌”也被引申作估量事物的多寡缓急，如诸葛亮有名的《出师表》中：“斟酌损益”即衡量损益之意。

“斟”字若将“斗”部换成“力”部，就成了“勘”字。“勘”字，读作“kān”，当审问、考核讲，如“勘察”，即考核之意；“推勘”即是审问犯人；“勘灾”则是实际调查灾害之区。

“勘”还有校正、核对之意。如“校勘”即校对正误；“勘误”即校正文字的错误；如“勘合”是指盖印在文件的骑缝处，以便校勘对合；至于“勘误表”是指书籍文字校正的表格。

另外还有一个字与上面两字相似。

“勘”字的“力”部改成“戈”部，就成了“戡”字，读音也是“kān”。“戡”的本义是刺或杀，也可作平定讲，所以我们常说“戡乱”也就是平定乱事；“戡定”则是平定。

“斟”“勘”“戡”之不同，只是右边部首变化罢了，但是极容易搞错，请读者分辨并使用正确的读音。

mò 驀

驀——mò，是忽然、超越的意思。
慕——mù，本义是内心所向往而系念不止之意。
瘼——mò，痛苦的意思。
寞——mò，冷清、安静的意思。

“驀（mò）”本来是上马、骑乘的意思。“驀六驳（bó）”即骑着驳去的意思，“驳”则是一种像马而头上长一只角的野兽。又用来指超越、越过之意，如“登山驀岭”即是。最常用的是指忽然的样子，如“驀然”“驀地”，要小心的是其读作“mò”而非“mù”。

“慕（mù）”的本义是“思”，即心有所向往而因之系念不已，如“爱慕”“羡慕”“思慕”“仰慕”，引申为爱羡、趋附之意，如“慕名”是爱慕他人名声，而“慕势”是趋附势力的意思，“慕义”则是倾向正义的意思。用的时候也要注意，“仰慕”所说多是带有崇敬之意，如“仰慕德风”不说“爱慕”，才不致令人听来暧昧不清。

“瘼”指痛苦的形容词，常说“民瘼”即指人民的痛苦，读音是“mò”，而不是“mó”。还可以指病的意思，《说文解字》载：“瘼，病也。”

“寞（mò）”是清静或冷静之意，最常用是“寂寞”或“寞然”。它的上面是从“宀”部而不是“冥”的“冖”部，应该多加注意。

péng
蓬

蓬——péng，草名，多年生草本，属菊科，茎高一尺余，叶呈锯齿状，形状如柳叶，花呈白色，种子有毛，一遇风吹即成“飞蓬”。又当兴盛讲，如“蓬勃”。

篷——péng，张开盖在船上用来遮风雨的东西。

棚——péng，用竹木等搭成，用来遮风雨或日光的东西。

“蓬”字，读作“péng”，属“艹”部。

蓬，是多年生草本植物，属菊科，茎高一尺余，叶片呈锯齿状，形似柳叶，花呈白色，种子有毛，一遇风吹即成“飞蓬”。

也因此，一般人常用来指人的头发乱而不剪，像飞蓬遇风散飞、面容肮脏的样子叫“蓬头垢面”。除此，“蓬”字又可作兴盛的样子，如“朝气蓬勃”，是指一个人或一个家充满了冲劲，充满了希望。

另外“蓬莱”乃是我国山东省县名，位于山东半岛上。

“飘蓬”是用来比喻人的行踪漂泊不定；“蓬荜”则是形容穷苦贫困人家，“蓬荜生辉”则形容有贵客来访，而令主人感到增光、喜悦。

“篷”字，同样读作“péng”，是指用油布或以竹片编成，盖在船顶上以遮风雨和日光的东西。此外船帆也称作“篷”，如“乌篷船”；另外有种披在身上以御风寒的外衣，则称作“斗篷”。

“棚”字，读作“péng”，请勿与“篷”字混用。“棚”所指的虽同样是用竹木等编成遮风雨避日晒的东西，但指的却是“架子”而言；如“棚架”，是院落里用细竹搭成的架子。

xiē

楔

楔——xiē，门两边所立的长木；也可称小说的引端，通常称为“楔子”。

锲——qiè，即镰刀；另有雕刻之意。

“楔”字，读作“xiē”，属“木”部。

“楔”本是一种植物的名称，有两种说法：一是指樱桃，二是指像松树般的树。

后来，“楔”被用来指门两旁的长木柱而言。此外“楔”也可用来指简单的机械，也指“劈、斧、刀”等木工器具。渐渐地转变为，凡是一切补填细缝的东西，都叫作“楔子”。

正因为“楔”是用来填补空隙的东西，所以“楔子”即指小说的开端引言。

“楔形文字”，是由象形文字演化而来，为古代西亚一带所使用的文字，美索不达米亚的苏美人最早使用；又被称作“箭头文字”，是因为这种文字，形状好似箭头。至于“楔形叶”，则是叶子的一种形状，为植物学名词。

与“楔”字略同而从“钅”部的“锲”，读作“qiè”。切记，不要误读成“qì”。

“锲”，是指镰刀而言。此外又可当作雕刻讲。成语中“锲而不舍”的“锲”字，则是当作雕刻，全句是用来比喻努力不懈的样子。

此外“锲薄”一词，当有刻薄之意。

“楔（xiē）”“锲（qiè）”，应注意读音，不要误读成“契（qì）”字了。

chūn

椿

椿——chūn，乃是树名，属楝（liàn）科落叶乔木。

桩——zhuāng，指插入土中的木棍或石柱；通常用作建筑物的基础。

“椿”“桩”二字有些相像，一个右边是“春”字，另一个右边是“庄”字。

“椿”字的读音是“chūn”，属“木”部。

“椿”的原义是一种树名，属于楝（liàn）科落叶乔木，高度三四丈，形状如羽且有复叶，叶子柔嫩带红色，芳香甘美可供食用，即是俗称的“香椿”。“椿”的木质相当坚硬，适于制琴。

“椿”因为树龄很高，所以后世就取其寿高之意，尊称父亲为“椿庭”。此外代表母亲的是种“萱草”，后世尊称父亲为“椿堂”，尊称母亲为“萱堂”。所以今人祝福父母健在时，就用“椿萱并茂”的成语来当祝词。当用“椿萱并茂”时，可别误写成“桩萱并茂”，那可真是难登大雅之堂。

“桩”是另一个字，它的读音是“zhuāng”，同属“木”部。是指插入土中的木棍或石柱而言。“桩”的作用是用来巩固建筑物的基础，如“桥桩”。

当在进行插桩的工作，我们就称作“打桩”。此外“桩”还用来当量词用，通常指事件而言，如“一桩买卖”或是“一桩事”。

“椿（chūn）”“桩（zhuāng）”，同属木部，差别在于“春”“庄”二字。今后读者可别再把“椿萱”写成“桩萱”了。

jìn
禁

禁——jìn，本义是制止的意思。
jīn，承受或耐得住之意。
噤——jìn，闭着嘴的意思。
襟——jīn，上衣钉纽扣的地方。

“禁（jìn）”本来是古代一种放置酒樽的器具，以其“戒酒”之意而引申为制止或忌讳的习俗，或法令上不应该做的事，例如“禁止”“禁令”“禁地”“禁忌”“禁书”等。表示处所的时候专指君主所居之处，如“宫禁”“禁中”都是，“禁坐”指帝王之座位。而监管或囚禁、拘押都叫作“监禁”；有趣的是有些饲养禽兽的地方也有以“禁”为名的。

“禁火”是指寒食节时禁止举火。“禁烟”则指禁止吸烟。“禁脔（luán）”是比喻他人不得亲近的东西，即独占之意，也比喻为被独占之物。

“禁”另一个读音是“jīn”，表示承受或耐得住之意，如“弱不禁风”“禁得起”等，特别注意的是“禁得起考验”有时被写成或读成“经（jīng）得起”，是大错特错的！而“弱不禁（jīn）风”也不可以读成“jìn”。同理，“情不自禁（jīn）”便不可读成“jìn”。

“噤（jìn）”是把嘴闭着的意思，如“噤口不言”。“噤若寒蝉”是指有所顾忌而不敢作声，如冬天的蝉是不会叫的。

“襟（jīn）”指古代上衣钉纽扣的部分，叫“衣襟”，比喻为一个人的思想境界或气度则叫“胸襟”。姐姐和妹妹的丈夫互称叫作“连襟”；称妻子的姐夫为“襟兄”，称妻子的妹夫则是“襟弟”。“襟情”则指胸中含藏的感情；“襟曲”指内心深处的情意。

lài

赖

赖——lài，姓氏。动词当依靠。
懒——lǎn，又作“嬾”，怠惰。
獭——tǎ，一种生活在水边的动物。
嬾——lǎn，同“懒”，怠惰。
籁——lài，即箫。

“赖”字，读作“lài”。名词通常作姓氏用。

“赖”字当动词时是依靠、仗恃，如“依赖”。另“赖账”，则是说不承认债务；此外如“赖学”是说学生怕读书而逃学。

“懒”字，读作“lǎn”，同“嬾”字，可作动词、副词，也可作形容词。如“懒惰”是说怠惰、好逸恶劳。“懒散”则是疏懒而不紧张。至于“嬾”字，是相同的意思，所以用法上皆可通，但今日通行字为“懒”。

谈到“獭”字，读音是“tǎ”。这个字是常被读错的，所以在读音上要特别记住是“tǎ”。

“獭”是动物名，一般生活在水边，形状如鼬鼠，分水獭、海獭、旱獭三种。“獭”字用法不多，造词也很特殊，如“獭祭”一词，是说獭捕鱼时，喜把鱼一一陈列如祭品；后用来比喻堆砌典故而成的文章。

最后一个“籁”字，也读作“lài”，是古代的箫。成语中的“万籁俱寂”，是指大地静寂，无任何声音。“天籁”则指大自然的声音，不为任何人工雕琢的；也用于比喻文章浑然天成。

piāo

剽

剽——piāo，抢夺或窃取的意思。

摽——biào，落下的意思，或比喻女子到达适婚年龄。

biāo，标记，或作丢弃解。

标——biāo，目的、准则或者非根本的意思。

“剽（piāo）”是指以暴力抢夺别人财物，例如“剽劫”“剽掠”都是。应用最多的是指窃取他人的诗文作品，而当成是自己的作品，例如“剽窃”或“剽袭”。

“剽”又有另一个字义，是用在代表凶猛或勇敢、凶悍的意思，例如“剽悍”或“剽姚”。

“摽”字，读作“biào”的时候意指“落下”，“摽梅”本来指梅子熟了可以从树上打落下来，后来引申成比喻女子已经成年而等待出嫁、等待获得爱情的心理。

“摽”读作“biāo”是挥之使人离去或高举抛落的意思，也有标记之意，与“标”字相通，今日所说“标枪”其实应该是“摽枪”比较适合。例如“摽诸门外”是说挥出门外的意思。

“标”读作“biāo”，本义是指非根本的事物，例如“治标不治本”。后来引用成准则或目的物，例如“标本”“标示”“标准”“标价”或“目标”。

“标榜”是把好处表扬出来。“标注”是指列于书籍文本上端的注释。“标志”或“标记”则专指记号的明白表示。“标新立异”是指创立新奇的名堂，以表示与众不同。

shèn

蜃

蜃——shèn，为一种大型蛤蜊。
唇——chún，嘴的边缘。
娠——shēn，指怀孕的意思。

“蜃”字，读作“shèn”，绝对不可以读成“chún”。以前是指很大的蛤（gé）蜊（lí），后来便以“蜃”来当蛤类的总称。

“蜃楼”或“海市蜃楼”是指地面景物经过光线的折射和反射，在空中所呈现出来的倒影，有时候海平面上也见得到岸边城市景象之倒影，在沙漠中也很常见，所以用来比喻虚幻不实、难以持久的事情。

“蜃”字还有其他比较少用的用法，“蜃车”是指丧车。值得一提的是，“海市蜃楼”绝不可以写成“海市唇（chún）楼”。

“唇（chún）”是指嘴的边缘，叫作“嘴唇”。

“唇舌”是指争论，也可比喻人的口才；“唇齿”是嘴唇和牙齿，也比喻为彼此间的利害关系。“唇枪舌剑”或“唇枪舌战”则说彼此争论得很厉害。

“娠”字，读作“shēn”，表示怀孕的意思，如“妊娠”。须注意“娠”的读音，千万不可误读成“chén”。

jī 畸

畸 ——jī，指田亩不整。
骑 ——qí，两脚跨在马上。
jì，骑马作战的士卒。
绮 ——qǐ，丝织物。
琦 ——qí，乃美玉也。

"畸"字，读作"jī"。

"畸"字首先注意的是不要读成"qí"；再谈到意义，原指田亩不整，今凡是残缺不整皆可用"畸"字。如"畸零地"，是指土地面积少而不能单独使用之地；又如"畸人"，指怪异或不合时俗的人；近代病理学有称"畸形"一词，则是指人体各部发展不平均的形状，如兔唇、侏儒等。

谈到"骑"字，是极为通常的字眼，但在读法上却常会搞错。

"骑"字随它的词性不同而有两种解释：一、作动词时，读作"qí"，指两脚跨在马上的动作，如"骑马"；另常用的一句"骑虎难下"，则是比喻事情难处理，却不能中止，好像骑在虎背上，上去不得，下来为难。二、作名词用时，读作"jì"，如"铁骑"，则是指骑马作战的士卒。

"绮"字，读作"qǐ"。本义是指丝织物，专指素色花纹而言，所以称美好的服装叫"绮罗"。又如雕花的窗户，称作"绮窗"。至于美食，也可叫"绮食"。

"琦"字，是"王"字旁，读作"qí"。当名词解，是指美玉；当形容词用，则是奇异的、珍异的，如"琦辞""琦珍"。

yǒng
蛹

蛹——yǒng，昆虫由幼虫变成虫的中间阶段。
俑——yǒng，古时殉葬的木偶。
踊——yǒng，跳跃；也作物价上涨之意。
捅——tǒng，揭露、戳穿。

“蛹”字，读作“yǒng”，是指昆虫由幼虫变为成虫的中间阶段。蛹，可分两种，凡可以作茧的叫“结蛹”，如蝶、蛾之类的蛹；而没有茧只有厚皮的叫“裸蛹”，如胡蜂、天牛等的蛹。我们常把归隐田园的人称作“蛹卧”，就是取其似蛹般的蜷伏不出，像是与世隔绝，不问世事。

谈到与蛹字同音的“俑”，意义却完全不同。

“俑”字，是古时用来殉葬的偶人。最常听到的一句成语“始作俑者”，语出《孟子·梁惠王》：“仲尼曰：‘始作俑者，其无后乎！’”是说开始用俑来殉葬的这个人，一定会绝子绝孙。

“俑（yǒng）”字，也有痛的意思，但已少用。

谈到另一个读作“yǒng”的字，是“踊”。

“踊”字，当跳跃讲，如“腾踊”即是飞奔跳跃的意思，也可以表示物价暴涨。

此外，“捅”字，就不读作“yǒng”，而是读作“tǒng”。

“捅”常作动词用，指戳穿、揭露或招惹的意思，如我们常说“捅他一刀”，那个“捅”字即戳之意。另外，“捅马蜂窝”则用来比喻引动纠纷、惹祸上身。

cí 辞

辞——cí，本义是诉讼的讼词，后来指有条理的语言或文字，或告诉、告别等。

词——cí，代表一个完整观念的文字或语言。

“辞（cí）”的本义是“讼”，指在讼案中罪犯所申辩的话而言，即俗称的“口供”，今日叫“辩辞”“供辞”，而“辞讼”则指争讼。

“辞”多用来指推却、不接受的意思，如“推辞”“辞谢”；“辞让”则指谦让的礼貌性推辞。“在所不辞”则代表不推让也不躲避。另外，又代表告别之意，如“告辞”“辞别”。形容解雇或解聘时，如“辞退”“辞去”“辞聘”。

“辞”最常用的是指有条理的文字或语言，如“辞令”是应对的话语，“辞命”是国家对外的外交辞令。“辞赋”是文体的一种，古代诗歌的变体；“辞藻”是文章形式上的文采。“辞”的用法很多，但不能和“词”相通用，只有“言辞”和“辞典”可写成“词典”或“言词”，其他不宜相通。

“词（cí）”是代表一个完整观念的文字或语言，如“名词”“动词”“文词”；“词”是一种长短句押韵的文体，又叫诗余，宋朝最盛行，故言“唐诗宋词”。“词锋”是文章议论的锋芒之意。“词意”是文章代表的意思。“词章”是文章词赋杂文的总称。其他尚有很多，繁不备载。

“辞”与“词”是有分别的，“形容词”不能换成“形容辞”，而“修辞学”也不能换成“修词学”，应特别留意其间的区别才好。

shà

歃

歃 ——shà，是饮的意思，如“歃血为盟”。
插 ——chā，刺入。
锸 ——chā，缝衣服的长针或掘土的农具。

“歃”字，读作“shà”，属“欠”部。

歃，本义作饮、喝讲，如吴隐之《酌贪泉》：“古人云此水，一歃怀千金”，此中的“一歃”便是“一饮”。

“歃血”，是古时候盟誓的仪式，以牲畜的血涂在口边，用此表示诚意，然所涂之血亦分等级，如天子者用牛血、马血，诸侯者用猪血、狗血，大夫以下则用鸡血。

至于“歃血为盟”，即指隆重地结为同盟，这是种表示信守的礼节。相传至今，“歃血为盟”的风俗在某些地区仍存在着，到今天有人砍鸡头、饮血酒，都是“歃血为盟”的余征。

有些人把“歃血”写作“插血”是错误的。

“插”字，读作“chā”，属“扌”部。

“插”作名词用，是加入、安置、刺进之意。“插”是极通常的字，如“插话”“插图”都是很平常的词句，在此不再赘述。

至于“锸”字，读作“chā”，属“钅”部。

“锸”当名词用有二义：一是缝衣服的长针，二是掘土的农具，如“铁锸”，即为铁锹。

bài

稗

稗——bài，如水稻的植物；亦可当小讲。
裨——bì，帮助，如“裨益”。
pí，是“副”的意思。
捭——bǎi，指两手横开旁击。
牌——pái，用板揭示的标志或凭信物。

“稗”字，读作“bài”。

稗，是禾本科植物，高约三四尺，叶子有点像水稻，细长略尖，可作为家畜的饲料，俗称“稗子”。

此外“稗”字还有“小”的意思，如“稗官”即是小官；成语中的“稗官野史”则是指私人撰写的杂史与传记和一些笔记小说；这些史料是不足采信的，但却有可读性，且流传相当广。

“裨”字，读作“bì”。

裨字有两种读音：一是“bì”，当帮助讲，如“裨助”“裨益”。二是“pí”，是“副”的意思，如“裨将军”也就是“副将军”。

“裨”（pí）也可当作“小”讲，如“裨海”即“小海”。

至于“手”部的“捭”字，读作“bǎi”。“捭”是指两手横开旁击；如“捭阖”，“捭”是引动他人，“阖”是恐吓他人，所以才被引申为外交手腕。

“牌（pái）”字，较前面提到的三个字普通，但因字形上有点相似，所以在此顺便一提。“牌”是用板揭示的标志或凭信物，如“门牌”；至于“招牌”则是指商店字号或商标。

zhù

箹

箹——zhù，俗称“筷子”，用餐时取饭菜之器。

筋——jīn，是竹子的一种，叫“筋竹”；亦指人体由细胞所组成的纤维。

“箹”字，读作“zhù”，是“箸”的异形字。

“箹”字在口语中是少见的，但它却是中国人每天都要接触的东西，那就是“筷子”。

“箹”是用竹子或木料制成的，在今天生活富裕的家庭，甚至有用象牙制成的，不过最常见的还是用塑胶制成的。

“箹竹”产在广西省平乐县的华盖山中。“箹竹”是做筷子的上等材料，它的品质坚硬洁白，可媲美象牙。

“箹”今日在现代汉语中已不再通用，被“箸”代替。

“筋”字与“箹”字常被混淆，在此提出区分：

“筋”字，读音“jīn”。

事实上“筋”也是一种竹子的名称，长约二丈，质料非常坚硬，亦可用来做矛，又称“筋竹”。但“筋”字一般都用来指有弹性、可伸缩的东西，如“橡皮筋”；“钢筋”则取其性质坚韧如筋而言。

此外谈到“筋斗”一词，古时也写成“觔斗”，是翻身覆体的一种儿童游戏。

hé

貉

貉——hé，一种兽名，皮可做皮裘。

háo，同“貉（hé）”，专用于貉子、貉绒。

mò，古时指北方少数民族，也部分同“貊”。

貂——diāo，一种类鼠的动物，皮也可以做皮衣。

貌——mào，面容、仪容之意。

豸——zhì，指爬虫类动物。

zhài，山名。

“貉（hé）”是一种野兽的名字，有点像狸或兔子，是昼伏夜出的动物，以虫类为食，毛褐色或黑灰色，深厚且温滑，是做皮裘的上等皮毛。《论语》中形容孔子的弟子子路（仲由）“与衣狐貉者立而不耻”，“衣狐貉”形容的便是穿上等毛皮，高贵或有钱的人。“貉”通称“貉（háo）子”。

“貉”又读作“mò”，部分通“貊”字，我国古代称东北方的民族。

“貂（diāo）”是一种像鼠的小兽，毛长而呈黄色或紫黑色，它的皮毛可以做成皮衣，即“貂皮大衣”。另外。“貂”也是姓氏之一，如汉代绝色美女“貂蝉”。“狗尾续貂”是比喻官位滥加之意，或者指前后的接续不相称，后续者不及前者。

“貌（mào）”是指面容，如“容貌”“面貌”；“貌似”则指表面相像之意；“以貌取人”是只凭外表来取人而言。“貌相”是指只凭外表来测度。又指态度或仪容，如“礼貌”。形容表面的、外观的，如“貌合神离”指表面上很切合，实际上心思却很不同。

“豸（zhì）”是指昆虫或爬虫类，又作猫、虎之类的动物，如“庶有豸乎”。“此豸”则形容姿态妖媚而言。“豸”读作“zhài”，是山名，“冠豸（zhài）山”在福建连城。

yǐng

颖

颖——yǐng，指禾或东西的尖端。

颍——yǐng，水名或地名。

颎——jiǒng，光明貌。

"颖"字，读作"yǐng"。

"颖"通常作名词用，如禾的尖端——稻颖。另有一解，指谷实的芒，在植物学上称禾本科植物的花下小苞叫作"颖"。此外，东西的锋芒也可叫"颖"，成语中的"脱颖而出"，就是比喻才能出众，终能突出自显。有时也可当笔锋讲，如用狼毫做的笔，就叫"狼颖"。

"颖"，当形容词用时，是指人敏慧超俗，如"颖悟"；"颖秀""颖异"则是指才能出众；常用的"新颖"一词，则是指一些新式事物而言。

"颍"字，读作"yǐng"。"颍"字和"颖"字极为相近，但不可搞错，在书写时应特别留意，同样读作"yǐng"，却有不同解释。"颍"字当水名或地名讲，如"颍水"是我国的河水名，发源于河南；如"颍州""颍上"，则皆是我国的县名。

另外一个与"颖""颍"两字相近的是"颎"字，读音是"jiǒng"。"颎"字通常作火光、光明、充盛解，如"颖颖"即"颎颎"，是光耀、明亮的样子。

"颎"字最重要的是它的读音，有些人因不认得"颎"字，所以常把它读成"颍（yǐng)"字，这是错误的，应有所区别，才不致混淆而错。国字中有许多极相似的，正如"颖""颍""颎"这三字，一定要仔细辨认。

jiě

解

解——jiě，指解除、解释、解剖、解开。
jiè，指押送人犯。
xiè，一般用于姓氏或地名。

“解”字是常用的字，但有三种不同的读音，解释也各有不同：

一、当“解”字读作“jiě”时

这是一般较通俗的用法，如对欲知之事物表示领悟，即是“了解”；若表示一个人的意见与看法，则称作“见解”；至于“解释”则是用来对所不明白的事物加以说明。

“解”，也可以当作“解开”讲，即是“脱”，如“解衣”即是“脱衣”，至于“解脱”二字合用时，则是指脱离烦恼与束缚，回到自在的境界；此外，如“解嘲”是说自己替自己解释，以防他人嘲笑；“解闷”则是除去忧闷；“解颜”就是欢笑。

二、当“解”字读作“xiè”时

则是指地名，如山西省解（xiè）县。此外明朝有位翰林学士解（xiè）缙（jìn），所以也当姓氏用。

三、当“解”字读作“jiè”时

是指唐代的科举制度，进士由乡入贡叫作“解（jiè）元”。

此外押送罪犯也称作“解（jiè）”，如“押解（jiè）人犯”，而不可误读成“押解（jiě）人犯”。

lián
廉

廉——lián，本义是侧边、棱角之意。
溓——lián，质地轻薄的水。
帘——lián，用竹丝编成的遮蔽门窗之用品。
镰——lián，割草、稻子等植物所用之刀子。

“廉（lián）”本义是侧边的意思。如“堂廉”是指屋子堂屋的侧边。另外又指棱角的意思，“廉且深”是说器具有棱角而且很深，“廉隅”则指四方形木头的边与角。

我们常用“廉”字比喻人的言行方正，因此“廉隅”又比喻一个人的方正人格。还用来代表一个人的节操、德行高洁之意，如“廉明公正”是不贪污而且公平处事；“廉洁”是清廉不贪污；“廉吏”是指廉明的官吏。“廉访”是古代按察史之别称。“养廉”指培养廉洁的心。“廉俸”则指清代官吏于正俸外，另给养廉银以资补贴，合称为“廉俸”。

“廉”又是姓氏之一；另外又代表查察之意，如“廉得其情”。“廉纤”则比喻细雨蒙蒙。“廉远堂高”是比喻尊贵者的尊严。另外又形容便宜的好东西，常听的“物美价廉”即是。

“溓（lián）”解作薄水，是为质地轻薄的水；“溓溓”则用以比喻水结冰的样子，是为薄冰。此处要注意的是，“溓”的右边是“兼”，不是“廉”。

“帘（lián）”是指以竹丝编成用来遮蔽门窗的用品，如“窗帘”“门帘”“布帘”“竹帘”。“帘”字的繁体字是“簾”。“簾”字的下方是“廉”而不是“溓”的右方“兼”，应区分清楚。

“镰（lián）”是一种割草、稻、麦等植物的刀子，叫作“镰刀”，其右方是“廉”不是“兼”，不要和“帘”或“溓”搞混了。

shǔ

数

数——shǔ，检点数目的意思。
shù，计算事物多少的名称。
shuò，指屡次、频频的。

“数”的用法很多，因其不同读音而分成三种用法。

一、当“数”字读作“shǔ”时，是指检点数目的意思，即“计算”，“不可胜数”是说计算不完，又如“数典忘祖”是说追数典故，却忘了自己的本源，这是骂人不知追念祖先、饮水思源的意思。“数往知来”是说由以往的事情经历来推测将来。“数不清”是说算计检点不清楚。“数一数二”则是指在许多人或物之中，排序为最优等或特别的。

二、当“数”字读作“shù”时，用来计算事物多少的名称，例如“数目”“数量”“大多数”等。古代则以“数”代表数学，是礼、乐、射、御、书、数六艺中的一项，有时候则指一种技术或技巧、技艺，有时候又是指命运的形式，所谓“命数”。“数罪并发”是指屡有过失之后，在一次之中一起被发现、判定而言。

三、当“数”字读作“shuò”时，代表频频、屡次的意思，如“数见不鲜”指经常见到而不觉新奇，同“屡见不鲜”。一般人容易把它读成“数（shǔ）见不鲜”或“数（shù）见不鲜”，应该特别注意它的读音，才能表示不同含义。

nì 溺

溺——nì，乃指沉没水中或陷入疾苦之中。
niào，小便，通“尿”。

尿——niào，与“溺”字通，通常作名词用。

“溺”字，读作“nì”。

“溺”字是常见的字，指沉没在水里，如“溺死”，即指玩水时不小心遭水淹没而死。在炎炎夏日，人们总喜欢到海水浴场或游泳池泡水解热，甚至有人会到河边或溪畔戏水，这时应有万全准备，否则一不留意可能就会身遭灭顶之灾。“水能载舟，亦能覆舟”，水确实能够消除暑热，但大家一定要了解“安全第一”的道理，尤其是缺乏救生设备的场所，绝不可掉以轻心。提到“溺”字，趁此提醒读者。

“溺”字除了当沉没水中讲外，亦指沉没在疾苦之中，如“道济天下之溺”（语出苏轼）句中的“溺”字即指陷入疾苦中。

“溺”又当过分喜爱讲，如“溺于酒色”即指一个人只知喝酒与女色；另“溺利”是指孜之为利；“溺职”是指失职、不尽力于自己的工作；而“溺途”一词是指道家所称的“世途”而言，因人多溺于情欲，故名为“溺途”。

提到“尿”字，读作“niào”。

“溺”读作“niào”时与“尿”读音相同，在意义上也相通；不过应该读“尿”时则不可读作“nì”。如“小孩溺（niào）床”“随地便溺（niào）”都应该读“niào”才对。

当“溺尿”二字合用时，读音略有所变，这时应读作“溺（nì）尿（niào）”才对。

kē
窠

窠——kē，鸟兽的巢穴。
巢——cháo，树上鸟窝；亦是姓氏或地名。
窟——kū，洞穴，如“窟窿”。
窝——wō，鸟兽栖息之所。

“窠”字，读作“kē”。这个字较为少见，所以也经常会读错。

“窠”字，通常当空讲，是指洞穴中空着，便叫作“窠”，如“鸟窠”“虎窠”，则是指鸟兽虫类栖息之地。另外有时也可解释为写作诗文时，只是抄袭，而无创新，如“落入窠臼”，即是说一成不变的格式、诗文或其他艺术品依旧老套，陈旧不变。

“巢”字，读作“cháo”，意思与“窠”字有点相近，但因习惯而用法有别。

“巢”是指鸟兽、昆虫的窝而言，如“鸟巢”“鹊巢”“蜂巢”。上古人们为避免野兽侵袭，于是学鸟架树作宿，便叫作“巢居”；另“巢穴”一词，除了指一般昆虫动物栖止的窝穴，也指歹徒藏匿之处。“巢”亦是地名，如安徽省巢县。

“窟”字，读作“kū”，是指洞穴之意，如我国著名的“敦煌石窟”；又可指坏人聚集之所，如“匪窟”“毒窟”，所以意义上与“窠”“巢”都有些相近。

至于“窝”字，读作“wō”，也是指动物的巢穴，如“蚁窝”；而“酒窝”则是指人在说话或笑的时候，脸颊上出现的小圆窝。另外称清朝专把“运单”（即“引窝”，为运销食盐权的官方凭证）售人牟利的盐商叫“窝商”。而“窝藏”则是藏匿坏人的意思。

luǒ

裸

裸——luǒ，指光着身躯。
踝——huái，脚后跟之意。
果——guǒ，植物所结的果实。
馃——guǒ，米面制成的食物。

“裸（luǒ）”是指光着身子不穿衣服，如“裸体”“赤裸”“裸奔”等。引申为显露出来、凸显出来的意思，如“裸出”“赤裸裸”“裸露”。

“裸袒（tǎn）”或“裸裎（chéng）”也都是不穿衣服、裸体之意。“裸裎相对”又可比喻两人互相毫不保留地赤诚相对。“裸花”是指没有花冠、花萼的花。“裸芽”指没有鳞苞蔽覆的芽。

“踝”读作“huái”，不可以读成“guǒ”或“luǒ”。

“踝”指脚后跟上面两旁突出的圆形骨头，也叫“踝子骨”，外侧的叫“外踝”，内侧的叫“内踝”。“没踝”则指东西掩盖住脚踝。

“果（guǒ）”指植物所结的实，叫“果实”，依种类又分为“硬果”“浆果”等，种水果之园地叫“果园”，水果也叫作“果品”，果实之内外分为“果皮”“果肉”“果核”等。又代表结局，如“结果”“果报”；若比喻决断的意思，则如“果决”“果敢”“果毅”。事情已明白可见的，叫作“果然”“果真”。

“馃（guǒ）”指的是米面制成的食物，如“油条”，也称为“馃子”。

zhuì
赘

赘——zhuì，形容多余、不必要的。
贽——zhì，古时候初次见面致送的礼物。
骘——zhì，指雄马。
鸷——zhì，指凶猛的鸟。
赝——yàn，形容假的、伪造的。

“赘（zhuì）”的本义是以物去质押钱，就是用物品向他人抵押金钱之意。后来引申为以人去作抵押也叫“赘”，如“入赘”或“赘婿”是指男子到女方家中成婚之意。“赘子”则指卖子给人家做奴仆。

“赘”又代表多余的意思，或者指不必要的意思，如“赘疣（yóu）”是长在皮肤上面的肉疙瘩，也叫作“赘瘤”。“赘疣”也比喻为没有用的东西；“赘文”便指无用的、多余的文字；“赘言”比喻多余、无用的言语或文词。“累赘”便指一切不必要的事物或增加拖累的、麻烦的。“赘言”或“赘述”也指多说的、多给的不必要言语。

“贽”字，读作“zhì”，是古时候人初次见面时，致送给对方的礼物，即今日的“见面礼”，又可作“贽仪”或“贽敬”。

“骘”字，读作“zhì”，本来指雄性的马，后来比喻为“定”的意思，如“阴骘”是说暗中由天所定的吉凶、祸福。

“鸷（zhì）”是指一种凶猛的鸟，叫作“鸷鸟”。后来引申为比喻凶狠残忍的性情之意，例如“忿鸷”。

“赝”是指假的、伪造的，如“赝品”“赝鼎”。特别注意的是不可读成“yīng”，而是“yàn”。

zhé

摺

摺 ——zhé，指折叠。
熠 ——yì，指光明、鲜明、明亮的。
慴 ——shè，畏惧的意思。

“摺（zhé）”本义是折叠，凡是可以折或叠的东西大都可以叫“摺”，例如“奏摺”。古代用以记事用的备忘录，可以折叠成小册子叫作“摺子”，而“奏摺”则专指向皇帝禀奏事情所用的文书形式。

今天登载银行户头存、付款记录的小册子称为“存摺”；建筑或美工所用的一种可以叠起来，以便于携带的尺，叫“摺尺”。

扇子是在宋朝时候从韩国传来的，通常叫作“摺扇”，古代的文人雅士最喜爱手中拿一把摺扇，以示风雅。

现代汉语中，“摺”简化为“折”，但在二字意义可以混淆时，仍用“摺”。

“熠（yì）”是光很强盛的样子，例如“熠煜”或“熠熠”。也可以指如磷光般的小闪光，如“熠耀”；“熠燿”也是鲜明的样子。今日比喻知名的演艺人员为“熠熠红星”，即代表这位明星有如天上之星星，发出明亮的光芒。

“慴”是读作“shè”，不是读作“zhé”或“yì”，其意是畏惧、恐惧的；“慴”也有“慑服”的意思，如“慴伏”是因恐怖、畏惧而屈服。“慴”是“慑”的异形字，现在已很少使用了。

这三个字都有“习”字在旁，但其含义则相差很远，读音更不相同，应特别留心。

miè

蔑

蔑——miè，作欺侮、轻视讲。
篾——miè，指薄竹片。

同样读作“miè”，字形又相似的“蔑”“篾”有个相通点，都是一般较少用的字，所以请读者特别细认，以适运用。

“蔑”字，读作“miè”。

“蔑”字通常作欺侮讲，如“蔑先王之官也”（语出《国语·周语》），其中“蔑”即是有欺骗之意；此外又当轻视讲，如“蔑祖辱亲，于事为甚”（语出沈约《奏弹王源》）。今人用来表示轻视的意思，叫作“蔑视”；或称目无法纪为“蔑法”。有些人可能会把“蔑”（miè）字读成“miǎo”，这是极大的错误。

此外，“蔑”又当小讲，如“微蔑”，即是微小。另可当抛弃讲，如“不蔑”即是“不弃”。

“蔑”，也是古时的姓氏和地名。在古文中“蔑”字多少含有没有、否定之意，所以可与“灭”字相通。

同样读作“miè”，而从“竹”字部的“篾”字，解说如下：

“篾”字，是指用刀将竹子劈成一片片薄片而言，即为“篾片”，用蔑片可编制许多器具，如“篾筐”“篾席”等。

然而“篾片”一词，却可当作趋奉凑趣、沾利取润的门客，也称“篾客”，这种用法可见于《儒林外史》第三十二回。

虽然“蔑”“篾”二字少用，但也不可因此而“蔑视”它们。

ǎi

蔼

蔼——ǎi，用法很多，例如遮蔽、聚合、温和等。
霭——ǎi，指云气。
欸——ǎi，指摇橹（船桨）的声音。
毐——ǎi，用来骂人的话。

“蔼（ǎi）”本来指草木丛聚的意思，例如“蔼蔼”，另外比喻月色微暗的样子也叫“蔼蔼”，又表示人很多、很密集的样子，也作“蔼蔼”，更可以形容为云烟拥聚的样子，仍然叫作“蔼蔼”。视其上下文所形容事物为何而解释。

“蔼”也可当新鲜的意思，例如“蔼彩”。当遮掩或遮蔽的意思，如“寒竹蔼空庭”。

“蔼”最常看到或用到的是比喻人的和顺、温和、慈祥，例如“和蔼可亲”或者“其言蔼如”都是。

“霭（ǎi）”是指远处空中的云气，例如“霭雾”或者“白云霭霭”，后者则偏重于指云聚集的样子。“霭”当显露的意思时，如“一池春水霭余晖”，出自倪瓒的诗句。

“欸（ǎi）”的用途比较少，除了代表摇船或划船时，船桨所发出的声音外，如“欸乃一声过小桥”读音较多，此外不多作介绍。还可以当作斥责、感叹或承诺应允的语助词。

“毐（ǎi）”一般用作人名，如“嫪（lào）毐”，为战国时秦人，相传与秦始皇母亲私通，因此“毐”也用来指没有德行的士人，或骂人淫贱的话，特别注意的是“毐”字与“毒”字不同，上面是“士”不是“主”。

xī

熙

熙——xī，是欢喜、和乐的样子。
煦——xù，是暖和的意思。
照——zhào，指日光照射所及。

“熙”字，读作“xī”。

“熙”是欢喜、和乐的意思，如成语“万众熙熙”，是形容万民欢乐之状。如称和暖的春日叫作“熙春”；“熙春”还有另一种解释，就是绿茶的一种，取名为“熙春”是有典故的，因为最早焙（bèi）制这种茶叶的人名叫李熙春，所以才以其名字来命名。

“熙”又当广大、光明讲。如“熙育”是指恩泽普及人民身上；另形容人来人往热闹的样子，我们称之为“熙熙攘攘”或“熙来攘往”。

“煦”字，读作“xù”。

“煦”字是暖和的意思，如常用的“春风和煦”；也可引申为恩惠，如“煦煦为仁”。

此外，我们比喻天地生养万物、仁慈待人为“煦妪（yù）”，即复育之意。鸟类的孵卵行为，叫作“煦伏”，也比喻成养育之恩。总之“煦”字是含有无限温暖和恩泽之意。

“照”字，读音“zhào”。称光线射在东西上叫作“照”；当不改变讲，如“照样”“仿照”；当向着讲，如“照着西行”；当相片讲，如“玉照”；当看讲，如“照料”，当凭证讲，如“牌照”；当明白讲，如成语“心照不宣”，即是一例。

jīng

兢

兢——jīng，作副词用，小心害怕的样子。
竞——jìng，多作动词用，指比赛。

“兢”字，读作“jīng”。

这个字要特别注意它的字形，是由两个“克”字并在一起的。“兢”字，通常当作副词用，时常是两个字连在一起用，如我们常说的“战战兢兢”，意指非常谨慎的样子；又如“兢兢业业”，则是指努力不懈、全力以赴；“兢栗”则是恐惧；像这样单用一个“兢”字的词语可说少见。“兢”字的读音请特别留意，是“jīng”，不可读成四声“jìng”。

另外有一个与“兢”字相似的字是“竞”。“竞”，读作“jìng”。作动词解，如“竞争”“竞逐”“竞走”“竞技”“竞渡”“竞赛”等，含有争取的意味。

“兢”与“竞”字，虽然在字形上有几分相似，但在用法上却是截然不同的，千万不可混淆。

在此提出两个词意较为特别的语词，那就是“竞爽”与“竞病”。

“竞爽”，是指两者争强而力求表现，也就是争为光荣之意。

“竞病”，则是指作诗押险韵而言。如苏东坡的诗中有一句“将军竞病自诗鸣”，此“竞病”是也。

mó

模

模——mó 或 mú，指法式、依据之意。
谟——mó，指计划而言。
馍——mó，饼类食品。
摸——mō，用手接触之意。

“模（mó）”本义是指法式，依据法式而做出相同的事物而言，如“模范”是指准绳、榜样，“模型”是法式之依据式样。而指依照别人的样子去做，叫作“模仿”。

当不明朗或不肯定而含混不清时，称为“模糊”“模棱两可”等。

另一个读音“mú”是指形状、样子、容貌的意思，如“模子”“模样”；而具体的指制造器物的标准型器时叫“模子”。这个时候不可读成“模（mó）子”，或者“模（mó）样”。

“谟（mó）”是指计划而言，例如“良谟”指很好的计划。

“馍（mó）”，指用面粉制成一粒粒的食品，叫“馍馍”，即一般所称“馒头”，小的则俗称“面疙瘩”，都是叫作“馍”。

“摸（mō）”是指用手接触或轻轻摩擦之意。用法很多，凡是手的轻柔动作，几乎都可以叫作“摸”；另外，“摸索”则是指寻求、探求之意。

bǎng
榜

榜——bǎng，指张贴在墙上之通告。
bàng，同“搒”，用棍子打。
péng，同“搒”，撑船。

膀——bǎng、bàng、pàng、páng，读音不同，代表的意义亦不相同。

“榜（bǎng)”是指张贴在墙上的通告，例如“榜示”是古时官方晓谕民众的告示，而古代科举及第的报单或一般告示则可以叫“榜帖”。今日考试后发表及格的录取名单，叫作“放榜”，而参加考试得到第一名的人，叫“榜首”，第二名则叫作“榜眼”；没有入选的叫“落榜”或“榜上无名”。“金榜题名”则是通过考试而录取之意。

用在表扬的意思时，如“互相标榜”；用在指模范之意时，称为“榜样”。

“榜”的另一个读音是“péng”，“榜掠”是古代拷问罪犯时的刑罚，行刑的木棍叫作“榜楚”，用竹片刑罚则叫作“榜笔”；“榜”还可读作“bàng”，“榜人”则指船夫、撑舟的人，使船前进叫“榜舟”。值得一提的是，“榜”读作“bàng”和“péng”时，都同“搒”。

“膀”读作“bǎng”时指肩胛，如“肩膀”“翅膀”。读作“páng”时指储尿之器官，叫“膀胱”。而“吊膀子”则指两性相诱而言，但此时“膀”要读作“bàng”。“膀”还可读作“pàng”，作浮肿讲。四种用法应区别清楚。

niàng

酿

酿——niàng，本义是制酒。
酝——yùn，渐渐地形成之意。
醮——jiào，妇人再嫁称“再醮”。
壤——rǎng，没有砂石掺杂的土地。

“酿（niàng）”字本义是制酒，后来凡是经过发酵的方式而制造出来的过程，都叫作“酿”或“酿造”，例如“佳酿”即泛称好酒之意。“酿酒”专指制酒，而酱油、虾油等则叫“酿造”即可。酒的代称还有很多种和“酿”字有关，如“春酿”“陈年酿造”“新酿”等。“酒酿”则不是指酒，而是糯米蒸熟之后，加入酒曲，再密封发酵而成的食品，也有酒香味，但不是酒。

“酿”也代表渐渐形成之意，如“酝酿”“酿灾”“酿成事端”等。

“酝（yùn）”也是渐渐而成之意，通常和“酿”一起连用，即“酝酿”；另外“酝酿”也比喻做某种准备之意。

“醮（jiào）”本来是指和尚、道士替人设坛念经以祈祷、超度亡魂之会，叫“醮”或“打醮”；古时候则指男子行冠礼或女子出嫁时，父母酌酒给子女喝为“醮”，而女子再嫁则称作“再醮”。

“壤（rǎng）”是指没有砂石掺杂的土地，叫“土壤”，也泛称“地”的意思，如“天壤之间”“天壤之别”，即“天地之间”“天地之差别”。

xū

需

需——xū，是迟疑、满足、费用、等待的意思。
须——xū，指应当、必、终于、等待之意。

“需（xū）”字的用法很多，当“迟疑”讲时，例如“需，事之下也”是说迟疑是最下策的。若是当费用、花费的意思时，例如“军需”指军事上之花费，或军队之需求费用。当满足某种欲望的物品而言，如“必需品”；“不时之需”则是指随时需要用到的。

“需”还可以当作等待讲，另外，最常用的意思是指欲求、想获取的欲望而言，例如“需才孔亟（jí）”指极需要的一些人才。“需要”则是指欲求什么东西而言。“需要”也是经济学上的一个名词，与“供给”相对。

“需”，也是姓氏之一。

“须（xū）”的写法左边是“彡”，不可以写成“氵”，它的意思与用法也很多；本来是指人的脸颊或动物嘴上所长的毛，后来以“须”字代替了。同时它也是姓氏之一。

“须”当作“应当”时，例如“须知”，指某些应当知道的事情。当作“必定”时，例如“须是”。当需要讲时，例如“必须”。还可以当一会儿的意思，如“须臾”。另外还当连接词或等待之意。

“须”字比较偏重一定要如何如何的时候用，而“需”字则偏重于必不可缺的用法。例如“大家必须守法”和“能源是人民生计所必需”，二者用法不大一样，应该有所区别。

ruì

睿

睿——ruì，精深聪明，如“睿智”。
濬——jùn或xùn，与“浚”相通，开通河道。
璿——xuán，“璇”的异形字，是指精美的玉。

“睿”字，读作“ruì”。

“睿”当形容词讲，是为绝顶聪慧、明达一切的意思，也是古时与帝王有关之事物。我们形容一个人有眼光、思想精深，有智慧，则可用“睿智”来形容；而“睿广”则是深明广博之意；“睿达”是通达事理。如形容皇帝圣明就用“睿哲”“睿明”；如帝王所写的文章，就是“睿藻”；“睿览”一词，则是指天子御览；“睿旨”则是圣旨，也是深远的意旨之意。

当“睿”字左边加个“水”字旁时，就成了“濬”字。这个“濬”便不再读作“ruì”，它的读音是“jùn”。“濬”字可当地名讲，如“濬县”（在河南省）；除此则多作开通河道讲，如“清濬”“濬河”。其实“濬”字是与“浚”字相通的，也可作深讲，如深幽的渊谷，我们可以说“濬壑”；至于“急濬”一词，则是形容水流急深。

“睿”字若左边再加一个“王”字，则成了“璿”字，它也不再读作“ruì”，而读作“xuán”，是指精美的玉。如古时测量天文的仪器，我们称为“璿玑”，也作“璇玑”；再如用来比喻国家版图，可用“璿图”；或形容人地位至高无上，可用“璿极”。须注意，“璿”是“璇”的异形字，现代汉语中以“璇”为通用字。

sòu

嗽

嗽——sòu，气逆所发出的声音。
漱——shù，为冲刷、激荡之意。
欷——xī，悲痛哭泣而气噎的样子。
叹——tàn，以声音来发泄心中的苦闷。

“嗽（sòu）”指呼吸器官因受刺激而引起的疾病，叫作“咳嗽”，而一时因为气逆所发出的声音，也叫作“咳嗽”。特别应该注意的是“嗽”字的组成，最右边是“欠”，而中间则是“束”，不要中间写成“束”或右边写成“攵”，那可就差多了。

“漱（shù）”字和“嗽”同样右边是“欠”，中间是“束”，差别在部首，一个是“水”部，一个是“口”部。

“漱”的本义是把水吸到口中，反复激荡以达到清洁口腔的意思，叫作“漱口”。

用来指冲刷的时候，如“飞漱其间”，指瀑布、水流在那冲刷着石头。“漱玉”则比喻山泉之水漱洗着岩石所发出像是琮琮的玉石之声。

“欷（xī）”指因为悲痛哭泣造成气噎的样子，例如，“欷歔”也是悲泣抽噎的样子，含有强烈悲叹的意思。有的则反过来写成“歔欷”（xū xī），意思是一样的。

“叹（tàn）”，是指以声音来发泄心中的苦闷，例如“叹息”。还用来比喻赞美或赞赏之意，例如“叹赏”“叹息”“惊叹”。代表嗟叹怨恨的，例如“叹恨”“叹气”“叹伤”。比喻事物尽善尽美、无以复加，叫作“叹为观止”。

lài

蜡

蜡——là，油脂之一；也是花木名。
腊——là，农历十二月叫“腊月”。
猎——liè，捕捉鸟兽。
躐——liè，超越；实践。
鑞——là，用以焊接金属器物的锡或铅的合金。

“蜡”字，读作“là”。

“蜡”属油脂的一种，其来源很多，动、植物及矿物皆可提炼出来。最常用的如“蜡烛”，它的原料即是取之于蜡。除了制造蜡烛之外，还可制成许多东西，如蜡纸、蜡像、蜡笔等。

“腊”字，同样读作“là”，乃是指农历十二月而言，一般通称为“腊月”。“腊梅”，也作“蜡梅”，落叶灌木，高约三尺，叶呈尖卵形，冬日开花。

“猎”字，读作“liè”，意指捕捉鸟兽，如“打猎”。另外，“猎艳”一词是指好色而轻薄地追逐女性。“猎”也可当副词，如“猎捷”即是相接的样子。此外“猎酒”是指游手好闲的人，骗人酒喝。

“躐”字，同样读作“liè”。作动词用，有两种解释：一是超越，如“躐等”；二是实践，如“躐余行”。

“鑞”字，读音是“là”。本义是用以焊接金属器物的锡或铅的合金，如“锡鑞”。

pó
鄱

鄱——pó，是水名、山名、湖名、县名。
皤——pó，是肚子大的样子。
蟠——pán，圆扁形的一种桃子。
磻——pán，指水名，如“磻溪”。

“鄱”字，读音作“pó”，属“阝”部。

“鄱”，常会有人读作“bó”，尤其是在当地名时，那样是不对的。有关于“鄱”的名词，如“鄱江”“鄱阳山”“鄱阳湖”“鄱阳县”，几乎全在江西省，在此强调注音是“鄱（pó)”。此外“鄱”字就无其他解释。

同样读作“pó”的“皤”字，可能会有人误读“bō”，这也是要特别留意的。

“皤”字，是形容肚子大的样子，所以“皤皤”可用来形容丰而多的样子。此外指老年人灰白的鬓发，我们称为“白发皤皤”，而白头发的老人便是“皤翁”。

“鄱”“皤”皆是读作“pó”，有些人常误读成“bó”“bō”都是不对的。

提到“虫”部边的“蟠”，读作“pán”。

“蟠”是一种圆扁形的桃子，即“蟠桃”。当动词用时，为盘曲、环绕之意，如“蟠绕”；又可当占据，如“蟠据”。

“磻”字，同样读作“pán”，属“石”部。

“磻”是水名，如“磻溪”。

mào

貌

貌——mào，指人的面形、举止。
茂——mào，草木盛多的意思。

“貌（mào)”是人的面形，也叫“面容”“容貌”。又可以更广泛地指人的容颜、仪态或言行，如“怒貌”是生气的样子，“醉貌”是酒醉的样子。

还指人的举止而言，如“察其貌”的“貌”是“外观”的意思。但并不光指人而言，又当作事物的外观或状态，如“惊人貌”是惊人的样子，“有气象貌”是说有宏大之样子。“貌合神离”或“貌合心离”是说表面和好，但内心并无和好的诚意，内外不一致的意思。

“其貌不扬”是说容貌长得并不好看；“貌取”是以外表来当选取人才的标准；“貌相”是只凭外貌的测度。

“貌”的另一个用法，指描绘人物的形状而言，如杜甫的诗，“画工如山貌不同”“屡貌寻常行路人”等，都是指描绘的意思。

需注意的是“貌”的左边不是“犭”，而是“豸”。

“茂（mào)”是指草木盛多的意思，例如“茂盛”。形容事业的旺盛也叫“茂”，形容少壮的人叫“茂年”，比喻善心人士叫“茂士”。又形容美好的意思，如“茂才”“茂美”“茂豫”“茂德”。“茂林修竹”则指茂盛的竹林。

huáng

潢

潢——huáng，积水池；亦当装饰。
璜——huáng，玦也。
磺——huáng，硫磺。
蟥——huáng，虫名。
簧——huáng，有弹力的机件。

本章介绍以“黄”字为主体的字，都是读作“huáng”，但意义上却都不一样。在此应该认清，“潢”“璜”二字是不能混用的。

“潢”字，读作“huáng”。原义是指积水的池子，如“潢污”则是指低洼积水之地；至于“潢”及“污”还是有分别的，大者为“潢”，小者称“污”。“潢”也是地名，如河南省“潢川县”；也是水名，如“潢河”，又名“黄水”。

“潢”字也可用来形容勇武的样子，如“潢潢”。也能形容水势既深且广的样子，叫“潢洋”。

前文中提及过，“装潢”二字有些人会写成“装璜”，虽然，二者互为异形词，但最好不要这样写。

“磺（huáng）”字，作“硫磺”解，另有“磺胺锭”是西药名。

“蟥（huáng）”字，是一种虫的名称，也就是蚂蟥，又名“水蛭”，体扁长，会吸人畜的血。

谈到“簧（huáng）”字，就较为平常，指有弹力的机件，如“弹簧”。另“簧鼓”被引申为用言语惑乱他人。

qī

漆

漆——qī，树名、地名、姓氏。
膝——xī，人体四肢之一部分。
凄——qī，悲伤的样子。

"漆水"在陕西省铜川县发源。"漆"也是姓氏之一。

"漆（qī）"本义指一种落叶乔木，约三丈高，主产在湖南、河北、安徽、浙江省一带，它的皮内富含一种无色的树脂，遇到空气便变干变黑，可以制造成涂抹器具之防水防腐物质，即叫作"漆"，其他如"油漆""烤漆""塑胶漆"等，而漆物为业的人叫"漆工"；"漆布""漆器"指油漆过的布匹和器物。古代以漆书于竹简叫"漆书"，以漆作画叫"漆画"。

"漆"也是指很黑的意思，如"漆黑一片""漆黑的发色"。

"膝（xī）"指人的大小腿相连处的外部关节，可以伸屈，叫作"膝盖"，也用在动物方面，如"牛膝"；"膝行"则比喻极为恭敬，不敢起立。"膝痒搔背"指不得其当、搔不着痒处之意。特别注意，"膝"是读"xī"而不是"qī"。

"凄"就是悲伤的意思，如"凄怆""凄凄惶惶"则形容悲伤恐惧而无依的样子，需注意"凄"读作"qī"，而不是"xī"。

piāo

漂

漂——piāo、piǎo、piào，共有三种读音及三种不同的用法。

溧——lì，多用在地名。

飘——piāo，指风轻轻地吹，或指摇动不定、行动轻快。

"漂"读作"piāo"的时候是指浮在水面，或动荡不安的意思。例如"漂流"是在水面上随波浮流的意思；"漂泊"是居无定所、四处流荡的意思。"漂然"是指高远的意思。

"漂"读作"piǎo"的时候是指用药水浸洗布料，如使布料变白的叫"漂白"；所使用漂白的药水叫作"漂白剂"；"漂洗"是指在水中清洗衣物的意思。

"漂"读作"piào"是指使东西或事物明亮，后来借用成赞美的词，凡是姿态秀美，或者事物明亮秀丽，都可以叫"漂亮"，广泛使用后，凡是好看、好听或赞赏性的话，都叫"漂亮话"，但后来被喻为"将话说的动听却无法兑现"。

"溧"读作"lì"，一大部分是作地名的使用，例如我国有"溧水""溧阳"，均是县名。

"飘（piāo）"是风轻轻地吹动的意思，例如"飘飘"；"飘洋"则是指船只冒险到外海去。"飘流"是东西在水上随风流动。"飘香"是香气随风四散的意思。

"飘"若是指行动轻快时，可作"飘忽不定"；"飘逸"比喻态度超脱或者文辞高雅的意思。"飘然出尘"比喻行为的高雅、脱俗。

"飘"与"漂"在使用上要区分清楚，"飘"偏重在风的动力，而"漂"则偏重在水的动力上。

wù

鹜

鹜——wù，是指野鸭。
骛——wù，乃奔跑、乱跑之意。
婺——wù，星名、水名。

“鹜”字，读作“wù”，“鹜”，乃是野鸭的别名，属鸟类中的游禽类，嘴扁而颈长，翅膀小，尾巴短，趾间有蹼，善于游泳，却拙于步行；以蔬菜、谷物、鱼虫为食。

有种小船名就叫作“鹜舲（líng）”，正因为它的形状像极了野鸭，所以叫作“鹜舲”。

成语中有句“趋之若鹜”，是因为鸭子有群聚性，只要领头的鸭子向前走，其余的鸭子就一定尾随跟进，所以用此来比喻依附权势的人很多，同时亦可形容对某件事情的热衷之情；然而却是一句贬人的话。

“骛（wù）”字，乍看之下与“鹜”字极相似，细看后，“骛”字下面却是个“马”字，但同样读作“wù”。在运用上，可能因疏忽而将之搞混。“骛”字，从“马”部，所以有乱跑、奔驰之意。

成语中的“好高骛远”或是“心无旁骛”都应该是“骛”字，而非“鹜”。而至于“趋之若鹜”，也要注意，不能写成趋之若“骛”了。

另一个上面也是“敄”，下面从“女”字旁的“婺”字，较为少见，它的读音仍是“wù”。

“婺”字作星名，如“婺女星”；也作水名，如“婺水”。

móu

缪

缪——móu、miù、miào，有三种读音，用法也各不相同。
谬——miù，荒唐或错误的意思。

“缪”的第一个读音是“móu”，指缠结或殷勤的意思，例如“绸缪”；“未雨绸缪”是指事前的预防或防备。而“绸缪缛绣”则指花朵繁密。“绸缪束薪”则指两个人缠绵的样子。

“缪”的第二个读音是“miù”，指错误的、诡诈的意思，例如“缪误”，或“缪巧”指智谋诈骗之术。“缪种流传”指将缪误的种子流传于后世。“纰缪”是错误的意思。希腊神话中掌管文学、艺术、科学的女人，即称作“缪斯”。

“缪”的第三个读音是用在姓氏上，读作“miào”。

“谬”字读作“miù”，大都指荒唐、错误的意思。“谬妄”指行为的荒谬狂妄；“荒谬”则指荒唐，令人不能想象的。

“谬见”是指人错误的见解，有时候一个人谦虚地称自己的见解，也可以叫“谬见”。

“谬种流传”是指以讹传讹的意思，也作“缪种流传”。

“谬奖”也是一种谦虚的自称，代表对人奖励的谦称，和“谬见”同样用法。

zhuàn
撰

撰——zhuàn，是著述或编纂等意思。
选——xuǎn，挑取、择拣之意。
馔——zhuàn，各种佐膳食品的总称。
僎——zhuàn，有具备之意。

“撰（zhuàn）”是执笔写作之意，也就是著述之事，例如“撰著”“撰文”“撰稿”“撰述”等。若是说“杜撰”则指没有根据的、捏造不实之事；“撰安”则是恭祝文人、作家安康的客套话。

“选（xuǎn）”是挑拣、择取之意；“选”的繁体字“選”，当今为了不与“撰”字混淆，将“选”作为通用字，纵然古时把二字混合使用，但现今则已区分。“选”的用法相当多，例如“选举”“选情”“选手”“选民”“选贤与能”等，比较偏重人的“挑择”；“选择”“选用”“选购”等，则偏重物的“拣取”，凡是有任意挑择、择取的意思，都可以套上“选”字，如“选选看”等用语。

“馔（zhuàn）”泛指各种佐膳食品的总称，例如“馔肴”“美馔”；“御馔”则指皇帝的饮食；或者可以泛指食物，甚至当动词，指食用之意，如“有酒食，先生馔”等。

“僎（zhuàn）”字，表示具备之意，多用于文言文中。

kē

磕

磕 ——kē，指碰撞或敲击。
嗑 ——kē，形容话多和笑声。
kè，用牙咬东西。
溘 ——kè，作突然、骤然讲。

"磕"字，读作"kē"。

"磕"，是指敲击或碰撞。凡是两件东西相互碰撞，都可以称作"磕"。如一件完整的东西被打破，也可用"磕破"；至于"磕头"即是叩头，为跪下用前额碰地，这种礼节算得上是最敬礼了。

另外有种昆虫，俗名"跳米虫"（即"叩头虫"），只要用手轻轻地按住它的身体，它便会将头敲个不停，所以也被称为"磕头虫"；"磕头虫"另外可以用来指那些礼貌过分周到，不时鞠躬哈腰的人。

除此，"磕磕"二字连用，是指水冲激石头，相互碰撞，所发出的声音。

谈到"嗑"字，读作"kē"。古时是形容话多的样子，如"嗑嗑"；又指笑声，如"嗑然"是说笑的样子。现在多用于方言中的说话，如"唠嗑"。

"嗑"字，又可读作"kè"，指用牙齿把东西咬开，如最常用的"嗑（kè）瓜子"即是；"嗑牙"是指谈笑斗嘴、消磨时间。

在"磕""嗑"之外，另有一个"溘（kè）"字。

"溘"字，读作"kè"。

"溘"，是突然、骤然之意，如"朝露溘至"，其中"溘"即是突然之意，"溘然长逝"则指死亡。

chuáng
幢

幢——chuáng，圆筒形如伞般的旗子。
zhuàng，量词。
憧——chōng，愚笨或指向往。
撞——zhuàng，碰着、冲突。

"幢"字，有些人常读成"dòng"，这是极大的错误，因为"栋"是另一个字，而与"幢"无关。

"幢"字，读作"chuáng"。本义是圆筒形像伞样的旗子，如"幢幡"又指佛教道场装饰用的长形旗帜。另有一解，说是刻着佛号或经咒的石柱，就叫作"经幢"。此外"幢幢"，则是形容摇曳的样子。

"幢"字，读作"zhuàng"，是房屋的量词，如"一幢别墅"，也就是俗称的一栋别墅。

"幢"字若将"巾"字旁改为"忄"旁的话，就成了"憧"字。

"憧"字，读作"chōng"。是指愚笨的样子，又可当往来不绝讲，如成语中"憧憧往来"即是。此外又可当作向往讲，如一个人对过去或未来之事，因思念而勾起许多想象，则可称作"憧憬"。

谈到"撞"字，读作"zhuàng"，当作"打"或"敲"讲，如我们常说"当一天和尚撞一天钟"；也可当"碰"讲，如"撞见""撞球"；也当冲突讲，如"冲撞""顶撞"。

对于以上介绍的字，须特别注意的是，不要再把"幢"字读作"栋"字。

juān

镌

镌——juān，是刻的意思。
隽——juàn，比喻耐人寻味；也作姓氏。
　　jùn，同“俊”。
携——xié，带着的意思。
曦——xī，太阳的光色。

“镌（juān）”的写法必须注意，它的右方是“隽”，而不是“曦”的右方，这三个字时常会令人搞错。

“镌”是指一种破木头用的金属工具，即雕凿用的凿子。故而以凿子来雕刻的叫“镌”，通常则称为“镌刻”。另外又比喻言辞深入人心而有破解作用之意，叫作“镌喻”。还可以当作官吏被降级或免职之用，如“镌级”“镌汰”“镌罚”。

“隽（juàn）”本来是指肥肉而言。后来引申为说话风趣而且耐人寻味的便叫作“隽永”；“隽美”是形容优美的意思；“隽（juàn）誉”是指有美好之名誉。“隽”也是姓氏之一。

“隽”字读作“jùn”，此时同“俊”，表示才智出众

“曦（xī）”是指太阳的光色，一般用来指早晨的太阳光芒，叫作“晨曦”。

“携（xié）”，意思是指带在身上而言，如“携带”；又形容牵拉之意，如“携手”，“携手”又可比喻为合作。

kùi
簣

簣——kuì，乃指盛土用的器具。
蕢——kuì，用草编制的储物器具。
簀——zé，用竹或草编成的席子。

“簣”字，读作“kuì”，属“⺮”部。

“簣”字的本义，乃是指一种竹制的盛土用具。

在成语中大家所熟知的“功亏一簣”一句，语出《论语·子罕》，意思是说，当事情快要完成时，却因最后一点点的力量未持续投注，而遭到前功尽弃的失败。

“簣”字的“⺮”部改成“艹”部，就成了另一个字“蕢”，同样读作“kuì”，是指用草编制成的藏物器具。

“蕢”字应用的地方很少，除了当作藏物的草编器具外，别无他解。

谈到“簀”字，读作“zé”，属“⺮”部。

“簀”也是指用草或竹编成的东西，但它是指席子，而非盛物器具。

“簀床”，是指用草铺垫的床，也是指无席的床。此外“易簀”一词，是用来比喻人之将死，这是发生在曾子身上的故事，因限于篇幅，在此不加赘述。

最后，希望读者在研读本书之时，必须持之以恒，不要“功亏一簣”。

mó
摩

摩——mó，两物相擦、相贴近的意思。
麾——huī，指挥士兵的旗子。

"摩（mó)"就是把两样东西合在一起相互擦动的意思，例如"摩擦"，这个"摩擦"也可以比喻成人与人之间因为误会或不了解而产生的冲突或争执。

所谓"观摩"便是指观察他人的优点、长处之后，加以模仿、效法。"揣摩"则是迎合别人的心理，或体会领悟某种道理的意思。"抚摩"与"抚摸"通用；"摩肩接踵"指拥挤不堪的样子，所以人与人之擦撞很频繁。"摩顶放（fǎng）踵"则指舍身救世，不惜牺牲自己的意思。

也有指外来的、新式的、时下的比喻，例如"摩登"。还有其他的翻译名词，如"摩托车""摩洛哥""摩西""摩门教"等。

"摩挲"是口语词，表示用手轻按并一下下地移动，注意此时要读作"mā sa"。

"麾（huī)"的本义是指军队在作战、演练时，用来指挥士兵的旗子，如"麾旌（jīng)"或"麾节"，引申成指挥军队的权力，如"麾军前进"。而把部下称为"麾下"也是由这里引申出来的；对将帅的尊称，或在书信上对长官的尊称也可以称"麾下"。

shān

潸

潸——shān，泪流的样子；亦形容下雨。
潜——qián，沉入水中活动。

“潸”字，首先说明一下它的正确写法：要注意，“潸”字的右边是先写个“林”字再写个“月”字，而不是写“林”字再写“日”字。

“潸”字，读作“shān”，属“氵”部。

“潸”是指流泪的样子，如“潸潸”即谓泪流不止；另外形容下雨不止的样子，也可用“潸潸”二字来形容，如“雨潸潸”。

“潸”字要特别注意的就是它的写法，至于它的解释除上所述，已无他用。

谈到“潜”字，读音是“qián”，属“氵”部。

“潜”一般都作沉入水中活动的意思，但它的本义却是指在水里积聚木柴，使得鱼儿止息其中之意，后来才引申为沉入水中活动。

有关于“潜”的造词有许多，也都含有引申的意味；如“潜心”是指静心地研究；“潜行”即是暗地的行走；“潜德”乃是不为人知的隐德；“潜势”指隐伏而不显现的潜在力量；“潜水艇”是指潜在水中，借压缩空气之力而行动的军舰，乃以暗中施放鱼雷，攻击敌舰为目的；另“潜意识”一词，则是下意识，即是介乎意识与无意识之间，平时常潜伏在意识底层，遇到特别刺激的机会便浮现出来。

chè

澈

澈——chè，指水清见底。
彻——chè，作动词用时，当贯通讲。
撤——chè，除去、退回。
辙——zhé，车辆经过的痕迹。

"澈"字，读作"chè"。

"澈"字原义是指水很清可见底。如"澄澈"即是清明见底；"清澈"是非常清明；此外有"澈底"一词，指水清见底，后来引申为贯透到底之意。

"彻"字，也读作"chè"。用作名词，指周代的田赋名，是征取农产品总量十分之一的一种赋法。

"彻"字通常是当动词用，如"贯彻始终"，是说做一件事从头到尾都一样；而"彻头彻尾"是说自始至终；我们常说的"彻悟"是通彻觉悟的意思。

此外，"彻"字也当深入讲，如"不经一番寒彻骨，焉得梅花扑鼻香"的"彻"字即有深入之意。

"彻"字又可当剥取讲，但较少用。

谈到"撤"字，也是读作"chè"。"撤"可作除去或退回讲，如"撤销""撤换""撤回""撤退"都是口语中常用的词句；词性皆属动词，是较单纯的一个字。

"辙"字，读作"zhé"，指车轮经过所留下的痕迹，如"车辙"。口语中常说"没辙（zhé）了"，即是说没办法了。

chǐ

褫

褫——chǐ，指剥夺之意。
递——dì，是传达的意思。
篪——chí，一种用竹管制成的乐器。

“褫”字，读作“chǐ”。

“褫”字的笔画相当多，书写时应该注意不要弄错，它的右边是个“虒”字。“褫”字本义是剥去衣服的意思，所以凡是剥夺，都可叫作“褫”，如职员因过失而遭免职，就称之为“褫职”；而“褫魄”即是夺其魂魄，乃是说人因朝夕劳累，心神疲惫，以至恍惚而无生气。

“褫夺公权”一词中，“褫”是当革除、剥夺讲，是指《刑法》中处罚犯人的一种从刑。有些人很容易把“褫夺公权”读成“遞夺公权”，是极大的错误。

谈到“递”字，可能较为普通，一般在日常生活中也常见，它的正确读音是“dì”。其繁体字为“遞”。

“递”字通常作更易、传达讲，如“传递”即是传达；又如“邮递区号”，是指邮局为加速邮件处理，而划分的区域号码。“递解（jiè)”，是指押解往远地的犯人，由所经过的地方官府接递押送。

“褫”“遞”是较会互乱错用的二字，“遞”字现已很少用，基本被“递”代替。此外还有一个“篪”字，同样有个“虒”字，所以也顺便一提。

“篪”字，读作“chí”。

“篪”，是一种用竹管制成的乐器。《诗经·小雅》：“伯氏吹埙，仲氏吹篪”是指哥哥吹埙，弟弟吹篪，后来比喻兄弟相亲相爱，就称“伯埙仲篪”。

lǚ

履

履——lǚ，指鞋子，引申为行为、领土之意。
屦——jù，指麻鞋。
屣——xǐ，指拖鞋。
屐——jī，指木底鞋。

"履"字，读作"lǚ"。

"履"就是指鞋子。至于若是用皮革做成的，称作"革履"，若用珠子缀成的，就叫"珠履"；渐渐地，"履"字引申出来的意义愈加繁多。诸如"履冰"是比喻临危的境地；"履新"是说新官到任；"履载"则是比喻天地之间；"履险如夷"是不怕危险的意思。

谈到"屦"字，读作"jù"，属"尸"部。

"屦"字，原义指古时用麻革等做成的鞋子；此外也引申为实践之意，如"屦及剑及"是比喻迫不及待，奋发突起的样子。值得说明的是，现在有些人都把它写成了"剑及履及"，这实在是"履（lǚ）""屦（jù）"二字形音义皆相似的缘故。

此外，还有一个"屣"字，读作"xǐ"，是指拖鞋。

而另一个"屐"字，读作"jī"，同样指鞋，但指的是木底的鞋子，俗称"木屐"。

yù

豫

豫——yù，是姓氏、地名。又代表安乐、愉悦之意。
预——yù，参加或干涉的意思。

“豫（yù）”本来是指一种很大的象，但后来已经很少人用了！用在地名方面倒是很多，“豫州”是古时所谓“九州”之一，约相当于今日河南省全部，及湖北、山东、安徽的一部分，而河南省则简称为“豫”。“豫”也是姓氏之一。

“豫”又是《易经》六十四卦之一，代表安乐、愉悦的意思，如欧阳修的名言：“忧劳可以兴国，逸豫可以亡身”。“逸豫”便是安逸的意思。“豫”还可以当进退不决、疑惑不定的意思，叫作“犹豫”，而“犹”和“豫”，本来是指两种动物名。

“豫”又当参与的意思，如“豫盟”则指参与会盟之意。在时间上事先有所准备也叫“豫”，如“凡事豫则立，不豫则废”，是指事情都要在事先做好充分的准备，才能够成功，若是事先不作准备那就会失败，这时候“豫”可以通用“预（yù）”字，如“豫报”；“豫感”也相通“预感”。“豫附”是指心内高兴而归顺。

“预”是指参加的意思，例如“参预”，同“参与”。又当干涉之意思，叫作“干预”。最常用是指事先准备的意思，用在这个意思时才可以和“豫”字相通，例如“预兆”“预先”“预见”“预防”“预告”“预言”“预定”“预计”“预测”“预料”“预约”等。

ɑ́o

螯

螯——ɑ́o，节足动物的第一双变态之足。
螫——shì，指蛇、虫用毒牙或针钩去刺伤人畜。
蛰——zhé，寒冬时蛇、虫藏伏不动。
蟹——xiè，甲壳类的节足动物。

“螯”字，读“ɑ́o”。

“螯”字是指节足动物的第一对足，因为蜕变而长得特别大，且更为坚硬有力，这时尖端分叉，就像钳子一样自动闭合，常用此来夹取食物，又可作防卫武器，这便叫“螯”。

节足动物中常有此现象，其中以蟹类的螯为最强，当它横行于沙地上时，看来真有气势凌人之感。

此外蟹螯的肉既丰腴（yú）又美味，广受人们喜爱，所以常把蟹螯当作下酒菜用，当闲话家常，持螯把酒，真是一大乐事。

“螫”字，读作“shì”。“螫”字是指含有毒液的蛇、虫用毒牙或针钩去刺伤人畜，如被蜜蜂“螫伤”。

另外还有个“蛰”字，读作“zhé”。“蛰”是指蛇、虫类过冬时，在洞中藏伏不动、不食，称“蛰伏”。至于常用的“蛰雷”即指一年中初响起的春雷，取其春雷一动，惊醒所有蛰伏虫类。“蛰”也引申作潜伏隐藏，“蛰居”即指隐居。

“蟹（xiè）”字，属甲壳类的节足动物，如“螃蟹”。

“螯”“螫”“蛰”三字的字形极为相似，用法与读法更易为一般人所混淆，请特别留意。

yàn

燕

燕——yàn，指安乐舒适的样子。
yān，是地名、姓氏等。
咽——yàn，把食物从嘴送入食道里去。
yān，口腔后部的一个器官。
yè，硬咽，呜咽。
嬿——yàn，指安顺、美好的样子。

“燕（yàn）”最早是指一种飞鸟，即“燕子”，体小而尾翼长，尾翼如剪刀一般分歧，春天自南方飞来北方，而秋天才由北方再飞回南方。有一种西方服装“燕尾服”便是因其有似燕子般的尾巴而称之。

因为燕子是雌雄相互一起栖息，故也可用于比喻夫妇，例如“燕好”“燕侣”“燕燕于飞”。“燕”还可以指请客宴酒或舒适、和乐的样子，如“燕安”“燕居”“燕游”。

“燕翼”指以和平敬慎的教训传给子孙之意；“燕雀安知鸿鹄志”比喻凡夫俗子不能明了英雄的抱负；“燕颔虎颈”指高贵的相貌而言。“燕”若用在地名或姓氏时多读“yān”，如“燕国”“燕先生”。“燕地”则指今日的河北省，“燕京”则是北平的代称。

“咽（yàn）”指把东西从嘴内送入食道里，例如“吞咽”“咽口水”等。

“咽”字还有两种读音。读作“yān”时，如“咽喉”“咽头”，指口腔后部的器官。读作“yè”时，用来表示声音低沉的样子，如“硬咽”“呜咽”。

“嬿”读作“yàn”，是为美好的意思，如“嬿婉”。

tì

薙

薙——tì，乃是除去杂草之意。
剃——tì，是削去头发之意。
剔——tī，当解剖讲，或从缝内挑除。

本章介绍的三个字，在意义上有些相似，但却仍有不同之处。

“薙”字，读作“tì”，含有除去杂草之意。

此外“薙氏”是古时的官名，提到“薙氏之官”，乃是专门负责除草的工作；又如“烧薙行水”（语出《礼记·月令》），句中“薙”字，就是靠近地面去除草的意思。在《资治通鉴》中有一段“朱全忠薙凤翔城外草”，这“薙”字亦是当除草讲。

另“薙”又当削发讲；如“薙染”乃是指剃去头发、染成缁衣，当和尚去；另有种运动叫作“薙刀体操”，则是训练妇女调和全身筋肉的一种运动。至于“薙刀边缘”，即是比喻已接近危险地带。

我们似乎可以发觉，当“薙”字作“削发”讲时，似与“剃（tì）”字相通，没错，“剃”字本义是削去头发之意，如“剃度”即削发为僧。

最后再介绍一个“剔”字，读作“tī”。“剔”的解释是从缝内往外挑，如用尖竹丝剔指甲，又如“剔牙”。“剔除”，是指除去不合用的东西。

qíng 擎

擎——qíng，乃高举之意。
檠——qíng，有矫正之意。
警——jǐng，戒备、告诫之意。

"擎"字，读作"qíng"。

"擎"字本义是高高举起，如"擎着一面国旗"也就是高举国旗。成语"众擎易举"是说只要大家同心协力，便很容易把事情做好；再如"一柱擎天"，是比喻能独立肩负重大责任。

我们常说"擎天柱"则是形容献身伟大事业的伟大人物，或担当重任的栋梁之材。

"擎"字，有些人会读成"jīng"，这是不对的，另有个与"擎"字相似的字，只是把下面的"手"部换成"木"部，就另成一字"檠"。

"檠"字，同样读作"qíng"，乃是古人用以辅正弓弩的一种器具，所以引申有矫正之意。

此外"檠"又可当灯架子讲，如所谓的"寒檠"就是指"寒灯"而言，语出苏轼《夜坐》诗中的"梦断酒醒山雨绝，笑看饥鼠上灯檠"，这个"灯檠"岂不就是指"灯座"吗？

"警（jǐng）"字，是较普遍的字，有戒备、告诫之意，如"警告""警戒"等。

róng

融

融——róng，本义是做饭时火气向上浮散。
镕——róng，融化金属而言。
溶——róng，物质化在水中而言。
熔——róng，金属以火化成液体。

“融（róng）”是指做饭时火气向上浮散之意，也可以指固体受火热后变软或化为液体而言。雪水之受温高而化解也可以叫“融”，通称的“融化”便包含这么多意思，视用法不同，解释也不同，有时可以和“镕”或“溶”相通，但“镕”偏重金属之化解，“溶”偏重水的化解，并不能和“融”完全相通，这三个字应该多加辨别再使用。

“融”还可以当通的意思，例如“通融”；“金融”则指货币兑换价格，或资金融通等金钱在市面流通的状态；又当和睦的意思，如“融和”“融洽”“其乐融融”。

“祝融”是火神之名，后来泛称火灾也叫“祝融”。“融风”则指立春时的风；“融会”是对意义通晓了解。“融”还是姓氏之一。

“镕（róng）”本义是冶铸金属之模型，如“陶镕”；而金属经受热以后成为液体状，叫作“镕化”，此时也可以写成“融化”，但水的“融化”便不可以写成“镕化”。

“溶（róng）”指物质分化在水中，或变成水一般的液状，如“溶化”“溶液”“溶解”。“溶溶”则比喻水多的样子。同样“溶化”不要误写成“镕化”。

“熔（róng）”是指将金属用火化成液体之意，与“镕”字相通，如“熔解”。

xǐng

醒

醒 ——xǐng，由昏迷到清楚明白而言。
腥 ——xīng，生肉特有的气味。
猩 ——xīng，一种大猴子；或者指鲜红色的。

“醒（xǐng）”是指一个人从昏迷或昏睡状态转成清楚、明白时而言，例如“醒过来”。

“醒”常借用成比喻为一种自觉或体悟，代表由迷糊不明一下子转变成明白，例如“醒世”是警觉世人的迷惑不清；“醒悟”是一种顿然的觉悟。“醒觉”则是指忽然明白。

“醒眼”则代表能引人注意的，特别的印象留存，也叫作“醒目”。

“腥（xīng）”字通常指生的肉，尤其是鱼肉所发出的一种臭气而言，例如“腥闻”指臭气四溢四散的样子，也比喻成“丑闻”，“腥臊”则专指肉所散发的臭味，或也能泛指一切难闻的臭气。另外“腥膻（shān）”则专指羊肉所发出的特别气味。

“腥”比喻为带有血味、臭味的，“腥风”指风中夹带有血腥味，或暗喻杀人很多，流血很多，“腥风血雨”则专指战争时的血肉横飞、死伤很多。

“猩（xīng）”本义是指一种大猴子，猿类，全身赤褐色毛，可以像人一样站立，但上肢长而下肢短，即“猩猩”。

“猩”也用在形容颜色的鲜艳、红得明亮，例如“猩红”或“猩红的唇”。

yàn
赝

赝——yàn，假的、伪造的。
膺——yīng，指胸部。
鹰——yīng，鸟名。

“赝”字，读作“yàn”。

“赝”字是个不常见的字，书写时笔画多而乱，所以也常被读错，它的正确读音是“yàn”，是指假的、伪造的，如一般所说的“赝品”，也就是伪造品。

“膺”字，读作“yīng”。

“膺”的本义是指胸部，如“拊膺”即是说用手拍胸膛；成语中的“拳拳服膺”即是说衷心佩服，时时不敢忘记之意。

“膺”，有时又当承受、担当讲，如“膺命”，即是奉承命令；此外，表示从许多人中推举出来，也可以说“膺选”。

“膺”字另可当打击讲，但较少用。

“鹰”字，也是读“yīng”。

“鹰”，是鸟类的一种，属猛禽类，体长约二尺，翼长一尺余，性情凶悍，嘴钩曲而强硬，足趾有钩曲，很有力；眼光锐利，能捕食鸟兔，夏天时栖息深山，秋末则觅食于原野间。“鹰”字常被引申为其他意思，如“鹰犬”即是比喻为人所利用的爪牙；“鹰架”是建筑房屋时，为便于施工人员通行与立足，所搭起的木架或钢架。

nǐ

霓

霓——ní，乃指虹的外环。
阋——xì，是相互争斗的意思。

“霓”“阋”同样有个“兒”，字形上稍有相似，但却是不相干的两字。

“霓”字，读作“ní”，属“雨”部。

“霓”字，是指虹的外环，它是与虹一同产生的（内环颜色较鲜明亮艳的是“虹”，外圈较暗淡不明的即是“霓”），所以称作“虹霓”，也可以称霓为“副虹”。

谈到“虹霓”，也指在雨后或日出日落之际，浮现在天空的彩色圆弧；乃是因为日光照射在空中浮游的小水滴，经折射作用而形成的。

至于商业区用的“霓虹灯”，属于一种广告用的灯饰，乃是应用玻璃管做成的各种形状，在里面贮满稀薄的氖气或水银蒸气，通电后即可出现各种绚丽的光彩。

此外“霓裳”，是指各种彩色鲜艳的衣服。

谈到“阋”字，有时读者会读作“ní”，但它的正确读音是“xì”，属“门”部。

“阋”的本义是相互争斗兴讼之意。我们常用“阋墙之斗”一语来形容兄弟失和。

另有一句“阋墙御侮”，则是用来形容兄弟虽失和，却能合力抗敌。语出《国语·周语》：“兄弟阋于墙，外御其侮。”

关于“阋”字的写法，要注意不要误写成“阋”。

chēng
瞠

瞠——chēng，是睁目直视之意。
膛——táng，指物体中空之处。

“瞠”字，乃是指睁开眼睛直直地向前看去。此外，“瞠然”是形容惊慌而张望的样子，也就是成语中的“瞠然而视”。

此外有句成语，“瞠乎其后”或可写成“瞠乎后矣”，是指追赶不上别人，只有在后面干瞪眼的份了。这句话略有批评之意，然而若是由自己口中说出这句话，便含有自谦之意。

切记，“瞠”是读作“chēng”，不可读作“táng”。

“瞠”字与另一个“瞋（chēn）”字似乎有几分近似，却仍有所区别。“瞋”是指因生气或发怒而瞪大眼睛看着他人。

与“瞠（chēng）”字外形上相仿的“膛”字，读音是“táng”。

“膛”是指人的胸膛而言，所以称胸腔叫作“胸膛”；此外只要是物体中空的部位也叫作“膛”，如“枪膛”。

最后再提醒读者：“瞠（chēng）”是瞪目直视，而“瞋（chēn）”是怒目直视，两者义相近，但不相同。“膛（táng）”，则是指物体中空处而言。

kàn

瞰

瞰——kàn，乃是看的意思，如“俯瞰”。

澉——gǎn，作形容词，是水淡之意。作名词，乃地名之意，如“澉浦”。

“瞰”字，读作“kàn”。

“瞰”字，从“目”字旁，所以多少与“眼睛”有关，因此“瞰”乃当作察看讲，如“俯瞰”是说低头向下看，或是说居高往下看。

今人有个新名词叫“鸟瞰”，乃是由于现代空中交通工具的迅速发展，人们由高空中俯视地面时，整个视野更为辽阔，于是才有“鸟瞰”的新名词出现，乃是取其像鸟类居空临下俯视而言。

“鸟瞰”除了指居高俯视地面之意外，又可指凡是站在超俗的地位，对某些事物作概括性的观察，也称作“鸟瞰”。如在新闻报章中常见到“鸟瞰世界局势的动乱”。

“瞰”另有窥视之意，如《文选·扬雄·解嘲》中：“高明之家，鬼瞰其室。”指鬼神窥望显达富贵人家，将祸害其满盈之志，用以比喻人谦受益，满招损。

“氵”部的“澉”，读作“gǎn”。当形容词可作味道淡讲；若作名词，则是指“澉浦”而言，位于浙江省钱塘江口。

tūn
暾

暾——tūn，指早晨初升的太阳。
敦——dūn，勤勉、厚实、和睦的意思。
duì，古代盛黍稷的器具。
谆——zhūn，恳切，多话的样子。

“暾（tūn)”是指早晨初升的太阳，引申为日出的样子，例如“朝暾”。

“暾暾”的意思是日光明亮的样子；屈原的《九歌》中：“暾将出兮东方”是指朝阳从东方升起；岑参的诗“风暖日暾暾”是风和日丽的样子。

“温暾”意思是指微微的温热，而不很热的样子，即指太阳给人一种暖暖的感觉；另外解释为某人言行不够干净利落，比喻人性情不爽快。

“敦”读作“dūn”时指人的厚实，如“敦厚老实”；指人的勤勉，如“敦勉”；指人相处和睦时，如“敦睦”；若是指诚心诚意的邀请，可用“敦请”“敦聘”。“敦促”则是指催促人行动的意思。

“敦”读作“duì”时是古代盛黍稷的器具。另外，指地名或姓氏，则仍然读作“dūn”，如“敦煌”“敦化”。

“谆”读作“zhūn”，“谆谆”是指很多话的样子，或迟重缓慢的样子。另外，“谆谆（zhūn）教诲”则是指非常恳切、有耐心地指导与教诲。

yǐ

螘

螘——yǐ，是“蚁”的本字，昆虫名。
另又可比喻众多或微小之意。

皑——ái，形容霜雪皎白的样子。

“螘”字，读音是“yǐ”，属“虫”部。

“螘”字可能一般人较不熟悉，若是“蚁”字，则就较为人知，事实上“螘”“蚁”是同一种昆虫，属于膜翅类，头部较大，有一对复眼，通常群聚而居，有蚁后、雄蚁、工蚁、兵蚁的分别。“螘”与“蚁”互为异形字，而以“蚁”为通用字。

“螘”，又可比喻成众多的样子，如“螘聚”；另外又可喻为微小，如“螘寇”；“螘”字用来比喻成众多与微小，乃是取其“蚂蚁”本身的形态而言。除此，“螘”字还可当作黑色讲，如“螘裳”即指黑色衣裳。

“螘”“蚁”是同字异体，在用法上是没什么区别，但用在姓氏中，“螘”字就不能用“蚁”来取代。

谈到“皑”字，读音常被误读成“凯（kǎi）”，而它的正确读音是“ái”，属“白”部。

“皑”，是用来形容霜雪皎白的样子，如“皑皑白雪”即是形容霜雪的洁白。除此“皑”字更用来形容德行的纯洁。

总之，“螘”字是“蚁”字的原体，不要因右边的“豈”而误读；而“皑”字，读作“ái”，也不要再读成“白雪凯凯（kǎi）”而是“白雪皑皑（ái）”才对。

jué
噱

噱——jué，指张口大笑。
xué，笑，如"噱头"。
醵——jù，指大家拿出钱来凑在一起办事。
遽——jù，奋猛急驰之意。
剧——jù，演唱的戏。

"噱"是指张口大笑，如"可发一噱"，注意的是"噱"读作"jué"。

"噱"另一个读音是"xué"，指"噱头"，意思是不把事情直截了当地说出来，而拐弯抹角让人摸不着边际，或玩弄一些手段、花样，以特别吸引他人的注意，叫作"耍噱头"。"令人发噱"是指使人发笑的事物或言行。所以"发噱"是读"jué"，而"耍噱头"则读"xué"。

"醵（jù）"是指大家凑出钱来，聚在一起喝酒，叫作"醵饮"，若单单只指大伙一起凑钱来办事，叫作"醵资""醵金"，应该区分的是，"醵"和"聚"虽有点类似，但是仍然不同，不要以为是通用的字而写错了。

"遽（jù）"是指驿车，因为驿车都很奋猛急驰，所以引申为急速、忽然的意思，如"遽然"；"遽尔"也是忽然、轻率的意思。"遽色"是急惧慌张的样子；若是指窘急害怕，叫作"惶遽"；快速、急忙的叫作"急遽"。

"剧（jù）"是指演戏、演唱的戏，其戏本叫"剧本"，演出来叫作"戏剧"，其内容叫作"剧情"，其场地叫作"剧场"。另外又形容猛烈的意思，如"剧烈"。

xiǎo
篠

篠——xiǎo，一种细竹子，是做箭的好材料。
蓧——diào，一种用竹或草木编成的容器。
筱——xiǎo，小竹子。

"篠"字，读作"xiǎo"。

"篠"字可能有人会读成"tiáo"，这是因为受到"条"字的影响。

篠，是一种细竹子，乃是做箭的好材料。于是有人就把它称作"箭竹"。

有一种名叫"篠悬木"的植物，它是一种落叶乔木，高度三四丈，叶片相当大，其中有三条裂痕，此外叶子的边缘呈锯齿状，春天开花，呈淡黄色，花后结实，为圆形而粗糙的小硬果。"篠悬木"原产于欧洲东南部，多种在路边以遮阴，我国曾一度引进栽培，又称"法国梧桐"或"洋梧桐"。

此外，古时凡小竹子编成的东西都可称做"篠"，如竹马（儿童玩具）就称作"篠骖（cān）"。另有"篠屋"，顾名思义，就是用小竹子架成的房子。

"蓧"字，读作"diào"，繁体字是"蓧"，与"篠"很相似。

"蓧"，原义是指用竹子或其他草木编成的器具，但指的是盛放谷物之器。"篠""蓧"二字读音、用法略有不同，请读者勿为混用。

此外，"莜"也是耕田时锄草的用具。

最后提到"筱（xiǎo）"字，是一种小竹子，事实上它是"篠"的本字，字音与用法皆与"篠"相同。现代汉语中，"篠"很少使用，一般通用"筱"字。

rú

儒

儒——rú，指学者或有道之士。
蠕——rú，指虫类身体缓缓地爬行。
襦——rú，指短衣。

“儒（rú）”指有学问的人，或从事学术、文学研究的人，或有道之士，都可以称之为“儒”。冠上朝代便代表各时代之学者，如“宋儒”“明儒”。

由于孔子是后代学者最尊崇的大学者，故其后来沿传的学说、学问都叫“儒学”，而这一派主张及见解的学士便叫“儒家”。

后世对于一些温文尔雅、学问广博的人也以“儒”来称赞，如“儒将”“儒医”“儒者”等；而儒者所聚合的地方便叫作“儒林”，后来也用以指称学官界。

“儒”还有一个用法是指短小的人，即今日所称的“侏儒”，有时也用在讽刺他人软弱无能。

“蠕”读作“rú”，指虫类缓慢爬行的意思，或指微微而动、缓缓而动，如“蠕动”，进而比喻一个人言谈端庄、举止舒缓。

生物学上“蠕形动物”是指体软无骨，以皮的筋肉伸缩来行动的动物。

“襦（rú）”专指短小的衣服，或小孩子围在胸前的小兜衣，如“罗襦”，是指女子所穿的丝质短衣。

xī

歙

歙——xī，为吸之意。
shè，是地名。
翕——xī，聚集、和好的意思。
翊——yì，辅助，或作飞翔的意思。
翳——yì，掩蔽的意思。

“歙（xī）”本来是指把鼻子缩起来吸气的意思，故而引申成“吸”的意思。此外也有收藏、收敛之意。如“将欲歙之，必固张之”是《老子》中的一句，“歙”便是收藏的意思。

“歙”另一读音是“shè”，指地名，安徽省“歙县”即以产墨砚驰名。

“翕（xī）”是指相合的意思，“翕然”或“兄弟既翕”是相合的意思，“翕呷（xiá）”则指衣裳提起而张开。“翕忽”是指忽然、快速的意思。“翕习”或“翕赫”是比喻盛大的样子。“翕霍”是指忽而张开，忽而合起的样子。

“翊（yì）”是辅助、保卫的意思，如“翊戴”“翊赞”。“翊卫”指古代的侍卫官。又比喻为恭敬的样子，例如“翊翊”，也含有小心翼翼之貌。另外，还可以比喻为飞的样子，如“翊然而去”。

“翳（yì）”本义是指眼珠上所生的遮蔽住瞳孔的一层薄膜，后来引申为掩蔽之意，如“蔽翳”。

yíng 嬴

嬴——yíng，姓氏。
赢——yíng，表胜利，亦作多余讲。
羸——léi，瘦弱之意。
蠃——luǒ，昆虫的一种。

谈到“嬴”字，与之外形相似的文字实在不少，也容易搞乱。

“嬴”，读作“yíng”。是姓氏之一，如“嬴政”就是指秦始皇，因他本姓“嬴”，所以我们也称他为“嬴秦氏”。

谈到同音异字的“赢”字，字形上几乎雷同，但却有不同解释。在过去，“嬴”“赢”二字是相通的，但今天已各自为意，解释不同。

“赢”是指比赛中胜利而言；在营利事业中如果有多余的收入，也可叫“赢余”。

“羸（yíng）”字是截然不同的一个字，虽也有相似的字形，但读音和字义都与“赢”有异。“羸”字读音为“léi”，当瘦弱讲，如“羸弱”是用来形容人瘦弱；“羸师”，则是说疲弱不振的军队；至于“羸车”则是指破旧的车子。

此外还有个“蠃”字，读作“luǒ”。是一种昆虫的名称，也就是一般俗称的“蜾（guǒ）蠃（luǒ）”，属于昆虫类膜翅目，体形像蜂，用泥土在树上筑巢，俗称“土蜂”，是某些毛虫的天敌。对农家而言，还称得上是益虫。

dài

戴

戴——dài，尊崇、拥护之意，也是国名、山名。
载——zài，指船、车装运而言。
zǎi，年；记载或刊登。

“戴”字，读作“dài”，属“戈”部。

“戴”字，是把东西放在手上或头顶的意思，如常见的“戴帽子”。此外“戴”又有拥护、尊崇的意思，如“拥戴”“爱戴”等；另外，比喻用好听的话奉承别人，就叫作“戴高帽”。

有关“戴”的成语，如“戴发含齿”（语出《列子》）是说长着头发和牙齿，是指人而言。再如“披星戴月”是形容一个人在星夜中奔走，极为辛苦。另“戴盆望天”是指事实和计划相反，终难如愿。

“戴”也是姓氏名，如清朝学者“戴震”，擅长考辨，尤其精通于小学，著书二十余种；乾隆时奉命为《四库全书》纂修官；此外如“戴圣”“戴德”是汉朝经学家。当山名时，如“戴云山”位于福建省中部，它的主峰是在大甲、德化两县之间。

谈到“载”字，读作“zài”，属“车”部。

按“载”字的本义是指船、车装运而言，如成语中“满载而归”。而“载舟覆舟”一句，则是说水能载船，也能翻船，用来比喻民心向背的力量。

顺便介绍一句成语“载酒问字”，则是比喻勤学好问。陆游《小园》：“客因问字来携酒。”又如《汉书·扬雄传》：“扬雄多识古文奇字，有好事者，载酒肴从游学。”

“载”字读作“zǎi”时，表示年，如“一年半载”；或是表示记载或刊登，如“登载”“刊载”。

cáng
藏

藏——cáng，储存、保留之意，引申有潜伏之意。
zàng，收藏东西的地方；亦是地名、经典名。
臧——zāng，当美好讲；亦是姓氏之一。
蕆——chǎn，当完毕讲。

“藏”字，读作“cáng”或“zàng”，属“艹”部。

“藏”字读作“cáng”时，是保存、积蓄的意思。渐渐地引申有潜伏、隐匿、收敛之意。如“君子藏器于身，待时而动，何不利之有？”（语出《易经·系辞》）乃是说君子只要自己有才华，便能等待良机，而终有所为。

如“藏拙”一词，是要人知道隐匿自己的缺点；至于“藏锋”一词，是指写字时，将笔锋收敛不用，比喻收敛才气，不露锋芒。

“藏”字读作“zàng”时，又另有新解，是指收藏东西的处所，如“宝藏”“藏府”。此外又可指经典而言，如“经藏”“大藏经”等。

“藏”字当地名时，当然指的是西藏地方了。

谈到“臧”字，读作“zāng”，属于“臣”部。

“臧”字，可作美好、善讲，如成语中“人谋不臧”一句，意思是说人的思虑不够周详完备。此外“臧否（pǐ）”则是善恶或得失。

另外有个极为少见，但却与“藏”字相似的“蕆”字，读作“chǎn”。

“蕆”字，当完毕讲，如“蕆事”是指事情办完了。因“蕆”字是极少用的字，在此只是简单介绍。

qǔ

龋

龋 ——qǔ，指的是蛀牙。
踽 ——jǔ，乃指独行不前的样子。

“龋”字读音是“qǔ”，属“齿”部。

“龋”字有些人会读作“yǔ”，这是错误的。

提到“龋”字，早在甲骨文里就有这个字了。按《说文解字》的解释，“龋”字的本义乃是齿蠹，即是通称的“龋齿”，俗称“蛀牙”。“蛀牙”的成因多半是因为食物的残屑留在牙缝中，渐渐地由化学作用而产生酸类，这时牙质遭破坏，腐蚀成洞，最后细菌侵入，愈陷愈大，使得神经遭侵害，而产生牙痛。

有句“龋齿笑”，出自《后汉书·梁冀传》，是用来形容女子故作齿痛的笑容，也解作女子巧笑的样子，可能是这样的微笑极为惹人爱怜。

另外一个“踽”字，也与“龋”字同样会被读作“yǔ”。“踽”字的正确读音是“jǔ”，属“足”部。

“踽”字的原义是独自行走的样子，如“踽踽而行”。“踽”通常叠用，如“踽踽”。《诗经·唐风·杕（dì）杜》里有一句：“独行踽踽，岂无他人，不如我同父（fǔ）”，此句中的“踽踽”乃是孤独无亲之意。

在《孟子》的《尽心篇》也提到：“行何为踽踽凉凉？”则是说行为何必这样的冷落孤独呢？

“龋（qǔ）”“踽（jǔ）”，二字读音须多加留意。

dǎo

蹈

蹈——dǎo，用脚践踏或隐去、履行，也作跳舞的意思。
踏——tà，用脚着地。
陷——xiàn，失落、沉迷、没入的意思。
滔——tāo，水大或连续不绝的样子。
慆——tāo，喜悦或长久的比喻。

“蹈（dǎo）”本义是用脚踩踏的意思，“白刃可蹈”指虽有再大的困难或危险也可以去冒险。若是当隐去之意解释，如“择地而蹈之”是说找个地方隐居起来。若以履行来说，如“蹈常袭故”，比喻因循守旧，照老规矩办事。而比喻人墨守成规、不知创新叫作“蹈袭”。

手足随韵律以动作表达，或做满足人类情感的动作，叫作“舞蹈”。

“踏（tà）”是指用脚着地的样子，如“踏雪”“踏青”或“践踏”。

“陷（xiàn）”是地面的坑穴，如“陷地”；比喻没入或失落，如“陷入”；或作攻破的意思，如“攻陷”。

“滔（tāo）”用在连续不绝的比喻，如“滔滔”或“滔滔不绝”。形容口才好也用到“滔滔辩才”。指水大的样子也用“滔滔”，而比喻极大、弥漫时，如“滔天大罪”。

“慆（tāo）”用在比喻喜悦时，如“慆心”。用在比方长久之意时，如“慆慆不归”。

要特别注意的是，“蹈”“慆”“滔”的右边均是“舀”部，而“踏”则是“沓”，“陷”则是另一个“臽”部，各有不同，而意思也全都不相同，应特别留意。

yuè
嶽

嶽 ——yuè，高而峻的山。
狱 ——yù，拘囚犯人的地方。
岳 ——yuè，姓氏；或指高大的山，可以和“岳”相通。
峪 ——yù，指山。

“嶽（yuè）”是“岳”的繁体字，是指山的高峻而言，所以特别高峻的山都叫作岳，如我国有五岳：“东岳泰山”“西岳华山”“北岳恒山”“南岳衡山”“中岳嵩山”。“岳立”则比喻像山一般屹立不摇；“岳峻”是指山岭的高峻，也可以用来比喻人格高尚。“岳峙”则比喻一个人气度如山一般高。

要特别注意的是“嶽”不可读成“yù”，而要读成“yuè”。

“狱（yù）”是拘囚犯人的地方，叫“监狱”；而指讼案的断决叫“折狱”。在监狱的官吏、差役、警察叫“狱吏”“狱卒”“狱警”。

“岳（yuè）”除了是姓氏之一以外，也与“嶽”字相通，指高大崇峻的山，“山岳”即通用“山嶽”。现代汉语中，“岳”是通用汉字，“嶽”很少使用了。

“岳”还用在伦理上，如“岳丈”“岳父”是夫称妻的父亲，“岳母”则是夫称妻的母亲。另外地名也有用到，如湖南省的“岳阳县”。“岳”也是姓氏之一，最有名的是“岳飞”，他所率领的军队叫“岳家军”。

“峪（yù）”是山谷的意思，地名也有用到，最著称的是“嘉峪关”，位于甘肃省酒泉县西北方，乃是长城的最西端、城关尽头。

最后要提醒的是，“岳”通“嶽”只能用在指山之高峻，同样读作“yuè”；而“峪”与“狱”则同是“yù”，但用法大不相同，不可混用。

shàn
赡

赡——shàn，当供养、帮助讲。
瞻——zhān，向前、向上看。
胆——dǎn，人体中的消化器官。

“赡”字，读作“shàn”。

“赡”字可当动词用，也可当形容词用。当动词用时有两义：一是供给、供养，如供给生活费，叫作“赡养”；常听到的“赡养费”，则是说夫妻离婚时，无过失的一方，得向另一方请求给予维持生活的费用，便叫作“赡养费”。二是指帮助，如“赡赈”，则有抚恤之意。

“赡”字当形容词用时，也有两种意义：一是当足够讲，如“力不赡也”是说力量不够，事情难办；二是当丰富讲，如“赡丽”就是富丽；若形容人饱学知识可用“赡学”一词。

“瞻”字，读作“zhān”。

“瞻”字意指向前看或仰望，如我们常说的“有碍观瞻”，则是说制造脏乱，妨碍原有景观。形容一个人有眼光、有见识，可以说“高瞻远瞩”。其他如“瞻依”是说尊仰而亲近；“瞻恋”即仰慕。

另外还有个“胆”字，读音是“dǎn”，繁体字写作“膽”。“胆”是肝脏右旁呈圆状的消化器官；另可作为勇气讲，因为以前人认为勇气是从胆里发出来的，于是就产生许多“胆”字的成语，如“胆大包天”“胆小如鼠”“胆战心惊”“胆大心细”等。

xī

谿

谿——xī，指山涧，可与“溪”相通。
徯——xī，空虚之意。
蹊——xī，指狭路。
qī，事情怪异。

“谿”字，读作“xī”。

“谿”指山涧之意时同“溪”字，如“谿谷”是指两山间的水道；“谿毛”则指谿流间的水藻。此外有些地方把莲花的别名称作“谿客”。“勃谿”是指因意见不合而发生争吵与冲突。

“谿”字有时也可作人体的穴道讲，同时又是指居住谿中之人，而事实上“谿”指山间的河流时，同一般常见的“溪”字。

若是将“谿”字左右互换，就另成一字“徯”，古时同“谿”字。

“徯”字，读音也是“xī”。主要当空虚讲，其他用法同“谿”字。

“蹊”字，同样读作“xī”，当名词讲，是狭路之意，引申为研究学问的门径，如“蹊径”。“蹊”字还可读作“qī”，“蹊（qī）跷（qiao）”指事情怪异而违背常情，也作“跷蹊”。另当动词时，是指践踏，如《左传·宣公十一年》：“牵牛以蹊人之田，而夺之牛。”意思是说，牵牛的让牛踩了别人田地，结果却被人将牛夺走。后来便以“蹊田夺牛”比喻罪行轻却惩罚过重。

zào

燥

燥——zào，干的或焦急的意思。
躁——zào，扰动不安的样子。
噪——zào，喧闹之声。
澡——zǎo，洗浴之意。

“燥（zào）”是干的意思，常说的“干燥”便是指失去水分，很干的意思。同时，比喻为焦急的样子，如“燥灼”。通常多指物品的性质。

“燥”字千万别与“臊”字混用，二者区别极大。切得很细很细的肉末叫作“臊子”，用这种肉末淋浇在面上叫作“臊子面”，像臊子面的速食面，今日叫作“肉臊面”。此时“臊（sào）子”，注意其读音。

“燥烈”是指食物或物品的性质强烈且干燥；“燥”多形容物品，而另一个“躁”则多形容人。

“躁（zào）”是扰动、不安的意思，如“轻躁”或“暴躁”“心浮气躁”等，性子急的人也叫“躁急者”；这个“躁”常和“燥”混淆，“燥热”是“火”部，而“暴躁”是“足”部，不可写错。

“噪（zào）”指喧闹吵杂之意，如“鼓噪”指鼓声，引申为声音之多且杂乱喧闹，更可比喻人为地故意制造声响，使人吵闹杂乱之意。还可以指虫鸟所发出大而烦乱之声，如“蝉噪”“鹊噪”。

“澡（zǎo）”指洗浴，如“洗澡”；供人洗浴之地则叫“澡堂”。

以上最易搞混的是“躁”与“燥”，应加以仔细辨别。

zhuó
濯

濯——zhuó，有洗涤之意；亦指用冷水冲洗。
浊——zhuó，是水不清洁的样子。
翟——dí，指长尾雉鸡。
zhái，姓。

“濯”字，读作“zhuó”，属“氵”部。

“濯”，是洗涤、清洁之意，如“濯足”即是洗脚之意。另含有洗刷罪名之意，如“曲赐湔（jiān）濯”。此外用冷水冲洗也叫“濯”。

“濯濯”一词乃有两种解释：一是形容山上无草木的样子；二是比喻光明洁净的样子。除了这两种外，在古籍中也有多种释义，但以形容山无草木为最普遍，后也有人用此来讥笑秃头之人，如“童山濯濯”。

同样读作“zhuó”的“浊”字，是指水流不清的样子，如“浊流”；此外“浊世”是指乱世。由以上可知，“浊”字本身就是不清之意，而“濯”字，却是洗涤不洁之意，虽然同样读“zhuó”，却有着明显的不同，切勿混为一谈。

“濯”字有些人会读作“翟（dí）”，那是不对的。

“翟”字的读音是“dí”，属“羽”部。“翟”是一种长尾的雉鸡；另外在古时乐舞中所用的雉尾，也可叫作“翟”。“翟”（dí）也是姓氏之一。

“翟”字读作“zhái”时，也是姓氏之一。

nuò
懦

懦——nuò，畏缩、柔弱的意思。
濡——rú，浸染、浸湿的意思。
糯——nuò，一种带黏性的稻米。

“懦（nuò）”是畏缩、柔弱的意思，例如“怯懦”“懦弱”，同时含有体弱和胆怯的意思，而指称怯懦的人便叫作“懦夫”。

“懦钝”则是指资质薄弱而不灵敏的意思。《汉书》有“善属文，然懦于武”是说能写文章，但不长于武事。

“濡（rú）”是浸染、浸湿的意思，例如“濡染”是习染而同化的意思。“濡笔”是写字时，以笔蘸墨来写字或画画的意思。

“耳濡目染”本义是指所见所闻都受到感染，或因风俗、潮流、环境的影响而有所沾染的一些习惯或反应来说。不论是“濡笔”或“濡染”，或者“耳濡目染”都有浸染的意思；另外也有用在忍的比喻上，“濡忍”比喻容忍。

另外，“濡”也有用在比喻为迟缓、迟钝或缓慢的意思，例如“濡滞”。

“糯”和“懦”一样读作“nuò”，是一种带有黏性的稻米，叫作“糯米”，“糯稻”则指这种米的稻子所结的谷子，若是去掉外壳，便是“糯米”，可以拿来做饭团或者年糕等东西。

huò

豁

豁——huò，通常作开敞、免除等意。
huō，乃扔开、裂缝之意。
huá，通称的“豁拳”。

“豁”字，最常读作“huò”。

“豁”字，乃是开敞、裂之意。后来渐渐引申出的意义颇多。

如“豁然开朗”，语出陶渊明的《桃花源记》，是由狭隘幽暗渐变成开阔明亮之意。

此外“豁”字又当畅达讲，如一句“豁然贯通”即是顿然领悟之意。

形容人的心胸开朗，器量宽宏，可以用“豁达”；至于“豁免”一词，是指古时候因灾欠而将人民应缴的钱粮减除掉，不另加追欠，叫“豁免”。

“豁”字又当掉落讲，如“齿豁”一词，即是说牙齿都掉落了，语出韩愈《进学解》。

当“豁”字读作“huō”时，作裂缝讲，也就是口语中的“豁（huō）子”，指裂缝。此外指做某件事，因一时冲动而不计成败地去做，口语就叫作“豁出去”。

“豁”字也读作“huá”，如一般行酒令猜拳时，就通称为“豁拳”，即划拳。

“豁”字的读音共有三种：读作“huò”时，是通敞的山谷，有开敞之意；读作“huō”时，是扔开、裂缝之意；读作“huá”时只有一解，即是“豁拳”。

tún
臀

臋——tún，乃是人体的一部分。
膂——lǚ，脊椎骨，乃人类上体主干。
臂——bì，人体从肩到腕的部分。

“臀”字，最容易被人读成“殿（diàn）”，大概是有边读边造成的错误吧！

“臀”字，读作“tún”。

“臀部”，是人体的一部分，大概是在脊椎骨的末端，以及大腿两侧与腰部相连接之处，臀部是坐下时支持人体的重要部位。

“臀部”在日常生活中的用语经常出现，如终日写稿，坐得“臀部”好不舒服；又如量身裁做裤子时，要量“臀围”有多宽。“臀部”也是人们常说的三围之一。

此外“臀”字也指器物的底部而言，但这是古人用法，今已少用。

谈到与“臀”字有几分像的“膂”字，通常“膂”字是较不会读错的，它的读音就是“lǚ”。

“膂”是脊椎骨，乃是人类上身的主干，所以“膂力”就是“体力”。成语中“膂力过人”就是说体力比一般人都强。

“膂”在人体中的地位是非常重要的，如《尚书·君牙》的“作股肱心膂”即可为证。

“臂”字，是较通常的字眼，读作“bì”。指人体从肩到腕的部分，即“臂膊”。也可读作“bei”，如“胳膊”。

bāi
擘

擘——bāi，用力使东西分解。
　　bò，大拇指。
臂——bì，人体从肩到腕之部位。
擗——pǐ，用手捶胸。
掰——bāi，用两手分开东西。

“擘”字，读作“bāi”时，同“掰”。是用力使东西分开，如“擘裂”“分擘”都含有剖裂之意。

此外“擘”字还可读作“bò”，如“巨擘”一词，是指大拇指，引申用来比喻特别杰出的人或是指在某领域有重大的贡献者。再如“擘划”，是处理分析而加以经营计划之意。

有一种写字的方法，用大拇指虎口握笔写大字，通常称作“擘窠（kē)”，“擘窠书”则泛指匾额所用的字体。

“擘”可别读成“bì”或“pì”。

提到“臂”，读音是“bì”。所指的是人体从肩部到腕部的部位，即是胳膊。

“擗”字，读作“pǐ”。

“擗”字的原义是用手捶胸，如“擗踊（yǒng)”就是说捶胸顿足，指此人极为悲痛的样子。此外“擗”字也可当作开讲，如“擗开”就是分开。

谈到与“擘”“擗”二字意思上有些相近的“掰”字，读作“bāi”。

“掰”，从字形上大概可以会意到，是用两只手把一件整体的东西分开，如口语中说，把手中的饼“掰”了一小块。这“掰”字就是此意。

méng

矇

矇——méng，本来指眼睛看不清，引喻为不明事理。
méng，用假话、假东西诈骗人。
朦——méng，主要指天色、月色昏暗不明。
濛——méng，形容下着细雨的样子。
檬——méng，一种植物名称。

“矇”字是“蒙”的繁体字，读作“méng”，本来指眼睛的瞳孔上生了翳，不能看东西，所以比喻成虽然有眼睛，但是看不清楚，甚至看不见东西的人叫“矇”。

当覆盖的意思说，如“矇着”，可以引申为一个人对事理有所障蔽而看不清。

“矇”字当诈骗、诡骗时，不可以读作“méng”，而是要读作“mēng”，例如“被我矇住”意思是被我骗了，不可读作“méng”住。“矇”字现已被“蒙”代替，很少使用了。

“朦（méng）”很容易和“矇”混用，“朦”字很少单独使用，意指月色昏暗时叫作“朦胧”，也比喻成天色不明朗；同时也可指天色、月色的模糊不清。

“濛（méng）”有“水”部，本义是指下着细雨的样子，是“蒙”字的繁体字，现在已不再为通用字。

“檬（méng）”有“木”部，代表一种植物，“檬果”是“芒果”的古字古音，也叫作“番蒜”。最常见的是“柠檬”，它可以制造出“柠檬酸”或“柠檬油”。

xiāo

嚣

嚣——xiāo，指喧哗吵闹之意。
　　　áo，同"嗷"。
嚚——yín，作奸诈或愚昧讲。

"嚣"字，读作"xiāo"。

"嚣"字，是指大声吵闹、喧哗纷扰，如常用的"叫嚣""喧嚣"；此外形容人的言语放肆，不守纪律，行动傲慢、不屑一顾的样子叫作"嚣张"；至于"嚣浮"是用来形容虚浮不切实际；"嚣谤"是指众口互相毁谤的意思；"嚣风"是指社会所弥漫的不良风气；"嚣嚣"则是指人多口杂、喧扰的样子。

"嚣"字又可读作"áo"，同"嗷"，也指《山海经》中出现的鸟名和兽名。

"嚚"字是与"嚣"字极为相似的，但因平常少见，有许多人根本不知它的读音。

"嚚"字，读作"yín"。

"嚚"的本义是说话不老实的意思，所以引申有奸诈之意，如"嚚讼"是指一个人既奸诈又好争讼。

此外"嚚"字又可作愚昧讲，同时也是一种疾病名。当一个人喑哑失音，无法说出话来，就称作"嚚喑（yīn)"。

总之，"嚣（xiāo)"与"嚚（yín)"字是两个相像的字，但因"嚚"字较为少用，我们只须了解一下它的读音和原义即可；至于"嚣"字，一般人还不至于读错，大概是因为较为广用之故。

xiá
黠

黠——xiá，坚而黑；小聪明。
黥——qíng，古代在犯人面部刺字的刑罚。
黯——àn，深黑色。

“黠”字，读作“xiá”。

“黠”字常会被读错，有时读错成“jí”或“jié”，它的正确读法是“xiá”。

“黠”的解释有两种：一是坚而黑之意，用法较少；二是聪明之意，但严格说来，“黠”，并非真聪明，而是指一种小聪明、小灵巧，甚至有点狡猾。

所以“黠”字通常用来作负面的批评，如“黠民”是指狡猾的民众；“黠吏”则是指奸诈狡猾的官员；此外因老鼠天性狡猾，所以也叫作“黠鼠”。

与“黠”字有几分像的“黥”字，读作“qíng”。“黠”“黥”二字因较为少用，所以时常被读错或搞混，在此提出，以兹辨认。

“黥”读作“qíng”，不可读成“jīng”。是古时的一种刑罚，是在犯人面部先刺上字，然后再将已刺之字涂上墨，使之染黑不消，又称之为“墨刑”。

“黥”也是古时姓氏之一，如汉淮南王英布，因曾受墨刑，而后以“黥”为姓。

谈到同样是“黑”部的“黯”字，读作“àn”，是指深黑色。又可作心神沮丧的样子，如“黯淡无光”形容惨淡无光；“黯然失色”即没有光彩，失去光泽。

hé

覈

覈——hé，指果实中保护果仁的外壳。
窍——qiào，指孔穴。
徼——jiào，指边地。
jiǎo，徼倖，即“侥幸”。
yāo，同“邀”。

“覈”读作“hé”，是指果实中保护果仁的那一层外壳，可以和“核”字相通，所有有核的果物都可以称之为“覈物”。

“覈”也是指考验的意思，或求其实际真相而言，如“综覈名实”“研覈是非”“审覈”“覈实”等，因为“核”字为现代通用字，所以也可以写成“核实”“审核”。

“覈”又是深刻的意思，《文心雕龙》中有一段话“思赡者善敷，才覈者善删”，是指文思丰富的人，善于布陈文章，才学精到的人善于删减文章。另外，又代表条理明白，如“覈理”指切合事理；或代表峻急的，如“覈论”就是评论。

“窍（qiào)”是孔穴之意，常说人有七窍，即脸上的“七孔”，指耳、目、口、鼻而言。又比喻事物的关键所在，叫“窍门”。比喻人愚笨、不明事理，便叫作“一窍不通”。表示做事的要领方法，叫作“诀窍”。

“徼”读作“jiào”时是指国土的边界、国界，称为“疆徼”；另外又当作巡查之意，叫作“徼巡”。同时，“徼”还有一个读意“jiǎo”，意同“侥”，“侥幸”可以写成“徼倖”。另有一个读音“yāo”，同“邀”字，是要求、招致的意思，如“徼福”乃指祈福。

bào

曝

曝——bào，在阳光底下晒。
暴——bào，显现出来。
瀑——pù，指峭壁悬流。

“曝”字，读作“bào”，是指在阳光底下晒的意思，如“曝书”“曝衣”即是晒书本、晒衣服之意。我们常用的一句成语“一曝（pù）十寒”，则是用来形容人做事没有恒心；另“野人献曝”一词，则是指平凡人所贡献的平凡事物；至于摄影术语常用的“曝光”，即指摄影时开放镜头，使软片曝露而感光成影。记住是“曝（bào）光”而不是读作“pù guāng”。

“曝”字去掉“日”字旁，就成了“暴”字，读作“bào”。

“暴”字最普遍的解释是当残酷讲，如“横暴”“残暴”；也可当急躁讲，如“暴跳如雷”即是形容人心情愤怒急躁而跳脚怒吼，如同打雷一样激烈；有时亦当毁坏、糟蹋讲，如“自暴自弃”则是指一个人不求上进；最后当空手搏击，如成语中的“暴虎冯（píng）河”，指空手搏虎，是极危险之事，后用来比喻一个人有勇无谋，也叫作“暴虎冯河”。

“瀑”字，读作“pù”，即“瀑布”，指峭壁悬流。

“曝”“暴”“瀑”三字，都有不同的解释，读音也时常被读错，再次强调三字的注音：“曝（bào）”“暴（bào）”“瀑（pù）”，请读者小心辨别，不要误读。

mí
靡

靡——mí，奢侈。
mǐ，美好或伏倒之意，也表示无，没有。
縻——mí，姓氏之外，还当腐烂、虚耗之意。
縻——mí，是束缚的意思。
蘼——mí，一种植物名称。

“靡”读作“mí”时，是奢侈之意，通常多指过度的花费，如“奢靡”“靡费”或“浮靡”。

“靡”读作“mǐ”时，可以当倾倒、伏倒之意，如“所向披靡”即所到之处都认输伏倒，或叫“望风披靡”亦可。

“靡靡”除了当迟缓的意思外，还当淫靡的乐声，如“靡靡之音”。“萎靡不振”则指懦弱、无精打采。“靡”还可以指无、没有之意，例如“靡有”；“靡不有初，鲜克有终”指事情无不有好的开始，但却不了了之，定无好的结果，后用以讽刺有志向却不能坚持到底的人。“靡有孑（jié）遗”指没有剩下。“靡”又可作华丽美好之意，“靡颜腻理”是比喻女人的肌肤细致柔滑。

“糜（mí）”除了是姓氏之一外，主要指烂的意思，如排骨汤煮得软烂浓稠叫“糜烂”；又代表浪费的意思，如“糜费”；还当大乱、作乱的意思，如“糜沸”。“岁糜廪粟”是说每年都浪费官仓的粮米。“糜”还有一个不常见的读音“méi”，“糜黍”。

“縻（mí）”本义是牵引牛只所用的缰绳，引申成束缚之意，如“羁（jī）縻”是笼络束缚不自在。

“蘼（mí）”是植物名，叫“蘼芜”，风干后可作香草；而花在夏天初开的白色蘼草，叫“荼蘼”。

xīn
馨

馨——xīn，香气四散。
謦——qǐng，谈笑声。
磬——qìng，古代用玉做的一种乐器。

“馨”字，读作“xīn”。

“馨”的本义是指香气四散，又可作各种芳香的通称。由“馨”字引申出的用法有许多，如“馨逸”是说香气异常；“德馨”乃是指功业彪炳，流传百世之意；此外用来比喻虔诚的祷告和祝福，可说“馨香祷祝”。

馨，在古人的用法里是作为语助词，如“宁馨”，乃是如此、这样之意。

此外有种叫“康乃馨”的花，是用来代表向母亲节致敬的花朵。这种花原产于欧洲，属多年生草本植物，又称荷兰石竹。

谈到“謦”字，读作“qǐng”。“謦”字，实际上就是咳嗽。

通常区别为小声的咳叫“謦”，大声的咳叫“欬（kài)”，所以“謦欬（qǐng kài)”也就是咳嗽的样子，后引申作谈笑的声音。

字形颇为相似的“磬”字，读音为“qìng ”，是古代玉石或金属所制成的一种乐器；当动词时，是指拉紧马缰，也作空讲，如“磬控”是指拉紧马缰，不让马前进；“磬折”即指身体屈身像磬背一般以示恭敬，比喻成折服。

xiàn

霰

霰 ——xiàn，俗称雪珠便是。
霪 ——yín，时间很久的持续下着雨。
霈 ——pèi，指大雨的样子。
霏 ——fēi，比喻雨雪很密的样子。

“霰（xiàn）”即俗称的雪珠，雨从空中下落之时，半空中空气的温度在冰点以下时，这些雨点便凝结成一粒粒半透明大小不一定的小雪珠，又有人称之为“米雪”，因它一粒粒像米一般。

通常“降霰”正是降雪的前奏。“霰”字的运用很少，有一种叫“霰石”的矿物石，多产在火山或温泉内，不怕火烧而且像玻璃一般。“榴霰弹”是指一种炮弹，一爆炸后散发出小弹丸，杀伤力很强。

“霪（yín）”是指雨下不停，久雨不歇的意思，例如“霪雨成灾”或“霪雨绵绵”，在江南地区五、六月黄梅季节的梅雨，便是这种现象。

“霈（pèi）”指大雨或及时雨，例如“甘霈”或“霈霖”；也比喻成恩泽的普降。

“霏（fēi）”不但可以指雨水的绵密，也可以指雪的绵密，最常用的如“细雨霏霏”“霜霏”。

常有人说“有边读边，没边读中间”，有时候的确是有用，例如这四个字，除了“霰（xiàn）”不读“sǎn”之外，霪、霈、霏都以其下半部的“淫”或“沛”或“非”为音，不过千万不要把这种方法视为金科玉律，最好还是要多看、多听、多读！不要心存侥幸。

biāo

镳

镳——biāo，指马，或指暗器。
臕——biāo，牲畜肥且毛有光泽。
鏖——áo，杀人多而且苦战而言。

“镳（biāo）”的本义是马勒旁边的铁，即衔在马嘴内的铁链，两端则露在口外，与马勒相接，并系上銮铃。后来便以“镳”字代称马。如“分镳并驱”或“分道扬镳”是指并马而行走或分路而行走，两者都可以比喻人的才力相当，而各人依其志向，各奔前程的意思。

“镳”可以通用“镖”字，指一种暗器，以钢制成，呈锐角三角形，尾巴上绑上红绸，以手腕的力量投射，以前有一种保护货物运送的行业叫“镳局”，其武士叫“镳师”或“镳客”，现在已被“镖”字代替。

“臕（biāo）”是“膘”的繁体字，是比喻牲畜肥且毛有光泽的样子，例如“脂臕”。其左边是“月”部，不同“钅”部的“镳”，但读音一样。现代汉语中以“膘”为通用字，“臕”很少用到。

“鏖”的下面是“金”部，读作“áo”，是指奋力苦战的意思，常听人说“鏖（róng）战”是错误的，是“鏖（áo）战”才对！又如“鏖兵”是表示双方战斗很激烈的样子，千万记住是读作“áo”不是“róng”或“lù”。

这三个字都带有“鹿”字，可是全都不读“lù”，而且意思差别很大，要特别注意。

jí
籍

籍——jí，乃是书本、簿子的通称。又可作出生地、姓氏。
藉——jiè，当假借、依靠，或安慰之意。
jí，如“狼藉”。

“籍”字，读音“jí”，属“竹”部。

一般通称书本为“籍”，如“史籍”“文籍”“典籍”等。此外“户籍”“地籍”的“籍”字，乃是指作为查考用的簿册。

我们一般通称出生地或久居的地方为“籍”，如“籍贯”。此外“籍籍”二字连用，是指事物纷扰繁杂，也指语乱声多或声名盛大的样子；再如“籍没”，是指将罪人的财产全部登记在簿册内，统统没收入官。

“籍”，也是姓氏之一，如春秋时，晋大夫伯黡（yǎn）因管理典籍，后来即以官名为氏，即籍氏。

容易与“籍”字混用的“藉”字，读音是“jiè”，属“艹”部。“籍”“藉”二字的区别，即在于前者是“竹”部，后者是“艹”部。

“藉”，是古时祭祀用的草垫，所以至今称坐卧其上叫作“藉”；“藉”又可作假借之意，如“藉口”即是假借之词，也作“借口”；又可当作安慰之词，此时通“借”，如“慰藉”即是安慰之意。

“藉”字，也可读作“jí”，“藉”是用在形容凌乱不堪的样子；“狼藉”指行为放纵，如“声名狼藉”比喻名声非常恶劣；饮宴之后的杂乱现象叫作“杯盘狼藉”。

lǐ
蠡

蠡——lǐ，人名，地名。
　　lí，瓢，贝壳。
蠢——chǔn，愚笨或扰动不安之意。

"蠡（lǐ）"的本义是指虫蛀蚀木头而言。"蠡实"是指一种多年生草本植物，叶子狭长如线，是鸢尾科，春天开花，根可以制成刷子，或叫作"荔实草"。"蠡"亦指地名，"蠡县"位于河北省中部；"彭蠡"就是指江西省的鄱阳湖，以前叫"彭蠡湖"或"彭泽"。

"蠡"尚有另一个读音是"lí"，本义是指用瓠做的瓢，常听人说"以蠡测海，以管窥天"或"管窥蠡测"，即比喻人的浅陋与无知，想用管子内所见的天为天，以瓢子去测量海水有多少，也可以比喻以浅见去测量高明的人之意。

应该加以区分清楚的是，"蠡"读作"lǐ"时多作名词用，而读作"lí"时则指另一种比喻，其间读法差别不大，但是用意却天壤之别，应多加注意。

"蠢（chǔn）"是形容人的愚笨，例如"愚蠢"。又用来形容虫类蠕动的样子，叫"蠢蠢而动"。不过"蠢蠢"也可以用来形容人无礼的样子，或人多而骚动的样子。最常用是比喻扰乱不安的样子，如"蠢动""蠢蠢欲动"。"蠢蛮"则比喻人粗鲁的样子。其他对人不满或骂人愚笨、没才能的形容词，如"蠢才""蠢笨""蠢尔如此""蠢货"等。

须注意的是"蠡"是"彖"与双"虫"组成，"蠢"则是"春"与双"虫"组成，不要误写！

mái

霾

霾——mái，大风卷起后再落下的尘土。
埋——mái，把东西藏置土坑内。
mán，埋怨。
貍——lí，比狐稍小的兽，俗称野猫。
梩——lí，挖土的器具。
厘——lí，计算单位之名称。

“霾（mái）”就是大风卷起来地上的尘土，再从天上慢慢飘落之意，如此便使天空变得昏暗不明，这叫作“阴霾”，后来形容人内心有所牵引而不能清明、清静的烦闷，也叫“心有阴霾”或“阴霾重重”。还用来形容人生际遇、环境不好也叫“阴霾”。“霾翳”则是尘土飞扬而隐蔽视线、看不清之意。

“埋（mái）”本来指把东西藏放在土内，用土盖起来之意，如“埋葬”“埋藏”。后引申为一个人有才能、本事却没人知道，如“埋没”；“埋首”或“埋头苦干”则指一心一意努力做事。

“埋伏”是指暗中躲藏，例如军事上的伏兵、文学上的伏笔、剧情上的暗中玄机，都可以泛指为“埋伏”。

唯须注意的是，用作“埋怨”时，“埋”要读作“mán”。

“貍（lí）”是一种野猫，类似狐狸，但体型要小一点，黑褐色的毛色而且有斑纹，很狡猾，“貍裘”指貍皮制成的裘衣。

“厘（lí）”指很小的意思，可以说是计算单位的名称。

“梩（lí）”是指一种挖土的器具，不是植物名字。

这五个字都有“里”，但用法及读音则差很多，应该详加区分。

jué

攫

攫——jué，当劫夺、强取。
惧——jù，害怕，如“畏惧”。
瞿——qú，姓氏、地名。
矍——jué，吃惊时瞪眼左右顾盼之貌。

“攫”字，读作“jué”。

“攫”，是劫夺、掠取之意；用爪抓取东西，即是“攫取”，后来便引申为夺取，如“攫为己有”。另一词“攫搏”，则是指鸟兽以爪或翼攫取东西。

“攫”字去掉“扌”部，变成“矍”字，也是读作“jué”，但意思全异。

“矍”原义是吃惊时瞪着眼睛左右顾盼的样子，如形容失色的样子就叫作“矍然失色”；也可形容老年人精神矫健的样子，如“矍铄（shuò）”。另“矍矍”一词，则是用来形容疾走的样子。

若是把“矍”字去掉下面的“又”字，就变成了“瞿”字，读作“qú”。

“瞿”是姓氏之一，如明末忠臣瞿式耜（sì）。“瞿”，也是峡名，那就是长江三峡之一的“瞿塘峡”了。

若将“瞿”字加上“忄”旁，就成了“惧”字的繁体字“懼”，读音是“jù”，指害怕的样子，如“惧怕”。至于“惧内”一词，即是畏惧内子，也就是“怕老婆”；至于“惧思”是说因有所戒惧而反省。

dù

蠹

蠹——dù，乃虫名，形如小蚕。
橐——tuó，当口袋、风箱讲。

“蠹”字，读作“dù”。

“蠹”字是个不常用的字，所以常有人不知如何读它。此外注意到它的字形笔画，相当复杂，请读者务必分辨清楚。

“蠹”是虫名，一种生在木头里的“蛀虫”，形状如小蚕，深居在木中，以木为食，所以也称作“木蠹”。此外还有一种是蛀食衣物或书籍的小虫，称为“衣鱼”，又俗称“蛀书虫”。

“蠹”又有腐蚀、毁败之意，如所谓“流水不腐，户枢不蠹”，其中的“蠹”字即是毁败之意。

“蠹”是从物体内部生长的虫，所以常以此来比喻从中损毁或侵财的行为，如“蠹政”就是指暴政；称侵害国家之人就叫“国蠹”。

谈到上半部同样是“冑”边的“橐”字，它的读音是“tuó”。

“橐”字有二种解释：一种解释当口袋讲，但是通常把“囊”字也作口袋，以前是无区别，今却把有底的口袋叫“囊”，而无底的口袋称“橐”。成语中有句“囊橐俱空”是形容一个人的钱花光了。

另一种解释当风箱讲，如“鼓橐吹埵，以销铜铁”中的“橐”字即是风箱。此外“橐笔”一词，是对文人从事写作而言。

图书在版编目（CIP）数据

你知道这个汉字是什么意思吗 / 张鼎编著. —北京：中国工人出版社，2019.10
ISBN 978-7-5008-7297-9

Ⅰ.①你… Ⅱ.①张… Ⅲ.①汉语—汉语史—通俗读物 Ⅳ.①H12-49

中国版本图书馆CIP数据核字（2019）第251421号

著作权合同登记号：图字01-2019-0162

你知道这个汉字是什么意思吗

出 版 人	王娇萍
责任编辑	王　宁
责任印制	黄　丽
出版发行	中国工人出版社
地　　址	北京市东城区鼓楼外大街45号　邮编：100120
网　　址	http://www.wp-china.com
电　　话	（010）62005043（总编室）　（010）62005039（印制管理中心） （010）62379038（社科文艺分社）
发行热线	（010）62005049　（010）62005042（传真）
经　　销	各地书店
印　　刷	天津嘉恒印务有限公司
开　　本	710毫米×1000毫米　1/16
印　　张	24.75
字　　数	320千字
版　　次	2020年2月第1版　2021年10月第2次印刷
定　　价	58.00元